Dahlke/Preiml/Mühlbauer **Die Säulen der Gesundheit**

Ruediger Dahlke/Baldur Preiml/Franz Mühlbauer

Die Säulen der Gesundheit

Körperintelligenz durch
Bewegung, Ernährung, Entspannung

IRISIANA

IRISIANA
Eine Buchreihe herausgegeben von
Margit und Ruediger Dahlke

Die Deutsche Bibliothek – CIP-Einheitsaufnahme
Dahlke, Ruediger:
Die Säulen der Gesundheit : Körperintelligenz durch Bewegung, Ernährung,
Entspannung / Ruediger Dahlke ; Baldur Preiml ; Franz Mühlbauer. - Kreuzlingen ;
München : Hugendubel, 2000
(Irisiana)
ISBN 3-7205-2116-8

Umschlaggestaltung: Zembsch' Werkstatt, München
Produktion: Maximiliane Seidl, München
Karikaturen und Strichmännchen: Rudolf Heidu, Leoben, Österreich
Fotos: Foto Freysinger, Trofaiach
Satz: Impressum, München
Druck und Bindung: Huber, Dießen
Printed in Germany

ISBN 3-7205-2116-8

Widmung

Wir widmen dieses Buch Margit, Daniela und Geri, ohne deren selbstlosen Freizeitverzicht es nicht zustande gekommen wäre, sowie all unseren Seminarteilnehmern, die uns immer wieder aufs neue inspirieren und all jenen, die statt auf die Wunderpille zu hoffen, aus eigener Kraft, gepaart mit gesundem Menschenverstand, ihre Gesundheit, Leistungsfähigkeit und Lebensfreude durch bewußte Vorsorge erhalten oder wiedererlangen möchten.

Danksagung

Wir danken Dr. med. Josef Eichberger, Josef Hien, Werner Ghiradini, Jacqueline und Andreas Neumann und Brigitte und Prof. Dr. med. Volker Zahn für Anregungen und Korrekturen und Rudolf Heidu und Friedel Wicke für Zeichnungen und Karikaturen. Den Kastner & Öhler-Sporthäusern in Österreich gilt unser Dank für ihre Unterstützung unserer Arbeit.

Inhalt

Geleitwort

Praktisch alle Menschen haben den Wunsch, ein gesundes, glückliches und sinnerfülltes Leben zu führen. Gesundheit im weitesten Sinne schätzen wir aber erst, wenn wir ihr Fehlen in Form von Schmerzen und Krankheitssymptomen erleben. In den Kindheits- und Jugendjahren, wenn die Lebensenergien sich voll entfalten, ist Gesundheit meist noch kein Thema, und Ermahnungen von seiten der Eltern, dies oder jenes sei ungesund und müßte gemieden werden, werden bestenfalls mit einem milden Lächeln quittiert. Ich darf mich zu den Ausnahmen zählen, da mich verschiedene Symptome schon in jungen Jahren für Gesundheitsfragen aufwachen ließen. Aus dem heutigen Blickwinkel eines 60jährigen betrachtet, bin ich – so paradox es klingen mag – für den ständigen Leidensdruck dankbar, der mich frühzeitig nach Lösungen suchen ließ. Als schmächtiges Bürschlein plagten mich ständig alle möglichen Erkältungssymptome, die sich häufig zu handfesten Anginen, Stirnhöhlen-, Mittelohrentzündungen und Bronchitiden auswuchsen. Abwechselnd wurden sie begleitet von akuten und chronischen Magen- und Darmbeschwerden, in der Gymnasialzeit gesellten sich Herz-Kreislaufprobleme hinzu, die oftmals sogar eine Befreiung vom Turnunterricht zur Folge hatten. Für meinen robusten und vitalen Vater, den offensichtlich die schwere Arbeit als Bauer und Holzarbeiter, einem langjährigen Training gleich, stark gemacht hatte, war ich am Bauernhof und im Holzschlag nicht gerade die ideale Hilfe, die er sich wünschte.

Alles andere als im Vollbesitz meiner Kräfte übte trotz allem das Schifahren und insbesondere das Schanzenspringen von klein auf eine magische Anziehungskraft auf mich aus, und mein sehnlichster Wunsch war es, wenigstens darin einmal »groß und stark« zu werden. Mit zwölf Jahren kam mir »zufällig« ein Buch mit herrlichen Schisprungbildern in die Hände: Sepp Bradl »Mein Weg zum Weltmeister«. Ich war fasziniert, wie Bradl, Sohn armer Bergwerksleute aus dem salzburgischen Mühlbach, am Hochkönig mit 18 Jahren als erster Mensch auf Schiern die 100-Meter-Marke überflog und drei Jahre später, 1939, sogar gegen die damals übermächtige Phalanx der nordischen Springerelite Weltmeister wurde. Mehr als zehnmal habe ich dieses Buch wohl gelesen, und ich hatte von nun an nur noch das Traumziel, auch einmal Weltmeister, ja vielleicht sogar Olympiasieger, zu werden.

Alles, was mir über Gesundheit oder Erfolg unter die Finger kam, verschlang ich, irgendwie auch schon mit der Überzeugung, im Schispringen den anderen einmal eine Nasenlänge voraus zu sein. Ich trainierte hingebungsvoll, wie es einst mein großes Vorbild, der spätere Trainer der österreichischen Schispringer-Nationalmannschaft Bradl auch getan hatte, und wurde österreichischer Jugend- und Juniorenmeister, Mitte der 60er Jahre auch zweimal nationaler Meister, und dies, obwohl ich immer wieder durch Verletzungen und gesundheitliche Probleme in meinem Leistungsaufbau zurückgeworfen wurde. So zum Beispiel bei den ersten Olympischen Winterspielen 1964 in Innsbruck, wo ich aufgrund eines überlegenen Sieges beim Abschlußspringen der deutsch-österreichischen Springertournee fünf Wochen vor den Spielen in den Medien als Medaillenaspirant hochgespielt wurde. Trotz hohen Fiebers ging ich beim heimischen Olympia an den Start und wurde enttäuschender und frustrierter Dreizehnter.

Kein Wunder, daß sich meine Gesundheitsinteressen im weitesten Sinne verstärkten, die Schriften von Pfarrer Kneipp, Bircher-Benner und des schwedischen Lebensreformers Are Waerland kamen in mein Blickfeld. Anfang der 60er Jahre begegnete ich dem praktischen Lebensphilosophen und ersten deutschen Mentaltrainer Oscar Schellbach, und er wurde mir mit seinen Schallplattenwerken und seinem Buch »Mein Erfolgssystem« zu einem wertvollen Lebensbegleiter. »Richtig machen ist Erfolg, falsch machen ist Mißerfolg!« hieß seine wichtigste Formel. Auch bei ihm war die Grundlage jeder Art von Erfolg eine gute Allgemeingesundheit, für die nicht allein der Arzt zuständig ist, sondern die nur aus einer selbstverantwortlichen Lebensführung mit positiver Lebens-Grundeinstellung erwachsen muß.

Meine sportliche Leistungsfähigkeit und spezielle Schisprungkondition konnte ich durch das Kennenlernen der Tainingslehre im Universitätsstudium und durch regelmäßiges Training im Laufe meiner sportlichen Karriere steigern, an meiner Gesundheitsbasis änderte sich jedoch kaum etwas. Immer häufiger stellten sich auch am Bewegungsapparat und an der Wirbelsäule durch Fehler im Krafttraining und als Folge von Stürzen im Schispringen Probleme ein. Massagen und Regenerationsmaßnahmen im heutigen Sinne gab es damals im österreichischen Spitzensport nur in Ansätzen.

Trotz einer Reihe von Verletzungen im Zeitraum von 1964 bis 1968, die mich immer wieder um die Früchte meiner gezielten Trainingsarbeit brachten, gelang es mir, zum richtigen Zeitpunkt bei den Olympischen Winterspielen in Grenoble 1968 fit zu sein und die Bronzemedaille auf der Normalschanze zu gewinnen. Nach so vielen gesundheitlichen Handicaps erschien mir das wie ein Wunder.

Nach anfänglicher Freude machte sich jedoch bald in mir das Gefühl breit, daß ich eigentlich an diesem Olympiatag leicht die Goldmedaille hätte gewinnen können. Mit 29 Jahren fühlte ich mich zu alt, um bei der Olympiade 1972 darauf zu hoffen, Versäumtes nachholen zu können.

So wurde ich Nachwuchstrainer mit der klaren Zielsetzung: Was ich selbst nicht erreicht hatte, mit jungen talentierten Nachwuchsspringern nachzuholen, um mit ihnen und durch sie doch noch Olympiasieger zu werden.

Im Schigymnasium Stams erhielt ich ab 1970 die Möglichkeit, mit den besten österreichischen Nachwuchstalenten täglich ein gezieltes Aufbau- und später ein Hochleistungstraining zu gestalten. Ein Hauptaugenmerk meiner Trainerarbeit legte ich selbstverständlich auf die Allgemeingesundheit der jungen Sportler als wichtigste Leistungsbasis. Neben Konditions- und Techniktraining und besonderen Regenerationsmaßnahmen spielten eine natürliche vollwertige Ernährung und – erstmalig so ausgeprägt im Spitzensport – auch ein gezieltes Mentaltraining mit den klaren Zielsetzungen Entspannung, Konzentration, Meditation, Visualisierung und Imagination eine wesentliche Rolle. Aspekte einer positiven Lebensphilosophie mit entsprechender Bewußtseins- und Persönlichkeitsbildung flossen mit in die Trainingsarbeit und Wettkampfpraxis ein. Hinzu kamen Neuerungen auf dem Ausrüstungssektor. All das brachte den österreichischen »körndlfressenden Salatadlern«, wie sie anfangs von den Medien oft scherzhalber genannt wurden, grandiose Erfolge über die Skandinavier und vor allem auch über die wissenschaftlich-professionell betreuten Sportler der damaligen »Ostblockstaaten«.

Erstmals in der Geschichte Olympischer Winterspiele holten sich mit Karl Schnabl und Toni Innauer (1976 bzw. 1980) österreichische Sportler olympische Goldmedaillen. Hinzu kamen eine Reihe weiterer Olympiamedaillen, Weltmeister-, Schiflugweltmeistertitel und Weltrekorde. Mein Ziel war verwirklicht, und mit Hilfe der Jugend hatte ich schließlich meinen lang erträumten Olympiasieg gefeiert und mein jahrzehntelang gehegtes Traumziel verwirklicht.

Damit aber kam die vorher mein ganzes Leben bestimmende Motivation, Spitzensportler zu betreuen, abhanden, und 1980 gab ich meine Funktion als Nationaltrainer ab. Mein Hobby war zum Beruf geworden, Berufung und Beruf waren lange Zeit eins gewesen. Aber was nun? Das war die große Frage, deren Beantwortung ihre Zeit brauchte.

Aus eigenen Mängeln und Problemen erwuchsen von Kindheit an meine Gesundheitsinteressen. An mir selbst und in der Betreuung von Spitzensportlern konnte und durfte ich viele Erfahrungen und Erkenntnisse sammeln. Warum sollte ich diese nicht in Form eines Gesundheits-Aufbauprogramms an interessierte Menschen mittleren und fortgeschrittenen Alters weitergeben? Besonders in Frage kamen natürlich Menschen, denen Gesundheit aus Leidensdruck ein brennendes Thema geworden war. Längst war mir aufgefallen, daß unser Gesundheitssystem trotz großer Erfolge, beispielsweise in der Bekämpfung der Infektionskrankheiten, in der Akutmedizin und Chirurgie, die lebenslange Gesundheits-Vorsorge weitgehend vernachlässigte. Hier war jeder einzelne für seine Gesundheit und Leistungsfähigkeit selbst verantwortlich, und die meisten Menschen wußten sich offenbar nicht besonders gut zu helfen.

In der Oststeiermark wurde anfang der 80er Jahre die Therme Loipersdorf neu aufgebaut, und dort bot sich mir nun eine neue, motivierende Aufgabe an, mit Pionierarbeit in den Bereichen Bewegungs-, Sport- und Gesundheitstraining Aktivurlaube und Aufbautrainings für jederman zu gestalten. Diese Art von Gesundheitsvorsorge wurde später als sogenanntes »Biotraining« in 17 österreichischen Kurorten offiziell aus der Taufe gehoben.

Das Programm der Spitzensportler enthielt bereits zu meiner Zeit als Trainer eine Art »Tagesvorspann«, ein aktives Erwachen am Morgen mit Dehnungs- und Entspannungsübungen, sanftem Aufwärmen des Bewegungsapparates und bewußtem positivem Einstimmen auf den kommenden Tag. Darauf folgten eine oder mehrere Konditions- und Technikeinheiten, Entspannungs- und Meditationsübungen, Gespräche über eine vernünftige Ernährung und eine bewußte Einstellung zu Training und zum Leben im allgemeinen. Analog dazu kristallisierte sich nun im Laufe der Jahre langsam das Muster eines Vorbeugungsprogramms in Wochen- oder Wochenendkursform für den Gesundheitsbereich heraus, abgestimmt auf die unterschiedlichen individuellen Voraussetzungen der Menschen mittleren und fortgeschrittenen Alters. Die Themenschwerpunkte in Theorie und Praxis umfaßten die »Säulen der Gesundheit«, wie sie schon Hippokrates, Pfarrer Kneipp oder Are Waerland den Menschen der damaligen Zeit als wesentliche natürliche Kraftquellen bewußt gemacht hatten, nämlich Bewegung und Entspannung, Ernährung und Umwelt und last, but not least Bewußtsein.

In meiner Funktion als Gesundheitslehrer der Therme Loipersdorf und auf der Suche nach geeigneten Assistenten, sowohl für die Leitung der Tagesprogramme als auch für die Planung und Durchführung der Aufbaukurse, begegnete ich zwei jungen, aufgeschlossenen Sportwissenschaftlern, Franz Mühlbauer und Wolfgang Lidl, die sich für die Bereiche Regeneration und Gesundheit in einem weiteren Sinne interessierten. Sie wurden begeisterte Mitarbeiter, und wir arbeiten auch heute noch gerne zusammen. Gemeinsam wurden neue Ideen, Konzepte und Programme entwickelt und in der Seminarpraxis umgesetzt. Franz Mühlbauer baute später als Pionier in Italien im Hotel Garden in Montegrotto/Abano ergänzend zum herkömmlichen Kurprogramm ein vorzügliches Gesundheitsvorsorgeprogramm auf.

Für mich folgte die Berufung zum Leiter der Gruppe Sport im österreichischen Bundesministerium für Unterricht, Kunst und Sport. Die vier Jahre als »oberster Sportbeamter des Landes« machten mir jedoch vor allem deutlich, daß alle wirklichen Impulse in Richtung Gesundheit vom einzelnen Menschen selbst kommen müssen. Von oben herab, von wo so viele Menschen das Heil erwarten, ist viel weniger zu bewegen, als ich ursprünglich dachte, und so kehrte ich zur Arbeit mit kleinen Gruppen von Gesundheitssuchenden zurück.

Kein ernsthaft Suchender nach einer stimmigen Lebensphilosophie konnte Ende der 70er Jahre am faszinierenden Schrifttum und an den erlebnisreichen Seminaren des Psychotherapeuten Thorwald Dethlefsen und des Psychosomatikers Dr. Ruediger Dahlke, seinem engen Mitarbeiter, vorbeigehen. Meine Lebens-

und Gesundheitseinstellung hat sich durch den Einblick in die hermetischen Grundprinzipien des großen Lebenskreises, der Welt und des menschlichen Seins wesentlich erweitert und vertieft. Die eigene Suche nach Beantwortung der wichtigsten Sinnfragen des Lebens, wie auch die eigenen Erfahrungen im Alltag und die neuen Fragen, die sich dadurch immer wieder ergaben, ließen in mir den Entschluß reifen, näheren Kontakt zum auch für unseren Sport aufgeschlossenen »Bewußtseinslehrer« Dr. Dahlke aufzunehmen.

So ergab sich, vor allem auch vermittelt über Franz Mühlbauer, der Dr. Dahlke zu Seminaren ins italienische Montegrotto geholt hatte, allmählich eine intensivere Zusammenarbeit in Form von gemeinsamen Seminaren und Gesundheits-Kreuzfahrten, in denen wir beiden Sportler im bewegungsmäßig-sportlichen Praxisbereich betreuen, während Dr. Dahlke die geistig-seelischen und spirituellen Hintergründe bewußt macht. Aus diesem über viele Jahre bewährten Zusammenspiel und entsprechenden Nachfragen von Seminarteilnehmern entstanden die ersten Impulse zu diesem Buch. Im Laufe unseres gemeinsamen Lehrens, Sporttreibens und Reisens und in vielen Gesprächen und Frage-Antwortspielen wuchsen in uns die Dinge wieder zusammen, die eigentlich nie hätten getrennt werden sollen. Der Mensch ist und war immer eine Einheit von Körper, Geist und Seele. Aus dieser erlebten Erkenntnis kristallisierte sich der Wunsch heraus, über die »Säulen der Gesundheit« gemeinsam ein Buch zu schreiben.

Immer mehr Menschen interessieren sich heute für Gesundheit im weitesten Sinne. Einerseits bemühen sie sich um mehr Fitneß und Leistungsfähigkeit, um dem ständigen Druck gewachsen zu sein, den zunehmenden Krankheitssymptomen der modernen Wohlstandsgesellschaft Einhalt zu gebieten. Andererseits wollen sie das finden, nach dem alle innerlich suchen – Zufriedenheit, Glück und Sinnerfüllung, die heute für so viele weit außer Reichweite geraten zu sein scheinen.

Im folgenden sollen nun einige Gedanken einer Philosophie anklingen, auf denen unsere Aufbaukurse und auch dieses Buch beruhen. Einseitiges, egoistisches, auf Willkür aufgebautes Leistungs- und Fortschrittsdenken im Sinne von Noch-Mehr, Noch-Schneller und Noch-Mächtiger haben uns in der westlichen Welt und in Japan einen noch nie dagewesenen Wohlstand beschert. Weltweit blüht in allen Bereichen das Leben »auf Pump«, auf Kredit. Gigantisch wie unsere Erfolge und Errungenschaften sind die Schattenseiten, die uns als Einzelperson und als gesamte Menschheit vor schwer zu lösende Probleme stellen. Im Gesundheitsbereich lassen wir Krankheitssymptome entstehen; um die Ursachen kümmern wir uns jedoch kaum, sondern unterdrücken und verschieben die Symptome im Körper so lange, bis sie größeres Unheil anrichten und uns das Leben zur Hölle machen. Wir ernten mit dieser Mentalität eine Flut von Zivilisationsleiden, die uns allen wohl bekannt sind: von allgemeiner Leistungsschwäche über Allergien,

Rheuma, Herzinfarkt, Immunschwäche, Krebs, Aids bis zu chronischer Unzufriedenheit, Neurosen, Sinnkrisen, Depressionen und Selbstaufgabe.

Schlagworte wie Wendezeit und Wertewandel waren mehr als drei Jahrzehnte lang in vieler Munde. Aber erst am Ende des zweiten Jahrtausends wächst langsam und durch Leidensdruck in und um uns ein Verständnis dafür, was gemeint ist mit dem uralten Begriff *metanoia* – umdenken. Ein Wandel in unserem gesamten Menschen-, Welt- und Lebensverständnis ist unausweichlich geworden. Mit der allzu beliebten Devise »Mein Wille geschehe!« werden wir nicht länger durchkommen, sondern müssen uns auf die hinlänglich bekannte Formel »Dein Wille geschehe!« umstellen. Diese Umkehr will uns das Gleichnis vom verlorenen Sohn nahebringen. Nicht zufällig spricht man in der Gegenwart so viel von einem Übergang in ein neues Zeitalter (vom Fische- ins Wassermannzeitalter). Der »Zeitgeist« ist ein Phänomen, das nicht vom Menschen gemacht, sondern uns heute, wie zu aller Zeit, vom Höheren Bewußtsein in und um uns, vom Großen Leben als Vorgabe und Muß auferlegt wird und zur praktischen Umsetzung in allen Lebensbereichen ansteht.

Angesichts der zunehmenden Probleme und Krisen als Folge eines eigenwilligen und ichsüchtigen Lebens »gegen den Strom« steht Gesundheit in unserer Wunschliste ganz obenan. Das drückt sich einerseits aus als Interesse an vordergründiger Gesundheit im Sinne von Fitneß, Arbeits- und Leistungsfähigkeit, um den ständig steigenden Anforderungen in der modernen Leistungs(wahn)gesellschaft gewachsen zu sein, andererseits als tiefes Bedürfnis nach Verinnerlichung, wahrer Selbst-Erkenntnis und Entfaltung des inneren Menschen, was von den Philosophen aller Zeiten als das eigentliche Ziel des Menschseins angesehen wurde und wird.

Dem sich heute langsam entwickelnden Bewußtsein dämmert, daß wir Gefahr laufen, unsere Lebensgrundlagen zu zerstören, falls wir noch einige Jahrzehnte auf den »alten Schienen« einer ver*antwort*ungslosen Lebensführung »weiterfahren«. Nicht zufällig gibt es seit mehr als drei Jahrzehnten und in den letzten 300 Jahren immer wieder Bio-Bewegungen in allen Bereichen als Antwort auf eine anti-biotische (gegen das Leben) gerichtete materialistische Denk- und Lebensweise. Ökologie-, Frauen-, Friedens- und auch die spirituelle Welle sind nichts anderes als Ausdruck einer einzigen Ausgleichsbewegung und Antwort des Lebens auf das sinnlose Streben nach immer größeren, höheren und mächtigeren »Egotürmen«, die langsam, aber sicher verfallen werden oder auch urplötzlich in sich zusammenstürzen können.

Ein grundlegender Wandel im Denken und Handeln durch Befehl von obersten Stellen in einem Staate ist nicht möglich. Dazu wird dort viel zu sehr nach wirtschaftspolitischen Interessen und mit starren Strukturen regiert, auch wenn in manchen Führungsköpfen Einsicht und guter Wille zur Umkehr gegeben sein mögen.

Die Umkehr kann nur unten an der Basis erfolgen, bei den »Keimzellen«, beim aufgeschlossenen einzelnen, in kleinen Gruppen. Überall dort, wo mehr Freiheit von Zwängen und Freiheit zum schnellen, dem Gewissen verpflichteten Handeln möglich ist, wo Vernunft und die Stimme des Herzens regieren, ist noch Hoffnung.

Eine allgemeine Bewußtseinsschulung auf der Basis eines ganzheitlichen Menschenbildes müßte die Grundlage bilden für alle Gesundheitsbemühungen: der Mensch ist eine lebendige Seele mit einem göttlichen Geist als Wesenskern, den es im Laufe des Lebens zu entdecken gilt. Er identifiziert sich im allgemeinen aber mehr als mit diesen inneren Instanzen mit dem kleinen Ego, das über den Verstand an der »Oberfläche« regiert und mit seinem Körper, der eigentlich »nur« das Haus der Seele ist. All diese verschiedenen Instanzen im Auge behaltend, gilt es jeder zu geben, was sie benötigt, um dem Ganzen (Menschen) optimal zu dienen.

Grundforderungen sind folglich:
- vernünftiges Bewegen und Sporttreiben als Antwort auf unsere natürlichen Erbanlagen, die sich seit den Urzeiten kaum oder gar nicht verändert haben.
- Damit im Zusammenhang steht zur Weitung unseres Allgemein-Bewußtseins eine gezielte Körperbewußtseinsbildung, da uns der Körper als Werkzeug und Instrument des Geistes am ehesten greifbar ist und wir über ihn auch die anderen Instanzen erreichen können.
- weitgehend natürliche, vollwertige Ernährung und Fasten als ideales, von der Natur uns mitgegebenes Mittel der Reinigung des Körpers und der Klärung des Geistes,
- ehrfürchtiger Umgang mit unserer unmittelbaren Um- und Mitwelt und mit Mutter Erde insgesamt, aus der Erkenntnis, daß wir alle in einem Boot sitzen, im Raumschiff Erde,
- sinnvolle Entspannung, Ruhe und Schweigen, Meditation und Kontemplation, um wieder Zugang zu uns selber zu finden, zum Höheren Menschen in uns getreu dem Bibelwort »Das Himmelreich ist inwendig in Euch!«.

Das sind vorab schon einmal die wesentlichen Forderungen, die sich aus der Kenntnis der »Säulen der Gesundheit« ergeben. Zugleich sind es die Kraftquellen, die wir uns sozusagen als Zinsen zusätzlich zum Startkapital, das wir vom Leben bei unserer Geburt mitbekommen haben, immer wieder neu erschließen können. Voraussetzung dafür ist die Übernahme der Eigenverantwortung in Gesundheitsfragen, aber auch allen anderen Lebensbereichen. Gesundheit ist nichts Statisches, kein Startkapital, das sich von selbst verzinst, sondern eine Qualität, eine Fähigkeit, um die wir uns ein Leben lang bemühen müssen. Das ist unser Beitrag zu unserer Bewußtseinsevolution, um derentwillen wir auch auf dieser

Welt sind. Gesundheit ergibt sich somit aus der Fähigkeit, mit sich selbst und der Schöpfung in Harmonie leben zu lernen.

Alle vernünftigen Errungenschaften unseres Zeitalters sollten uns zur Qualitätssteigerung des Lebens im Sinne unserer wahren Selbstverwirklichung willkommen sein. Für ein Leben nicht gegen, sondern mit den Kräften und Rhythmen der inneren und äußeren Natur müssen wir erst langsam ein neues Verständnis und eine neue Lebenskultur aufbauen.

Diese Grundideen sind Basis des vorliegenden Buchs, das vielen aufgeschlossenen Lesern Anregungen und Impulse geben möge, um dem näherzukommen, nach dem wir alle bewußt oder insgeheim streben: Kraft zu haben im umfassenden Sinne und heil zu werden als Mensch.

Weissensee 1999 *Baldur Preiml*

Einführung

Herzlich willkommen zu einem Thema, das auf der Wunschliste moderner Menschen an erster Stelle steht.

Bei Neujahrsumfragen nach den wichtigsten Wünschen für das jeweilige neue Jahr steht die Gesundheit regelmäßig und seit langem an führender Stelle. Allerdings wirkt das Gesundheitsverhalten während des jeweiligen kommenden Jahres bezogen auf diese Priorität dann eigenartig widersprüchlich. Gesundheit, Ausgeglichenheit und ein erfülltes Leben in Harmonie sind die erklärten Ziele fast aller Menschen. So schön dieser Traum ist, so wenige sind offenbar im Alltag bereit, ihn zu verwirklichen. Der Raubbau an der Gesundheit ist allgegenwärtig, sei es in Form von Berufsstreß, Mangel an gesunder Bewegung, minderwertiger und obendrein zu kalorienreicher Ernährung, fehlender Zeit für tiefe Entspannung und Verzicht auf notwendige Regeneration.

Dieser gefährliche Cocktail ist nicht nur für viel Leid verantwortlich, sondern verstrickt uns immer tiefer in Krankheitssituationen, die sich weder der Staat noch die Krankenversicherungen, noch erst recht die einzelnen länger leisten können. Bei diesem Thema behält leider nach wie vor Christian Morgenstern recht, der schon vor langer Zeit feststellte:

Das Gesundheitsinteresse ist riesengroß,
das Gesundheitswissen ist mäßig,
das Gesundheitsverhalten ist miserabel.

Das ist zugleich bemerkenswert und befremdend, wenn man bedenkt, daß es dabei für jeden einzelnen um sein persönliches Wohl und seine Gesundheit geht. Ein wirklich auf Gesundheit zielendes Verhalten zu erlernen und zu praktizieren, das jeder für sich leicht und mit Genuß umsetzen kann, ist dabei nicht so schwer und kann zudem Freude machen, wie wir in diesem Buch zeigen wollen.

Mit einer derartigen Einstellung, mit der sich heute viele Mitmenschen selbst behandeln, würden sie ihr Auto niemals »verkommen« lassen. Es ist selbstverständlich, daß ein Neuwagen zu den entsprechenden Servicezeiten kontrolliert und mit allem versorgt wird, was er wirklich braucht. Die Absicht dahinter ist klar: Die Autobesitzer wollen ihr Auto so »fit« halten, daß es ihnen möglichst lange in gutem Zustand erhalten bleibt und niemals während einer Fahrt den Dienst aufkündigt. Die Lebenserwartung ihrer Autos scheint offensichtlich deutlich vor der eigenen zu rangieren.

Bei sich selbst sind sie die Autobesitzer meist weniger zimperlich. Würden sie sich »nur« so gut behandeln, wie es für ihr Auto selbstverständlich ist, hätten sie sich schon in jungen Jahren weit von Cola und Fast food entfernt. Sie würden rechtzeitig und in eigener Verantwortung auf Kur gehen und nicht warten, bis die Gelenke schmerzen, die Wirbelsäule blockiert oder Gicht und Rheuma quälend werden. Erst wenn solche Symptome sie zwingen, fangen die meisten Zeitgenossen an, an sich selbst und ihren Körper zu denken. Auffallend ist, daß viele geradezu selbstzerstörerisch warten, bis im Wunderwerk ihres Organismus etwas nicht mehr funktioniert, um sich dann vom Arzt reparieren zu lassen oder auf das Wunder aus der Pillenschachtel zu hoffen. Are Waerland, ein großer Lebensreformer aus dem hohen Norden sagte: »... wir haben es nicht mit Krankheiten zu tun, sondern mit Fehlern in der Lebensführung.«

Uns geht es in diesem Buch um den zentralen Begriff »Gesundheit«, von der Schopenhauer sagt, daß Gesundheit nicht alles, aber ohne Gesundheit alles andere nichts sei. Was heißt Gesundheit? Was kann Gesundheit für den einzelnen bedeuten? Was ist mit Gesundheit verbunden? Welche Spielregeln gelten dafür?

Die Weltgesundheitsorganisation WHO definiert Gesundheit als einen Zustand von körperlichem, seelischem und sozialem Wohlbefinden. Das ist so umfassend, daß eigentlich niemand dieser Definition entspricht. Demnach gäbe es völlig Gesunde nur in den Lehrbüchern der Anatomen. Etwas konkreter definiert die WHO Gesundheit weiter als »einen Zustand im Gleichgewicht« auf den verschiedenen Ebenen unserer Existenz, sei es das Gleichgewicht zwischen Arbeit und Regeneration, zwischen Nahrungsaufnahme und Ausscheidung, zwischen Bewegung und Ruhe, zwischen Spannung und Entspannung. Wenn dieses komplexe und zugleich feine Gleichgewichtsgefüge im Menschen gestört wird, ist es nur noch eine Frage der Zeit, bis körperliche oder psychische Symptome und letztlich Krankheitsbilder dieses Ungleichgewicht anzeigen. Die hohe Intelligenz des Organismus im Darstellen seiner Probleme auf der Körperbühne wird in der Krankheitsbilder-Deutung offenbar, wie sie in Büchern wie »Krankheit als Symbol«, »Krankheit als Sprache der Seele« oder »Frauen-Heil-Kunde« dargestellt wird.

Als drastisches Beispiel für die Konsequenzen der Beeinträchtigung des Gleichgewichts mag der allem Leben zugrunde liegende Atem dienen. Wird das subtile Gleichgewicht zwischen Einatem und Ausatem gestört und zum Einatem hin verschoben, wie das etwa beim Krankheitsbild des Asthmas geschieht, haben wir sofort eine Bedrohung des ganzen Systems. Auch der Einatem, das eigentliche Anliegen des Asthmatikers, funktioniert schlagartig nicht mehr, wenn der Ausatem blockiert wird.

Das Gleichgewicht auf den verschiedenen Ebenen zu halten, wird besonders durch die Tatsache erschwert, daß der Mensch ein Gewohnheitswesen ist. Denkweisen, Einstellungen, Vorurteile, Meinungen, Tagesabläufe, Handgriffe sind

vielfach fast »so alt« wie ihre »Besitzer« selbst. Solch eingefahrene Gleise und Lebensmuster, die oft genug von einem strengen Takt geregelt werden, stehen in krassem Gegensatz zu wirklichem Leben, das einem lebendigen Rhythmus gehorcht. »Rhythmus ist Leben«, sagte Rudolf Steiner und insofern ein Gegenpol zum ständig gleichen Takt, der starr und tot erscheint. Tatsächlich folgt unser Leben mit all seinen einzelnen Prozessen einer ständigen Wellenbewegung, vom ersten Atemzug über die großen Lebensphasen und -übergänge bis zum letzten Ausatem. *Panta rei* – »alles fließt«, sagte der griechische Philosoph Heraklit.

Gewohnheiten ziehen viele Menschen aus dem Gleichgewicht heraus und damit in die Einseitigkeit. Sie landen an einem Pol und tendieren damit schon in Richtung Krankheitssymptomatik. Vom Ungleichgewicht ist es immer nur eine Frage der Zeit, bis Symptome das Leben beeinträchtigen und dadurch auf ihre Art die Gewohnheiten in Frage stellen.

Krankheit wird auf diese Weise tatsächlich zum Weg zu einer neuen Einstellung. Wenn wir das durchschaut haben, brauchen wir allerdings nicht abzuwarten, bis es soweit kommt. Trotzdem scheint wenig so schwierig für uns Menschen zu sein wie von liebgewordenen Gewohnheiten abzulassen. Der harmonische Ausgleich der einseitig gelebten Pole muß uns deshalb bei allen fünf behandelten *Säulen der Gesundheit,* Bewegung, Ernährung, Entspannung, Umwelt und Bewußtsein, ein wesentliches Anliegen sein. Und vor allem diejenigen Leser, denen unsere Vorschläge neu und im Widerspruch zu bisher Gewohntem erscheinen, werden sich sehr mit ihrem Gegenpol oder Schatten beschäftigen müssen, um den (lebens-)notwendigen Ausgleich herzustellen, der allein Gesundheit ermöglicht.

Seit Menschengedenken gab und gibt es Lebenslehrer und Philosophen, die mit mehr oder weniger großem Erfolg versuchten, ihre gesünderen Konzepte vom Leben durchzusetzen. Dazu könnten wir neben allen großen Religionsgründern auch die frühen Ärzte Hippokrates und Paracelsus zählen, aber auch Heilige wie Hildegard von Bingen und Franz von Assissi, in neuerer Zeit Are Waerland oder auch Pastor Felcke und Pfarrer Kneipp. Letzterer hat mit seinem bezeichnenden Titel »So sollt ihr leben« viele Menschen angesprochen, aber wohl noch mehr verschreckt. Seine u.a. auf Eigenverantwortung und Abhärtung zielenden Methoden waren und sind bis heute vielen zu hart und anstrengend. Selbst nachdem längst bewiesen ist, wie hilfreich, nebenwirkungsfrei und billig sie sind, haben sie doch keine Chance gegen das nebenwirkungsreiche, ja vielfach giftige Arsenal der schulmedizinischen Waffen. Diese haben den einen großen Vorteil, der sie den meisten Menschen unersetzlich macht, daß sie keinerlei Eigenverantwortung verlangen, wenn man einmal von der Notwendigkeit absieht, dreimal täglich eine Pille schlucken zu müssen.

Fast alle Gesundheitsphilosophen und Lebensreformer setzten dagegen auf Eigenverantwortung, wenn sie Wege und Möglichkeiten aufzeigten, wie wir uns als Menschen zu verhalten und zu entwickeln hätten. Dabei offenbarten sie in ihren Gedanken und Lehren augenfällige Gemeinsamkeiten, indem sie davon ausgehen, daß das menschliche (wie aber natürlich auch alles andere) Leben ganz bestimmten Regeln und Gesetzmäßigkeiten, sogenannten kosmischen Prinzipien, unterliegt.

Religiösen Menschen müßte dieses Gedankengut bekannt vorkommen. Mit dem Wort im Vaterunser »Dein Wille geschehe« wird die Existenz eines höheren, eben göttlichen Willens ausgedrückt, und der Mensch verspricht, sich dieser großen Ordnung zu fügen. Allerdings handelt es sich dabei meist um Lippenbekenntnisse, denn in Wirklichkeit meinen selbst noch jene, die das Vaterunser beten, eher das Gegenteil. »Mein Wille geschehe« lautet heute die Devise, was anders ausgedrückt heißen soll: »Ich tue und lasse, was ich will, und hoffe, den Konsequenzen möglichst geschickt zu entkommen.« Zusätzlich gefördert wird die Illusion, damit durchzukommen, zum einen von jener übertriebenen Wissenschaftsgläubigkeit, die sich der Hoffnung hingibt, daß heutzutage alles von der Medizin wieder zu reparieren sei. Zum anderen kommt die irrtümliche Vorstellung dazu, daß das Leben immer besser beherrschbar wird, und vor allem unterliegen immer mehr Menschen ihren eigenen Projektionen, die davon ausgehen, daß jemand anderes als sie selbst für das eigene Wohlbefinden verantwortlich gemacht werden könnte.

Bei etwas mehr Ehrlichkeit könnte man sich – wenn auch schmerzlich – eingestehen, daß trotz fortschrittlichster Technik und modernster Medizin seit Menschengedenken immer Krankheitsbilder das Leben der Menschen durchkreuzt und bestimmt haben, daß unberechenbare Schicksalsschläge menschliche Pläne überarbeitet und zunichte gemacht haben. Der wegen seiner Teilerfolge und Etappensiege anerkennenswerte Kampf, den die moderne Medizin gegen Krankheit und Tod führt, muß letztlich ein aussichtsloser bleiben, denn Leben ist immer sowohl Gesundheit als auch Krankheit. Spektakuläre Erfolge werden von einem Heer neuer Krankheitsbilder aufgewogen. Die Schöpfung scheint sich das »Werkzeug« Krankheit nicht nehmen zu lassen. Das mag man beklagen, aber man sollte es intelligenterweise anerkennen. Denn nur dadurch kann man sich darauf adäquat einstellen und hat eine Chance, Antworten auf die Herausforderungen des Schicksals zu finden.

Auf die Erkenntnis der großen Ordnung, der es sich besser einzufügen gilt, folgt diejenige, daß das Leben eine doppelte Aufgabe für uns Menschen bereithält. Zum einen fordert das moderne Leben beziehungsweise der Zeitgeist, der es bestimmt, Entwicklung auf der gesellschaftlichen, beruflichen Ebene. Diese Aufgabe nehmen wir zumeist mit großem Engagement wahr und investieren auf dieser Ebene viel Zeit und Energie, so daß für die zweite Hälfte wenig bis nichts übrigbleibt. Diese zweite Aufgabe ist die ältere und tiefere und wird heute weithin ignoriert. Sie verlangt seelische Entwicklung, das Reifen als Mensch wie auch ein Einsichtigwerden in jene Gesetzmäßigkeiten und Prinzipien der Wirklichkeit, denen auch das Menschsein gehorcht.

Diese zweite Entwicklungsschiene kennen wir heute vor allem noch von den sogenannten »primitiven Kulturen«, die zwar den Regeln unseres modernen Zeitgeistes gegenüber taub sind, den alten Entwicklungsgesetzen der Seele aber die Treue gehalten haben. Dabei haben auch wir, tief in unserem Herzen immer noch die Sehnsucht nach seelischem Tiefgang und einer Entwicklung, wie sie alte Völker anstrebten. Fast jeder Mensch hofft insgeheim auf ein sinnerfülltes Leben.

Auch wenn wir es nicht mehr so formulieren, streben wir zum Ende unseres Lebens doch noch immer den Archetyp des alten Weisen an und wollen eben nicht als alter, verkalkter Altersheiminsasse enden. Und wir wissen noch oder ahnen zumindest, daß damit jemand gemeint ist, der im Laufe des Lebens nicht nur berufliche Erfahrung gesammelt hat, sondern vor allem auch als Mensch gewachsen ist, so daß er im Alter über den Dingen der materiellen Welt steht und aus einer wohlwollenden und geläuterten Haltung allen anderen und insbesondere der Jugend Antwort geben kann auf die großen Fragen des Lebens.

Um aber solche Antworten geben zu können, muß man sie selbst gesucht und gefunden haben. Dies fordert ein Sich-Öffnen, ein Hereinlassen auch des Unangenehmen und das Integrieren der eigenen dunklen Seiten, des Schattens, wie C. G. Jung diesen abgelehnten Bereich nannte. Notwendig ist es, auch im fortgeschrittenen Alter noch Neues zu beginnen und Lernschritte zu wagen. Die Beschreibung solch eines Ideals wird aber sogleich auch an all diejenigen denken lassen, die den gegenteiligen Weg einschlagen, wo sich das Altern mit Sturheit, Uneinsichtigkeit, Kleinlichkeit und Mißmut verbindet. Solche Menschen haben sich irgendwann unbewußt »entschlossen«, immer mehr aus ihrem Leben auszuschließen, und sich damit selbst ausgegrenzt.

Wie sollte auch einer, der sich selbst nicht mehr mag, andere mögen? Wie sollte er sich mit den anderen und der Umwelt aussöhnen, wenn er bei sich selbst nicht mehr klarsieht und im eigenen Leben nicht mehr klarkommt? Wenn sein Leben von Stagnation beherrscht wird und zur Denkmalpflege geworden ist?

Eine weitere zentrale Erkenntnis betrifft die beiden Möglichkeiten der Entwicklung, die uns das Leben bietet. Einerseits können wir im Guten, andererseits im Bösen lernen, oder anders ausgedrückt: Wir dürfen freiwillig lernen oder werden durch Zwangsbelehrungen therapiert. So könnten wir diese Polarität auch als die des Lernens oder Leidens bezeichnen. Zum freiwilligen Lernen gehört, sich den anstehenden Themenbereichen spontan zu öffnen, ihre Gesetzmäßigkeiten anzuerkennen und einsichtig in die Notwendigkeiten zu werden.

Zum gegenteiligen Leiden als Weg kommt es, wenn man über einen längeren Zeitraum die Augen vor den drängenden Themen, die gelebt werden wollen, verschließt. Aber auch die solcherart heraufbeschworenen Krankheitsbilder und Schicksalsschläge sind nicht an sich böse, haben sie doch die tiefere Funktion, über das Erleiden zu läutern. Sie erzwingen auf ihre harte Art die notwendigen Veränderungen.

In der ersten Möglichkeit des ungezwungenen Lernens aus Einsicht, für die sich praktisch alle auf den ersten Blick entscheiden würden, liegt der Vorteil einer gewissen Freiwilligkeit. Wer auf die sowieso kommenden Aufgaben zugeht, lebt einfacher. Schon der Volksmund rät uns so freundlich: »Was du heute kannst besorgen, das verschiebe nicht auf morgen.« Dahinter steckt ja die einfache Erfahrung, daß die Dinge sich meist eben nicht von selbst erledigen und sich morgen nicht leichter, sondern schwieriger und aufreibender darstellen.

Auf der Gesundheitsebene ist es offensichtlich leichter, durch entsprechendes Vorbeugen einen guten Zustand zu erhalten als etwas Verlorenes mühsam wieder zu erringen. Ersteres erfordert wenig Einsatz, und das Wenige könnte obendrein noch Spaß machen. Letzteres braucht bereits erheblichen Einsatz und erfordert oft einen richtiggehenden Kampf mit dem Widersacher in uns, dem berühmten »inneren Schweinehund«. Wo dieser allerdings nie durch besondere Vergünstigungen herangefüttert wurde, ist der Umgang mit ihm leicht.

Zur Möglichkeit, durch Leiden widerwillig zu lernen, greifen unbewußt viele jener Menschen, die von der Alternative des freiwilligen Lernens gar nichts wissen und so auch auf die Zwangsbelehrungen des Schicksals gar nicht gefaßt sind. Das geschieht um so eher, je weniger diese »Schicksalssicht« in ihr (Lebens-)Konzept paßt. Aus der Sicht des Lebens sind beide Möglichkeiten zielführend, denn die eine hält uns interessiert und bewußt auf dem Weg, die andere bringt uns leidvoll und unbewußt wieder zurück auf den Entwicklungsweg.

Wissenschaft und Lebenssinn

Wenn wir unsere Leser mitnehmen auf eine Reise in die Welt der Gesundheitslehren, die sich uns in den letzten Jahrzehnten als wichtig und zielführend erwiesen haben, werden wir dabei einige Dinge streifen, die nicht wissenschaftlich bewiesen sind, sich aber in der Praxis bewährt haben. Daß sie von den Universitäten nicht bestätigt werden, ist bei Kenntnis der Lage nicht erstaunlich, sondern selbstverständlich. Würden die Universitäten wirklich anfangen, sich mit den Bereichen jenseits ihres jetzigen Horizontes zu beschäftigen, würden sie sich ihres wichtigsten Argumentes bei der Sicherung des Status quo berauben. In vielen Fällen ist nämlich die Tatsache, daß etwas wissenschaftlich nicht belegt ist, das einzige schlagende Argument der etablierten Medizin gegen immer stärker werdende Konkurrenzmethoden.

Das aber wird so lange so bleiben, wie eine Mehrheit der Bevölkerung eine dermaßen irreführende Argumentation akzeptiert und bereit ist, sie auch noch zu finanzieren. Daß die ehemals gegen die beharrenden Kräfte der Kirche fortschrittliche Wissenschaft Medizin inzwischen selbst zum gefährlichen Hemmschuh des Fortschritts in Gesundheitsangelegenheiten geworden ist, hat sie ausreichend bewiesen und belegt sie leider ständig weiter. Die größten medizinischen Fortschritte der letzten Jahrhunderte, etwa William Harveys Entdeckung des Blutkreislaufs, hat die Medizin jahrzehntelang mit haarsträubenden Argumenten bekämpft. Kaum eine der bahnbrechenden Leistungen der Medizin konnte in einer der führenden Fachzeitschriften veröffentlicht werden.

Die meisten wurden zunächst einmal vom schulmedizinischen Establishment abgelehnt.

Es ist beim derzeitigen Stand also naiv, darauf zu warten, daß die Wissenschaft sich darum bemüht, etwa die Wirkung der Homöopathie, der Bach-Blütentherapie oder anderer Informationstherapien zu belegen. Denn nur durch die entsprechende Verweigerung kann sie in aller Ruhe weiter behaupten, daß etwas nicht wirken könne, weil es ja nicht wissenschaftlich sei. Leider ist die naturwissenschaftliche Medizin an unseren Universitäten auch so weitgehend in Abhängigkeit von ihren Geldgebern und hier vor allem von der Pharmaindustrie geraten, daß sie fast nur noch erforscht, *was etwas bringen könnte.* So kommt es, daß kaum Pflanzen aus dem enormen Schatz der archaischen Medizin auf ihre Wirksamkeit untersucht werden, wohingegen ständig versucht wird, neue synthetische Stoffe auf den Markt zu bringen. Der Grund ist, daß man Naturstoffe nicht patentieren lassen kann, und so sind sie geschäftlich lange nicht so vielversprechend wie neue Erfindungen. Für die Gesundheit der Menschen wären sie dagegen sehr interessant.

Wo immer solche Versuche dann doch einmal gemacht werden, bestätigen sie vielfach auch die Aussagen der archaischen Heiler. Ein Beispiel etwa ist die Silberdistel, deren Alkaloid heute als *Legalon* auf dem Markt ist und wissenschaftlich erprobt zwar nicht so positive Wirkungen zeigt wie das alte homöopathische Mittel *Carduus marianus,* das die energetische Botschaft der ganzen Pflanze enthält, aber immerhin doch so ziemlich das einzige Mittel ist, welches schulmedizinisch überhaupt bei Leberproblemen in Frage kommt. Mit ihrer analytischen (zerlegenden) Methode ist die Universitätsmedizin noch weit davon entfernt, zu begreifen, daß das Ganze mehr ist als die Summe seiner Teile und jedenfalls als einige wenige Einzelteile.

Das Ganze wäre nicht so bedenklich, wenn nicht inzwischen die Wissenschaft zur größten Glaubenskongregation in den Industrienationen aufgestiegen wäre, und die Schulmedizin sich nicht anmaßen würde, für Gesundheit allein zuständig zu sein. Für unser Anliegen, das sich um Gesundheit in einem umfassenden Sinn bemüht, ist die Schulmedizin sowieso recht wenig kompetent, da sie praktisch keine wirksame Vorbeugung kennt, ja diese nicht einmal akzeptabel definieren kann.

Denn solange die Medizin den folgenschweren Fehler begeht und Prävention, Gesundheitsvorbeugung also, mit Früherkennung von Krankheit verwechselt, bleibt sie bestenfalls kompetent, was Krankheit betrifft. Zu echter Vorbeugung kann sie nichts beitragen. So bedauerlich das ist, nimmt es der Schulmedizin doch nichts in jenen Bereichen, wo sie Großartiges leistet, etwa im Reparaturbereich der operativen Fächer oder in der Notfallmedizin. Dem für uns so wichtigen Bereich der Vorsorge beziehungsweise Vorbeugung werden wir uns noch gesondert zu widmen haben.

Die Mehrheit der Menschen und auch der westlichen Zivilisationsmenschen hat keine wissenschaftliche Ausbildung, glaubt aber trotzdem an die Wissenschaft. So etwas nennt man ein Glaubenssystem, das lediglich andere Glaubensinhalte lehrt als die herkömmlichen Religionen. Nur für die wenigen wirklich forschenden Wissenschaftler selbst gilt diese Aussage nicht, wobei auch sie noch die Ergebnisse in allen anderen Bereichen der Wissenschaft glauben müssen, da sie außerstande sind, alle Experimente nachzuprüfen. Im Krankenhaus kann man diesen »wissenschaftlichen« Wunderglauben bereits seit langem am Werk sehen: Immer weniger Menschen erwarten ein Heilungswunder von Gott, dafür immer mehr von ihrem erwählten »Halbgott in Weiß«. Viele wollen in Verkennung der konkreten Situationen in Kliniken vom Professor selbst operiert werden, weil er die Spitze der wissenschaftlichen Hierarchie verkörpert und deshalb am meisten hergibt für den Glauben an ein Heilungswunder. Wer Krankenhäuser von innen kennt, müßte eigentlich in vielen Fällen die Operation durch einen engagierten Oberarzt vorziehen. Daß so viele Menschen in die Gemeinde der Wissenschaftsgläubigen gewechselt sind, hat sicherlich zum einen damit zu tun, daß die meisten keine Ahnung von der wissenschafltichen Wirklichkeit haben, und zum zweiten damit, daß die anderen Glaubensrichtungen rapide an Vertrauen verlieren. Der Verfall der großen Kirchen wird ja immer unübersehbarer, und daß im Bereich der Naturwissenschaft nicht alles Gold ist, was da zum Glänzen gebracht wird, zeigen nicht nur die therapeutischen Erfahrungen, sondern auch herbe Ergebnisse der Überprüfung wissenschaftlicher Forschung. Nach einer diesbezüglichen intensiven Recherche verkündete ein Fernsehredakteur des deutschen Fernsehens zur besten Sendezeit, daß davon auszugehen sei, daß zehn Prozent der Forschungsergebnisse schlicht auf Betrug beruhen, um an Forschungsgelder heranzukommen.

Die Gefährlichkeit eines solide etablierten Glaubenssystems auch innerhalb der Wissenschaft wird besonders deutlich an den immer wieder auftauchenden schwerwiegenden Fehlern, die sich oft über lange Zeiten eben wegen der Stabilität solcher Glaubenssysteme erhalten. Als Semmelweis behauptete, die Ärzte selbst seien (mit ihren schmutzigen Fingern) die Quelle des Kindbettfiebers, wurde er nicht widerlegt, sondern verlacht und diskriminiert. Seine Behauptungen waren natürlich wissenschaftlich völlig unbelegt. Als Frauen nach Gebärmutterentfernungen klagten, sie hätten wechseljahrähnliche Beschwerden, war das wissenschaftlich gar nicht möglich, weil die Eierstöcke nicht entfernt worden waren. Zwanzig Jahre später fand dann die Wissenschaft heraus, daß durch die Uterusentnahme nach altbewährter Technik die Durchblutung der Eierstöcke um bis zu 70 Prozent abnahm, was einer Teilkastration gleichkommt. Die Frauen hatten also recht gehabt, nur waren ihre Behauptungen wissenschaftlich gänzlich unbelegt.

In eine ähnliche Richtung ging das zwei Jahrzehnte lang von der Gynäkologie verkündete Stillverbot aufgrund wissenschaftlicher Erkenntnisse oder der ebenfalls zwei Jahrzehnte andauernde und inzwischen zum Glück überwundene Kreuzzug gegen die radikale Entfernung von Gebärmüttern nach den Wechseljahren.

Auch aus eigener Erfahrung mußten wir feststellen, wie wir herzhaft ausgelacht und lächerlich gemacht wurden, als wir aufgrund einfacher medizinischer Überlegungen in den 70er Jahren zu dem Schluß kamen, daß es gefährlich sei, hohe Cholesterinwerte chemisch zu senken. Das war wissenschaftlich nicht belegt, und bis es endlich belegt wurde, mußten Patienten sich noch jahrelang mit erheblichem Aufwand zusammen mit den Cholesterinwerten auch ihre Lebenserwartung senken lassen, und leider geschieht es sogar heute noch – jetzt allerdings sogar gegen die Ergebnisse wissenschaftlicher Studien. Solches geschieht wohl niemals böswillig, dafür aber wissenschaftlich begründet, nur leider auf der Basis eines an sich leicht zu durchschauenden Denkfehlers und fest etablierter Glaubenssysteme.

All diese Beispiele sind hier angeführt, um Mut zu machen, sich über die engen Grenzen und Denkbeschränkungen einer gut etablierten und stark verkrusteten Schulmedizin und Universitätspsychologie hinauszuwagen. Nichts und niemand kann einem eigenes kritisches Mitdenken und vor allem den Mut zu persönlichen Erfahrungen ersparen, wenn man wirklich an einem gesunden Körperhaus für eine entwicklungsfreudige Seele arbeiten will.

Vorbeugung

Dieses Wort hat heute wieder einen guten Klang, seit wir langsam begreifen, daß wir mit Reparieren im gesundheitlichen Bereich nicht mehr nachkommen, und vor allem, daß wir es uns wirtschaftlich auf die Dauer gar nicht leisten können, nur hinterherzuarbeiten. Besser als reparieren ist es selbstverständlich, Schäden frühzeitig zu verhindern. In der Medizin gibt es die Idee der Vorbeugung seit ältesten Zeiten, nur ist leider das tiefere Verständnis für deren Hintergrund verlorengegangen. Wir haben mit der Zeit vergessen, wie man gezielt vorbeugt, beziehungsweise die enormen Hoffnungen, die die Schulmedizin geweckt hat, haben dieses Wissen in den Hintergrund treten lassen. Bis heute hat sich allerdings noch das Bewußtsein gehalten, daß ein gesundes Leben im Einklang mit der Natur Krankheiten schon im Vorfeld verhindern kann. Warum das allerdings so ist, wissen selbst die Anhänger solchen Denkens kaum noch.

Daß uns die Basis der Vorbeugung verlorengegangen ist, hat mit dem Verlust des Urprinzipien- oder Archetypenverständnisses zu tun. Will man sich beugen, bevor einen das Schicksal zwingt und mit seinen Methoden beugt, müßte man das Wesen von Problemen, Krankheitsbildern, Unfällen und Schicksalsschlägen im allgemeinen verstehen, um ihnen zuvorkommen zu können. Das aber ist wiederum nur möglich, wenn man die Prinzipien durchschaut, die der Wirklichkeit zugrunde liegen. Dabei handelt es sich sozusagen um Urbausteine, ähnlich den Elementen des Periodensystems, aus denen alles Materielle in dieser Schöpfung besteht. Bei den Urprinzipien sind allerdings auch seelische und geistige Aspekte mit eingeschlossen.

In Ansätzen ist jedem bewußt, daß es im menschlichen Leben eine tiefere Ebene gibt, deren Macht weit über die des oberflächlichen Bewußtseins hinausgeht. Raucher oder Übergewichtige wissen heute sehr wohl, daß sie auf dem Holzweg sind, und würden ihr Verhalten auch gern korrigieren, allein in den Tiefen ihrer Seele wirken Prinzipien, die das nicht so einfach zulassen. Vielen Rauchern ist sogar bewußt, daß sie dazu neigen, von einem Problem zum nächsten zu wechseln, denn kaum hören sie auf zu rauchen, fangen sie an, vermehrt zu essen und tauschen so ein Risiko gegen ein anderes, allerdings geringeres, ein. An diesem Punkt läßt sich schon ein Urprinzip in der Tiefe ahnen, das hier relativ unbeeinflußt vom Willen der Betroffenen sein Recht fordert. Es geht offenbar um ein orales Problem, das sich auf die eine oder andere Art Beachtung verschafft. Der Raucher kann wohl aufhören zu rauchen, aber er muß dem zugrundeliegenden Urprinzip weiterhin treu bleiben. Genau das aber geschieht über vermehrtes Essen. Auch Daumenlutschen oder Küssen könnte das entsprechende Prinzip befriedigen. Ersteres ist dem Raucher aber zu ehrlich, letzteres bedarf der guten Gelegenheit. Nur wenn die betreffenden Raucher sinnvolle alternative Einlösungen für ihr orales beziehungsweise venusisches Problem finden, können sie dem Thema wirklich vorbeugen.

Leider ist das Ganze aber noch komplizierter, denn es muß gar kein orales oder Venusproblem sein, das dem Rauchen zugrunde liegt, es könnte sich z. B. auch um ein Aggressions- beziehungsweise Marsproblem handeln. Wer über die Zigarette Dampf abläßt, braucht dann ein anderes Ventil für seine Aggressionen, ansonsten wird er im Alltag aggressiver, fängt vielleicht an zu schreien oder gar zu schlagen. Eine erlöste Variante ist hier, ein mutigeres Leben zu wagen und die *heißen Eisen* offen(siv) *in Angriff* zu *nehmen.*[1]

Es wäre optimal, wenn jeder ein so grundsätzliches Urprinzipienverständnis hätte, daß er seine jeweiligen Probleme bis in die Tiefe durchschauen und ihnen so in allen möglichen Lebenssituationen vorbeugen könnte. Hier läge die Chance wirklicher Allgemeinbildung, denn allgemeiner und tiefer als *Ur*prinzipien, können wir – wie der Name schon sagt – kaum kommen. Zumindest aber für Therapeuten, Lehrer und Trainer ist es eigentlich zwingend, das Wirken der Archetypen und Urprinzipien hinter den Problemen zu durchschauen. Denn ansonsten

1 Zum Thema Rauchen siehe das Taschenbuch »Psychologie des blauen Dunstes« von Margit und Ruediger Dahlke, die entsprechende Meditationskassette »Rauchen« sowie die Vortragskassette »Sucht und Suche«.

bleibt nur Symptomkosmetik, wie sie in beeindruckender Weise von der herrschenden Schulmedizin vorgeführt wird, die nur die Oberfläche im Auge hat. Das sieht oft auf den ersten Blick sehr bedeutsam aus, ändert aber auf lange Sicht leider wenig. Im Gegenteil, die Verschiebung der Symptome von Organ zu Organ und die der Patienten von Spezialist zu Spezialist führt genau zu jenem Vertrauensschwund, den die etablierte Medizin gerade erlebt und beklagt. Über 50 Prozent der schulmedizinischen Mittel werden nach der Lektüre der Beipackzettel gar nicht mehr geschluckt, und die Abwanderungsbewegung zu Heilpraktikern und anderen Alternativen hat ein enormes Ausmaß erreicht.

Urprinzipienverständnis und damit auch Vorbeugung sind natürlich keine medizinischen Spezialthemen, sondern zielen gerade auf ein allgemeines Lebensverständnis, denn mit ihrer Hilfe lassen sich alle Ebenen des Lebens miteinander verbinden. Urprinzipien machen selbstverständlich nicht vor Ressortgrenzen halt, sonst wären sie ja keine *Ur*prinzipien. Sie bringen im Gegenteil Körperprobleme in einen Zusammenhang zur Seele, zum familiären Hintergrund, zur sozialen Situation oder auch zur Umwelt. Tatsächlich gibt es zwischen allen Ebenen unserer Existenz Zusammenhänge, und die Einrichtung des Hauses steht in viel engerer Beziehung zu den Partner- oder Berufsproblemen, als wir zu glauben gewohnt sind.[2]

Im chinesischen Denken spielt bis heute die Lehre des Feng Shui mit diesen Themen, aber auch in unseren Breiten wußte man früher viel mehr über solche Zusammenhänge. Die Geomantie kann uns noch einen letzten Schimmer davon vermitteln. Paracelsus war das Wissen um diese Zusammenhänge von größter Wichtigkeit für die Medizin und weit darüber hinaus. Er ging noch selbstverständlich davon aus, daß ein Arzt aus der Umgebung des Patienten dessen Krankheitsbild erschließen können müsse, und umgekehrt auch vom Krankheitsbild her die entsprechende Umwelt. Deshalb sprach er auch jemandem, der keine Ahnung von Urprinzipien hatte, rundheraus die Befähigung zum Arztberuf ab. Nun ist hier nicht der Raum für ein Urprinzipien-Lehrprogramm, aber es ist doch der Ort, um zu zeigen, wie weit Einzeldisziplinen, wie etwa Ernährungs- und Bewegungslehre oder Umweltmedizin, in ihrer Tiefe zusammenhängen und in einem ganzheitlichen Konzept zusammenfließen.

Die in diesem Buch gemachten Vorschläge beruhen immer auch auf Urprinzipienverständnis und haben deshalb – entsprechende Motivation vorausgesetzt – die Chance, in der Praxis zu funktionieren. Darin unterscheiden sie sich von der Flut der guten Vorsätze, die im Gesundheitsbereich herumgeistern, und mit denen wir zum Beispiel eigentlich an jedem Jahreswechsel uns selbst und die

2 Leider haben wir erlebt, daß sich Urprinzipien-Denken über ein Buch wie das »Das Senkrechte Weltbild« nicht befriedigend erlernen läßt. Viel bessere Erfahrungen haben wir mit dem entsprechenden Seminar »Das Senkrechte Weltbild« gemacht.

Menschheit aus allen Problemen retten könnten. Das Problem ist nur, daß diese Vorsätze zwar gut gemeint sind, aber in der Mehrzahl gar nicht funktionieren können, einfach weil sie urprinzipiell nicht stimmen. Man kann Schlamperei eben (ur)prinzipiell nicht gegen Ordnungsliebe austauschen, dafür aber oft gegen Kreativität.

Betrachten wir allgemein bewährte Vorbeugungsideen, so fällt auf, daß ihre Verfechter zwar oft ohne Urprinzipienwissen zu Werke gehen; wenn sich ihre Vorschläge aber über die Zeiten halten, kann man sicher sein, daß sie intuitiv richtig lagen, was die Urprinzipien angeht. Fasten ist zum Beispiel solch eine generelle Vorbeugung. So wie Krankheit die Betroffenen in ihren Lebensäußerungen auf Grundsätzliches reduziert, geschieht es auch beim Fasten. Alles, was bisher wichtig war, tritt in beiden Fällen zurück gegenüber einfachen tieferen Erfahrungen. Bis zu einer gravierenden Krankheitsdiagnose mag es sehr entscheidend gewesen sein, welches neue Auto man anschaffen, wo man den Urlaub verbringen und wer als nächstes befördert wird. Nach einer entsprechenden Diagnose, die mit dem Lebensende droht, treten solche Fragen in den Hintergrund, und die meisten Betroffenen wenden sich grundsätzlichen Sinnfragen zu: Warum das Ganze? Wo komme ich her? Wo gehe ich hin? Was ist der Sinn meines Lebens? Die Aufmerksamkeit richtet sich plötzlich nicht mehr so sehr nach draußen, sondern nach innen, und wo sie sich noch nach draußen orientiert, geht es um so einfache Wahrnehmungen wie Glücksgefühle in einem besonderen Moment, etwa des Angerührtseins von Naturempfinden.

Insofern erfüllt man im Fasten freiwillig sehr weitgehend das Prinzip des Saturn, zu dem auch Krankheit im allgemeinen gehört. Auch Fasten reduziert einen *natür*lich und, ganz materiell betrachtet, auf Grundbedürfnisse, wie Verlangen nach frischem sauberem Wasser, klaren Wahrnehmungen und Gefühlen grundlegender Art. Fragen nach dem Sinn und spirituelle Themen tauchen häufig von ganz allein auf, wenn man bewußt fastet. Nicht umsonst gehörte dieses Exerzitium ganz selbstverständlich zu allen großen Traditionen und Religionen.

Ähnlich verhält es sich mit allgemeiner Abhärtung. Auch sie wird dem Urprinzip des Saturn zugerechnet und kann schon deshalb Krankheitsymptomen vorbeugen. Wer sich selbst mit einer gewissen Disziplin und Härte begegnet, lehrt seinen Organismus, mit schwierigeren Situationen umzugehen, und Schwierigkeiten gehören natürlich zum Urprinzip des Saturn. Eigentlich ist es eine banale Erfahrung: Wer Probleme in bestimmten Bereichen meistern lernt, wird das auch in anderen Situationen besser können. Aus Sicht der Traditionen und Religionen sind wir überhaupt auf der Welt, um Hindernisse zu überwinden und aus Schwierigkeiten zu lernen. Wer das weiß und akzeptiert, wird schon viel leichter mit den Herausforderungen des Lebens zurechtkommen. Die schicksalhaften Vorgaben zu bekämpfen, heißt dagegen, Leid zu suchen.

Ein Mensch, der sich immer nur verwöhnt und den leichtesten Weg einschlägt, lehrt seinen Organismus auf Hilfe von außen zu setzen. Bleibt diese Unterstützung einmal aus, ist sein Körper hilflos. Wer bei jeder Gelegenheit dem Immunsystem das Kämpfen abnimmt, indem er sofort antibiotische (*anti* = gegen, *bios* = Leben) Waffen ins Feld führt, wird die eigene Körperabwehr mit der Zeit einschläfern, zumal wenn sie auch noch regelmäßig mit fiebersenkenden Mitteln behindert wird. Wenn eine Armee nie zum Üben ins Manöver zieht, wird sie im Ernstfall nicht wirksam kämpfen können und versagen. Irgendwann aber ist immer Ernstfall und dann gibt es einmal plötzlich kein Antibiotikum für diese Art von Erreger. Da ist es besser, das Abwehrsystem rechtzeitig an harten Widerständen üben zu lassen, sich mit schwierigen Situationen und gefährlichen Angriffen auseinanderzusetzen. Ähnlich sinnvoll ist es, sein Körperhaus rechtzeitig und regelmäßig zu putzen, denn wenn alle Systeme sauber sind und effizient arbeiten, wird man Herausforderungen leichter begegnen können. Es dürfte nun schon nicht mehr verwundern, daß auch Sauberkeit und Effizienz zum Urprinzip des Saturn gehören.

Daß beide Verfahren, Fasten und Abhärtung – inzwischen sogar belegbar –, das Immunsystem stärken, kommt hinzu und betrifft eine andere, ebenfalls wichtige Beschreibungsebene der Wirklichkeit. Das Wissen um die Urprinzipien führt uns auf diese Weise schon sehr früh zur Erkenntnis grundlegender Zusammenhänge. Die frühen Menschen brauchten gar keine medizinische Forschung, sie hatten ihr Urprinzipienverständnis, um zu erkennen, daß bewußte Nahrungsenthaltung für einige Zeit gesundheits- und bewußtseinsfördernd ist.

Wir sind zwar (seit der Renaissance) gewohnt, alles kausal-logisch und nicht ana-logisch zu erklären, eigentlich wissen wir aber um die Grenzen dieser (einseitigen) Logik. Tatsächlich funktioniert unsere Welt ja keineswegs kausal, wie uns die Wissenschaft lange glauben machen wollte, sondern vielmehr synchron. Es würde hier zu weit führen, auf die Kontroverse Kausalität:Synchronizität ausführlich einzugehen, aber soviel sei doch erwähnt, daß die moderne Physik als am weitesten fortgeschrittene Naturwissenschaft heute belegen kann, daß die Wirklichkeit synchron abläuft, auch wenn wir uns das noch gar nicht richtig vorstellen können. Ein recht plausibles Bild für unsere Fehlwahrnehmung könnte folgendes Filmszenario bieten: Ein Geheimpolizist verfolgt einen Mafioso über die Dächer von Chicago und schießt auf ihn. Getroffen stürzt der Verbrecher in die Tiefe. Der Film will uns glauben machen, der Verbrecher stürzt, weil er vom FBI-Mann angeschossen wurde, wir wissen aber, daß es sich in Wirklichkeit um einen Stuntman handelt, der sich im selben Moment, wo er den Knall der Platzpatrone hört, spektakulär in die Tiefe fallen läßt. Unser Alltag könnte uns ähnliches lehren: Wir sagen, es ist 20 Uhr, weil die Tagesschau anfängt, wissen aber eigentlich, daß das falsch ist. Die Tagesschau kommt weder weil es 20 Uhr ist, noch ist es 20 Uhr, weil sie kommt. In Wirklichkeit gibt es die Tagesschau täglich und fast ausnahmslos um 20 Uhr, was aber ein synchrones Geschehen ist und gar nichts mit Kausalität zu tun hat. Allein schon die Spätausgabe der Tagesschau könnte diese Kausalität widerlegen.

Mit der der Wirklichkeit viel angemesseneren Synchronizität können wir aber noch kaum umgehen, und so mag das Wissen um die in der Tiefe wirkenden Urprinzipien ein erster Anfang sein. Wenn etwas, das man intellektuell längst durchschaut hat, auf Dauer trotzdem nicht in den Griff zu bekommen ist, lohnt es sich immer, nach Urprinzipien Ausschau zu halten, mit denen man auf Kriegsfuß lebt. Wir haben nämlich nicht die Wahl, ob wir uns mit den Urprinzipien auseinandersetzen, sondern nur auf welcher Ebene wir das tun. Ganz offensichtlich ist die erlöste Ebene der freiwilligen Reduzierung auf das Wesentliche beim Fasten angenehmer als vom Schicksal erzwungene Auszehrung durch schwere Krankheit. Auch die freiwillige Überwindung von Härten und Herausforderungen im Sinne der Abhärtung ist wesentlich angenehmer als sich von der Härte des Schicksals zwingen zu lassen.

Vorbeugung und (Säulen der) Gesundheit

Die Idee der Vorbeugung läßt sich wunderbar auf die Säulen der Gesundheit anwenden, denn wer allen Säulen angemessen gerecht wird, dessen Lebenstempel steht auf festen Stützen, auf denen sich ein himmlischer Überbau errichten läßt. Die Grundidee des Tempels ist es ja, die irdischen Energien auf die himmlische Einheit auszurichten. Deshalb münden Kirchen, Tempel und Pagoden so häufig in einer Spitze. Der Unterbau, der den betenden Menschen Raum gibt, entspricht den Gesetzen der Vierheit und damit dem Irdischen, nach oben zu orientiert sich aber alles zum Punkt der Einheit. Dieses Prinzip finden wir bei den Pyramiden Ägyptens ebenso verwirklicht wie bei den Kathedralen der Gotik, deren Aufwärtsstreben selbst unreligiösen Menschen zu erhebenden Gefühlen verhelfen kann. Die Pyramiden machen das Prinzip geometrisch besonders deutlich: aus der Vierheit der Grundfläche gehen sie über die Dreiheit der Seiten in die eine Spitze über. Die Gotik strebt ganz anders und doch prinzipiell ähnlich von der Vierheit der Grundfläche, die in der Kreuzform der Kirchenschiffe noch ein weiteres Mal aufgenommen ist, über die Dreiecke ihrer Fenster der Einheit in ihren ungezählten Spitzen zu. Letztlich ist auch der menschliche Körper diesem Prinzip nachempfunden. Entwicklungsgeschichtlich sind auch wir ausgegangen von der Vierheit der vier Extremitäten, die uns einen sicheren Stand auf der Erde garantierten. Mit dem Schritt auf die Hinterbeine haben wir uns ein Stück aus der Vierheit des reinen Materiebezuges gelöst. Auf zwei Beinen stehend haben wir aber immer noch einen intensiven Bezug zur Zweiheit und damit zur Polarität der Welt der Gegensätze. Unser Kopf weist aber bereits wie eine Pfeilspitze nach oben und betont die Einheit. Nehmen wir die Menschendarstellung als Fünfstern, wie wir sie im Osten, aber auch bei Lenonardo da Vinci finden, so haben wir unten wieder die Vierheit der vier Extremitäten und oben als Spitze den Kopf. Insofern ist das Bild des Tempels wohl mehr dem Menschen nachempfunden, als man auf den ersten Blick glauben mag. Ähnlich wie es Ziel aller Tempelbauwerke ist, die Menschen mit Gott beziehungsweise der Einheit vertraut zu machen, dürfte es auch das vorrangige Ziel des menschlichen Körpertempels sein, das Bewußtsein des Bewohners der Einheit näherzubringen. Insofern ist die Säule »Bewußtsein« auch die zentrale an unserem Tempel der Gesundheit.

Es ergibt sich von selbst, daß die Menschen, die den jeweiligen Tempel nutzen, auch dafür sorgen, daß er in seiner äußeren materiellen Form erhalten bleibt, ja in verschiedenen Traditionen haben sie sich sogar darum bemüht, daß Tempel und Kirchen in prächtiger Weise die Herrlichkeit Gottes beziehungsweise der Einheit widerspiegeln. In ähnlicher Weise haben sich die individuellen Besitzer um ihren jeweiligen Körpertempel zu kümmern. Auch die Idee, daß er in wundervoll ausgewogener Form und Gesundheit die zukünftige Einheit am besten widerspiegelt, ist nicht von der Hand zu weisen. Allerdings leben bei uns heute viele Gläubige in dem Gefühl, die Verantwortung für ihren Tempel über Kirchensteuer und Krankenkassenbeiträge auf legale Weise losgeworden zu sein. Das allerdings ist ein Denkfehler, der bei allen schweren Krankheitsbildern schnell und oft leider zu spät bewußt wird.

Ganz abgesehen von solch weitreichenden Überlegungen zum letzten Sinn des Lebens ist es auch bereits auf dem Lebensweg von größtem Vorteil, die Möglichkeiten des Körpertempels zu nutzen, um sich wohl und womöglich sogar ekstatisch zu fühlen. Leben kann soviel mehr sein als überleben. Natürlich kann auch schlecht und recht überleben, wer nur einen geringen Teil seiner Lungen oberflächlich beatmet, wie das die Mehrheit der Zivilisationsmenschen tut. Wer aber schon einmal die enorme Kraft und das erhebende Gefühl seines vollen, verbundenen Atems erlebt hat, wird sich mit dem Geatme zum Überleben kaum mehr zufriedengeben können. Er wird das Lebensgefühl prickelnder Energie bei vollem verbundenem Atem nicht mehr missen wollen.

Ähnliches gilt für das Essen. Die große Mehrheit überlebt nicht mit Hilfe, sondern eigentlich trotz der Art ihrer Ernährung. Wer sich aber schon einmal über einige Zeit individuell abgestimmt vollwertig mit lebendigen *Leben*smitteln ernährt hat, wird keine Lust mehr verspüren, zur halbwertigen Mangelnahrung zurückzukehren, weil er das Energiedefizit und die schlaffe Trägheit dieser (Über-)Lebensform kaum mehr ertragen mag.

Auch über Nutzung unseres Gehirns ließe sich Ähnliches sagen. Wissenschaftler bestätigen uns, daß wir nur zehn Prozent oder sogar weniger unserer Großhirnmöglichkeiten ausnutzen. Wer aber schon einmal in besonderen Lebenssituationen, bei Exerzitien oder Meditationen, erlebt hat, was es bedeutet, ganzheitlich wahrzunehmen und zu denken, wird dieses Lebensgefühl nie mehr missen wollen. Was Abraham Maslow »Gipfelerlebnisse« nennt, dürfte mit solch ausgeweiteten Gehirnfunktionsmöglichkeiten zu tun haben. Im Osten spricht man von Einheitserfahrungen, wenn die Trennung aufgehoben, und der Mensch sich eins mit allem fühlt. Körperlich können wir uns vorstellen, und es sprechen auch Gehirnstromuntersuchungen dafür, daß in solchen Momenten die linke, weibliche und die rechte, männliche Gehirnhälfte zusammenarbeiten, und der sogenannte Balken in ihrer Tiefe die Hauptfunktion der Koordination übernommen hat. Der Mensch im Gleichgewicht fühlt sich erhaben über all die plötzlich klein erscheinenden Probleme der gespaltenen polaren Welt. Nicht umsonst hat wohl Maslow diese Zustände Gipfelerlebnisse *(peak experiences)* genannt.

Man fühlt sich wie auf dem Gipfel seines Lebens in der Fülle seiner Möglichkeiten. Ähnlich erhebende, wenn auch in der Intensität nicht annähernd vergleichbare Gefühle erleben Menschen auf den Gipfeln hoher Berge, dic sie aus bloßem Spaß oder um den Göttern nahe zu sein, ersteigen. Auch in der Bibel gibt es diesen Hinweis, auf die Berge zu gehen, ganz analog dem Urvater Moses, der erst einen Berg erklimmen muß, bevor er die göttlichen Gesetze erhalten kann. Es fällt auf, daß in alten Kulturen die Menschen häufig davon ausgingen, daß die Götter auf den Bergen zu Hause seien. Auch bei uns wurde seit alters her zum Teil unter hohen Risiken auf jede Bergspitze ein Kreuz gepflanzt, das Symbol des christlichen Gottes. Auf dem Gipfel des Berges ist man in der Mitte eines Mandala. Diese Mitte aber ist der klassische Ort, um die Einheit und also Gott zu symbolisieren und zu erfahren. Aus Gottes Sicht ist ja überhaupt der ganze Berg ein Mandala und der Gipfel seine Mitte. Vor allem konzentrische hohe Berge, wie der Kailash im Himalaja, der Fudschijama in Japan oder der Olymp in Griechenland, animierten die Menschen deshalb besonders, ihre Gottesbilder auf sie zu projizieren. Der Mensch auf dem Gipfel seiner Möglichkeiten ist der entfaltete Mensch, der seine Chancen nutzt und seinen Tempel auf dem bestmöglichen Stand erhält, ohne sich im Körperkult zu verlieren, wie es oft Bodybuildern widerfährt, und ohne in Schlamperei körperlich und seelisch-geistig zu verelenden. Das Gipfelerlebnis ist der Moment, wo man sich in seinem Körpertempel auf die höchste Ebene, an die Spitze seiner Möglichkeiten begeben hat. Man ist von der Vier und der Zwei zur Eins geworden. Diese Sehnsucht treibt ja nicht nur Sportler, die um jeden Preis Nummer eins werden wollen, sondern alle Menschen in der Tiefe ihrer Seele. Auf den Gipfel des Berges kommt man aber nur, wenn man den ganzen Weg dorthin ehrlich bewältigt hat. Wer zu Tricks greift und die Seilbahn nimmt, wird eben nicht dasselbe Gipfelerlebnis haben, von einem *peak experience* im Sinne Maslows ganz zu schweigen. Analog kommt man im Körpertempel auch nur auf den Gipfel, wenn man den Weg Schritt für Schritt aus eigenem Engagement bewältigt und die verschiedenen körperlichen Aufgaben gelöst hat. Über Doping gibt es keine Chance. Dafür können aber so einfache

Übungen wie die der später dargestellten Bewußtseinsgymnastik die rechte und linke Gehirnhälfte synchronisieren und so den Weg zu Einheitserfahrungen ebnen.

Die Inder beschreiben diese innermenschliche Bergtour über die verschiedenen Chakrenstationen, die man in sieben Stufen von der Basis des Beckens entlang der Wirbelsäule bis hinauf zum Scheitel zu bewältigen hat. Analog durchschreitet ein Katholik seinen Kreuzweg von unten bis oben und von Station zu Station in dem Verständnis, daß er Christus auf seinem steilen Weg nachfolgt. So wenig Tricks und Abkürzungsversuche auf der Bergtour letztlich bringen, so wenig nützen sie auf dem individuellen Entwicklungsweg. Natürlich kann man sich auf harmlose Art mit sogenannten *Mind-machines* einige Ausblicke holen oder auf gefährliche Art mit Drogen, die oft den Vorhang chemisch aufreißen und so den Blick auf das Ziel für Momente freigeben können.

Konkret heißt all das für unser Unternehmen »Säulen der Gesundheit«, sich bewußt zu machen, in welch größerem Zusammenhang die einzelnen Säulen zu sehen sind, und zu erkennen, wie wichtig das Fundament des Tempels ist, das wir in unserer ererbten Konstitution, unserem Erbgut und unserer Grundmentalität mitbekommen haben, und was wir auf diese Basis und diese Säulen bauen können. Es versteht sich von selbst, daß es beim Tempelbau keinen Sinn macht, mit dem Dach zu beginnen, auch wenn es als Symbol der Einheit zum Wichtigsten gehört. Erst, wenn auf dem Fundament, an dem wir am wenigsten ändern können, ja, das wir als schicksalhafte Mitgift betrachten müssen, stabile gesunde Säulen errichtet sind, kann darauf ein prächtiger Dach*first* entstehen.

Selbst am Fundament, das vom Erbgut her unveränderbar ist, können wir im geistig-seelischen Bereich noch arbeiten. Denn das in der Schwangerschaft mitbekommene Urvertrauen gehört ja auch zu unserer Basis und ist über Übungen wie auch über die beschriebenen Gipfelerlebnisse nachzubessern. An den Säulen können wir in eigener Verantwortung arbeiten und je nach Engagement gute Ergebnisse erzielen. Ist das geschehen, wird sich für den Überbau gar nicht selten alles wie von selbst fügen. Gefährlich ist dagegen die Situation, wo auf schwachem Fundament und wackeligen Säulen ein enormer Überbau drohend wie ein Damoklesschwert hängt. An dieser Stelle sei auch angemerkt, daß Gesundheit durch die Überbewertung einer der Säulen weder zu erreichen noch zu erhalten ist. Andererseits kann mit Gewißheit davon ausgegangen werden, daß unsere Gesundheit und unser Wohlbefinden durch die Nichtbeachtung oder Vernachlässigung auch nur einer Säule drastisch eingeschränkt wird. Die Sicherheit des ganzen Tempels hängt von der schwächsten Säule ab.

I

Säule Bewegung

Bewegung, Körperarbeit bzw. -bewußtheit

Erleben wir das Heranwachsen eines Menschen mit, im Idealfall unseres eigenen Kindes, werden wir Zeuge eines sich langsam und bestimmt nach eigenem Gesetz entfaltenden Wunders. Bei all unserer Technik und der sich daraus ergebenden Selbstüberschätzung könnten wir uns ab und zu daran erinnern, daß wir völlig außerstande sind, einen einzigen menschlichen Finger zu konstruieren oder auch nur einen Grashalm. Die Schöpfung enthüllt uns Wunder über Wunder,

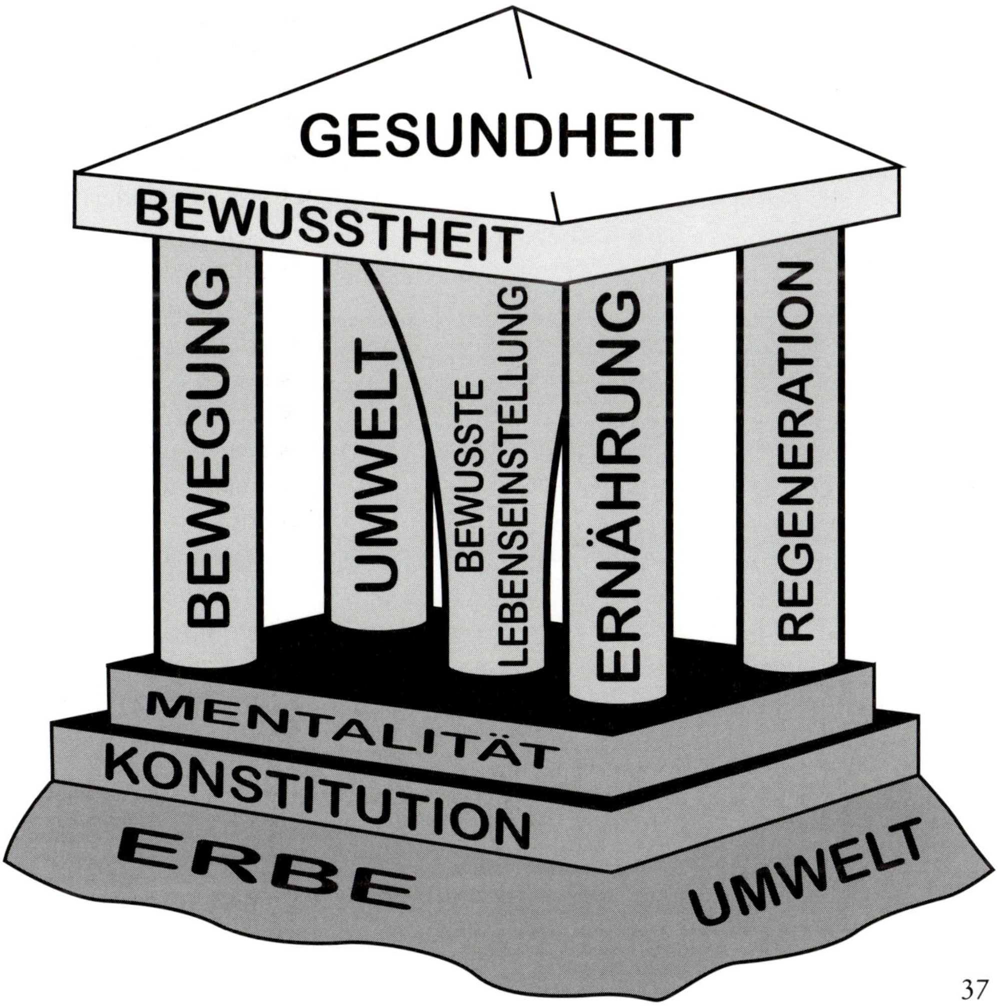

wenn wir bereit sind, sie anzuschauen. Selbst, wer von Gott hinter dieser Schöpfung nichts mehr wissen will, muß doch irgendwen, und sei es die Evolution, für all diese unnachahmlichen Wunder verantwortlich machen. Die Tatsache, daß wir uns an die Fülle dieser natürlichen Wunder im Mikrokosmos unseres Körpers und im Makrokosmos der uns umgebenden Natur gewöhnt haben, ändert im Prinzip nichts an deren Einzigartigkeit.

Unser Körper ist in seinem Aufbau und in seinen Funktionen – selbst wenn wir nur seine mechanische Seite betrachten – ein beispielloses Wunderwerk, und dabei umfaßt er in Wirklichkeit noch soviel mehr an bisher unfaßbaren Zusammenhängen. Wären wir uns dessen stets bewußt, hätten wir dauernden Grund zu grenzenlosem Entzücken. Tatsächlich gibt es Menschen, die in einem Zustand uneingeschränkter Begeisterung und Ekstase ihr Leben verbringen. Die große Mehrheit dagegen, neigt dazu, den Körper mit all seinen Wundern für selbstverständlich zu nehmen und so lange zu ignorieren, bis etwas nicht mehr funktioniert. Dann erst wird man aufmerksam und hadert mit dem Mangelzustand, das vorherige Wunder hat einen dagegen gänzlich kaltgelassen. Beschäftigen wir uns gedanklich mit jenen Menschen, die ihr Leben in Ekstase feiern, fällt auf, daß sie auf einem hohen Bewußtseinsniveau leben, d. h. sich auch der kleinsten Dinge, die jeder Augenblick zu bieten hat, sehr bewußt sind. Auf die Frage, wie er es schaffe, so heiteren Gemütes ein so wundervoll kontemplatives Leben zu führen, antwortete ein Zen-Meister: »Wenn ich sitze, sitze ich, wenn ich gehe, gehe ich, und wenn ich esse, esse ich.« »Aber das tun wir doch auch!« entgegneten die Schüler. Da antwortete der Zen-Meister: »Im Gegenteil, wenn ihr sitzt, denkt ihr schon ans Aufstehen, wenn ihr aufsteht, denkt ihr schon ans Gehen und wenn ihr geht, schiebt ihr euch schon den ersten Bissen zwischen die Lippen.« Das Geheimnis liegt also in einem Leben im jeweiligen Augenblick.

Wenn wir uns des Wunders unseres Körpers erst bewußt werden, wenn er nicht mehr funktioniert, führt der wesentliche verbliebene Zugang zum Körper über dessen Mißfunktionen. Nur wenn er weh tut, bekommt er Aufmerksamkeit, nur wo etwas ausfällt, gibt es Beachtung. So ist es nicht verwunderlich, daß wir im Westen körperliche Exerzitien, abgesehen von Sport, vor allem in den Bereich der Krankengymnastik verlegen. Aus all dem folgt, daß dem Körper vieler Menschen gar nichts anderes übrigbleibt, als über schlechtes Funktionieren, über Blockaden, Widerstände und Ausfälle die notwendige Beachtung zu ertrotzen. Wenn die Anwohner einer verkehrsreichen Durchgangsstraße dieselbe blockieren, bekommen sie plötzlich landesweite Zuwendung. Solange sie sich brav vergiften lassen, kümmert sich kein Mensch um ihr Anliegen. Ähnlich ergeht es dem Organismus, der, über lange Zeiten ignoriert, irgendwann und meist recht spät, die Notbremse zieht. Ab jetzt wird er ernst genommen und so lange mit Sorgfalt behandelt, wie er aufmuckt und schlecht funktioniert. Sobald er wieder Ruhe gibt und wir nichts mehr von ihm merken, dauert es nicht mehr lange, und er wird wieder mißachtet. Diese Grundsituation zeigt uns, daß es bei Lage der Dinge aus Sicht des Körpers wenig Sinn macht, sich in guter Verfassung zu präsentieren und bei Erkrankung schnell zu gesunden. Mit Zuwendung belohnt wird er fast ausschließlich, wenn er durch Schmerzen, Mißfunktion oder jedenfalls Beschwerden auffällt. Eine ähnlich schlimme Situation erleben Kinder, die die Beachtung und Zuwendung ihrer Eltern nur bei Krankheit bekommen. Das führt geradezu zum Erlernen und Beibehalten von Krankheitsmustern, bis hin zu solch schweren wie dem des Asthma bronchiale. Entsprechende Forschungen zeigen, daß asthmatische Atmung tatsächlich erlernbar ist. Wenn ein Kind, das kaum etwas von seiner berufstätigen Mutter hat, merkt, daß es durch seinen schlimmen Husten die Mama tagelang ganz für sich haben kann, wird es diesen Husten schon gar nicht mehr so schlimm finden. Wenn dieser sich hinzieht und in eine Bronchitis übergeht, verlängert sich auch die so ersehnte Zweisamkeit. Insofern gibt es starke Gründe, diesen Zustand aufrechtzuerhalten. Die schreckliche Botschaft aber, die so gelernt wird, lautet: Du bekommst, was du brauchst, über Krankheit.

Auf der anderen Seite, ergibt sich aus all diesen Überlegungen aber auch die Möglichkeit einfacher Vorbeugung. Wir bräuchten uns nur bewußt und freiwillig dem Körper zuzuwenden, so daß er keine Notwendigkeit sieht, sich über Blockaden und Beschwerden zu melden. Beschweren wird sich immer nur, wer Probleme hat beziehungsweise sich schlecht behandelt fühlt. Insofern ist freiwillige Zuwendung zum Körper in Form von bewußter Bewegung, sportlicher Übung, Yoga, Meditation oder anderen Exerzitien eine einfache, aber wundervolle Möglichkeit, sich vor unangenehmen Beschwerden zu schützen. Wer rechtzeitig auf die Zeichen und Hinweise seines Körpers achtet, braucht sich von ihm nicht »anschreien« zu lassen. Schmerzen sind aber ein Aufschrei des Körpers beziehungsweise seines Gewebes, das nicht bekommt, was es dringend zum Leben braucht, etwa Durchblutung beziehungsweise Sauerstoff. Beides aber wird durch ausreichende Bewegung gewährleistet. So kann die Sprache unseres Körpers von seinem natürlichen Alltagsausdruck bis hin zu Krankheitssymptomen zu einem erstaunlichen Kommunikationsmittel werden.

Ein wenig verstehen wir uns alle darauf, seine Zeichen und Symptome zu deuten, denn wenn der Körper Durst, Hunger oder Lust meldet, beachten wir das ja auch und wissen, daß wir über kurz oder lang diesen Bedürfnissen nachgeben müssen. Wenn wir dem Trinkbedürfnis nicht nachgeben, spüren wir sehr schnell die negativen Konsequenzen und wissen, daß uns dieses Verhalten umbringen kann. Wenn wir dem Bewegungsdrang unseres Organismus nicht nachgeben, sondern ihn vorsätzlich unterdrücken, können wir genauso sicher davon ausgehen, daß wir davon bewegungsunfähig und krank werden und letztlich daran zugrunde gehen werden. Es wird nur länger dauern. Dieser Zeitfaktor aber ist es, der vielen Menschen die Illusion gibt, sie könnten ohne adäquate Bewegung

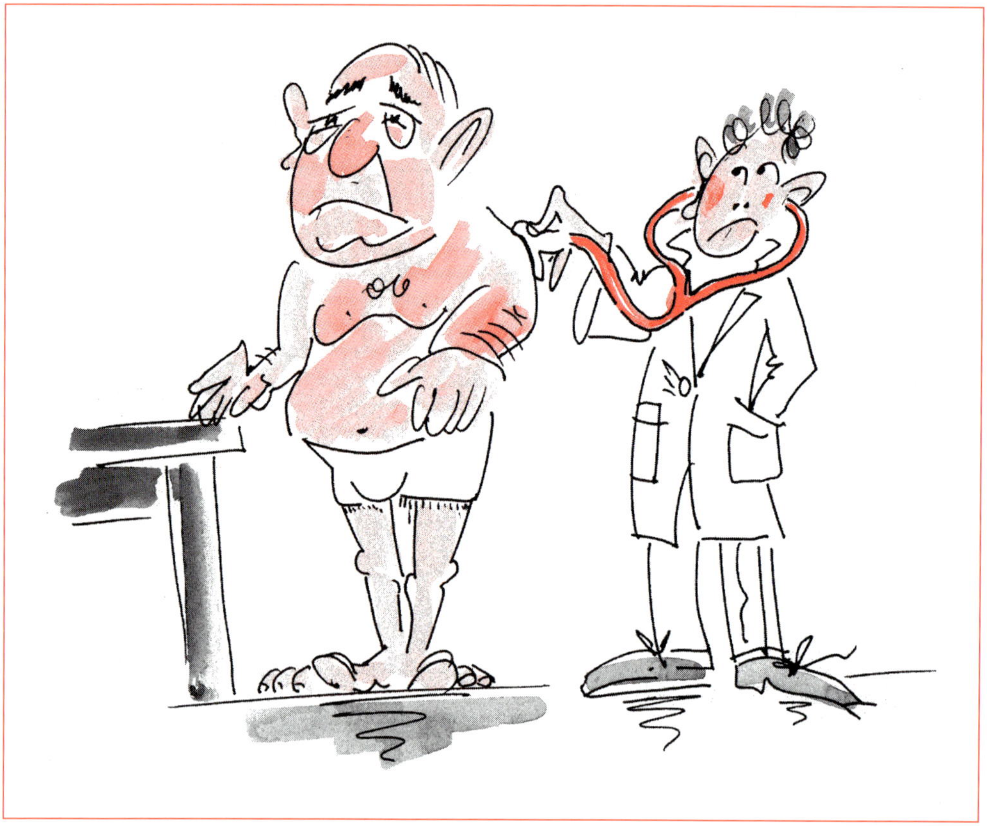

durchkommen. Viel besser ist es offensichtlich, nicht nur beim Atmen, Essen und Trinken den natürlichen Bedürfnissen nachzugeben, sondern darüber hinaus auch in allen möglichen anderen Bereichen.

So *beugt* man sich, be*vor* einen das Schicksal mit seinen (Rat)Schlägen auf den Weg zurückführt und schließlich beugt. Dieser freiwillige Weg hat zusätzlich den unschätzbaren Vorteil, daß sich die Art dieser Vorbeugung aussuchen und seiner eigenen Art anpassen läßt, so daß das Ganze sogar Spaß machen und die Lebensgeister wecken kann. In welcher Form ich mich bewege, ist weitgehend meinem Geschmack überlassen, solange ich die Tatsache, daß Bewegung überlebenswichtig ist, nicht in Frage stelle.

Die Sehnsucht nach positiven Körpergefühlen steckt hinter vielem, ohne daß wir das sofort erkennen. Die Mehrheit der Sportler dürfte hier ihre Triebfeder haben, denn all die Millionen Skifahrer, Windsurfer und Tennisfans erwarten realistischerweise keine Goldmedaillen mehr oder materielle Vergütungen für ihren oft bewunderungswürdigen Einsatz. Ihr Lohn ist ein gutes Körpergefühl und die Freude an fließender harmonischer Bewegung, an Geschwindigkeit und der Leichtigkeit des Seins. Denn selbstverständlich können wir unseren Körper auch schon genießen, bevor er Probleme macht, genau wie wir es genießen, wenn Schmerzen nachlassen, wir uns von Beschwerden erholen und unsere Kräfte zurückgewinnen. Hier stellt sich natürlich die Frage, ob wir unser Leben überhaupt genießen wollen?

Betrachtet man die oben genannten Trendsportarten mit großer Distanz, etwa wie ein Marsmensch, der sich an einem Winterwochenende der Erde nähert, mag man eigenartige Schlüsse auf den Intelligenzgrad der Erdenbewohner ziehen. Man sieht ungezählte Skifans immer dieselbe Strecke eines Abhanges hinuntersausen, um sich nach mühsamem Schlangestehen den Berg wieder hinaufhieven zu lassen und das offensichtlich sinnlose Spiel zum x-ten Male von neuem zu beginnen. Ähnliches könnte man sich an einem Sommerwochenende denken, wenn man den Tausenden von Windsurfern zusieht, wie sie von einer Halse beziehungsweise Wende zur nächsten immer dieselbe Stelle eines Sees überqueren, während ihre Familien am Ufer im Wind schlottern.

Befragt man aber den einzelnen Surfer oder Skifahrer im Hinblick auf sein absurd erscheinendes Verhalten, erfährt man nicht selten eindrucksvolle bis in spirituelle Dimensionen reichende Empfindungen. Die Leichtigkeit und das erhebende Gefühl, wenn das Surfboard ins Gleiten kommt und man den Wind in den Händen hält, wird erwähnt, oder das unglaubliche Freiheitsempfinden, wenn man sich im tiefen Schnee von der Schwerkraft zu lösen scheint und sich einfach treiben lassen kann. Geschwindigkeit und Schwerelosigkeit scheinen der eigentlichen Bestimmung näherzubringen, und die Beschwernisse des Alltags bleiben zurück, während man ganz deutlich spürt, wie lebendig man ist und wie Lebensenergie frei durch den Körper pulsiert. In solchen Momenten ist man sich seiner Existenz in einem umfassenden Sinn bewußt, spürt den Wind im Haar und das Prickeln auf dem Gesicht, die Muskeln sind in geschmeidiger Aktion, und obwohl die Situation eine gewisse Gefahr birgt, fühlt man sich sicher aus eigener Kraft, und manche Menschen fühlen sich geborgen in Seiner Schöpfung.

Es sind Momente, wo man im Einklang ist mit sich und den Elementen. Bei vielen Sportarten sind solche Erfahrungen möglich, und auch wenn sie sich noch so sehr im Konkreten unterscheiden, bleibt doch das Gefühl absoluter Präsenz im jeweiligen Augenblick und das Fehlen aller Widerstände gleich. Vergleicht man Erleuchtungserlebnisse, wie sie uns in Fülle aus dem Osten, wie auch vereinzelt von westlichen Menschen berichtet werden, so fällt auf, daß sie sich ebenfalls enorm unterscheiden, was die verwendeten Meditationstechniken und die äußeren Begleitumstände angeht, übereinstimmend aber ist auch hier das Fehlen aller Widerstände und das Eintauchen in die Gegenwart des vielbesungenen Hier und Jetzt. In diesem magischen Moment, wo Vergangenheit und Zukunft in die Gegenwart einmünden, gibt es keine Widerstände und statt dessen völlige Bewußtheit für das augenblickliche Sein in diesem Körper, der so zu einem bewußten Tempel der unsterblichen Seele wird.

Wenn es in keinem der Zustände von Befreiung Widerstände gibt, läßt sich schließen, daß Erleuchtung mit Widerstand unvereinbar ist. Man könnte aber auch weiter schließen: wann immer man kein Erleuchtungserlebnis hat, befindet man sich wahrscheinlich im Widerstand. Da jeder Gedanke an Vergangenheit und Zukunft immer zugleich ein Im-Widerstand-mit-der-Gegenwart-Sein bedeutet, ist das auch leicht möglich. Der Weg zur Befreiung ist damit der Weg aus dem Widerstand in den Augenblick oder der Weg aus der Unbewußtheit in die Bewußtheit. Dieser Weg läßt sich mittels verschiedener Techniken erleichtern. Diese können sowohl aus dem Bereich spiritueller Traditionen stammen als auch prinzipiell aus sportlichen Übungsprogrammen. Letzteres ist seltener der Fall, weil Sport kaum bewußt auf diesem Weg genutzt wird und sich dafür bei uns auch nie eine Tradition gebildet hat. Im Osten aber sind Wege wie der des Taiji Quan oder des Kung Fu durchaus tief in den jeweiligen Traditionen verankert und verbinden körperliche Übungen mit spirituellen Absichten.

So schnell kann der Weg von der Körperbewußtheit zu spirituellen Erfahrungen führen, und tatsächlich ist diese Verbindung naheliegend und an sich nicht schwer herzustellen. Andererseits sind oben angedeutete Erfahrungen von Einheitsbewußtsein im Sport kein Thema und nur auf eindringliche Befragung von Sportlern zu bekommen. Im Westen ist Sport so sehr mit Idealen einer einseitig verstandenen Männlichkeit verbunden, daß solche im tiefsten Sinne seelischen Erfahrungen eher verschämt eingestanden als stolz zum besten gegeben werden. Wenn auch in Wirklichkeit gar nicht so selten, gelten sie doch als Ausnahme und spielen jedenfalls im vom Leistungsgedanken beherrschten Sport keine Rolle. Auch Bereiche wie Schul- und Breitensport bis hin zu Fitneßübungen werden bei uns vermehrt ohne Verbindung zur spirituellen Dimension betrieben, was schade und unnötig ist, wie wir am indischen Yoga, am chinesischen Taiji oder japanischen Aikido sehen könnten. Es reicht eine einzige Seins-Erfahrung, um auf Dauer motiviert zu sein und immer wieder auf die Suche nach ähnlichem zu gehen. Würde sich das Heer der Freizeit- und Hobbysportler über seine tieferen Beweggründe Rechenschaft ablegen, kämen wohl nicht so selten spirituelle Motive ans Licht oder zumindest zu anderen Motivationen hinzu.

So wunderbar solche Seins- oder Einheitserfahrungen und so hilfreich sie sind, um die Motivation zum Beispiel hinsichtlich gesundheitlicher Übungsprogramme hochzuhalten, so wenig lassen sie sich erzwingen. Für den männlichen Pol, der die »Machergesellschaft« mit Macht beherrscht und alles unter seine Kontrolle bringen will, ergibt sich hier ein unerfreuliches Problem. Ein Eintauchen in den Augenblick wird nur möglich, wenn man losläßt von allem Wollen, Sollen und Kontrollieren und damit eigentlich von der einseitigen Fixierung auf das männliche Prinzip. Nun kann man aber kaum von jemandem seine eigene Entmachtung verlangen, und das gilt auch für das Ego, unser oberflächliches Ich, das von seinen Kontrollmechanismen und Abgrenzungstendenzen lebt. So ist es zu erklären, daß es oft erst zur Katastrophe kommen muß, bevor sich ein Mensch seiner anderen inneren Seite bewußt zuwendet. *Hé katastrophé* hat im Griechischen neben dem katastrophalen Aspekt auch noch den des Umkehrpunktes, und zur Umkehr und Einsicht kann uns ein Krankheitsbild, ein Unfall oder auch jede andere Form von Schicksalsschlag bringen. Natürlich wäre es aber auch möglich, schon vorher aus Einsicht umzukehren. Das verlangt jedoch viel an Selbstaufgabe vom Ego. Sport bietet hier eine gute Möglichkeit, denn er kann, ganz auf dem männlichen Pol begonnen, allmählich in die Mitte führen.

Glücklicherweise kann man die Weichen bewußt in eine entwicklungsförderliche Richtung stellen, indem man sich und seinem Körper die notwendige Zuwendung und ausreichendes Training seiner Funktionen schenkt, so daß er gesund und wach ist, und keinerlei Notwendigkeit hat, sich durch Beschwerden Achtung zu verschaffen. Dieser Schritt bringt auch dem Ego etwas und gefährdet es für lange Zeit in keiner Weise. Auf dieser Grundlage erst wird es lustvoll möglich, sich zu schulen in der Kunst des jeweiligen Augenblicks, aus der allein letzte Erfüllung erwachsen kann. Sport ist dazu genauso geeignet wie etwa östliche Kampfkunst.

Allerdings liegt das Geheimnis – wie so oft – in der Mitte zwischen den Polen Über- und Unterforderung. Ein ständig überforderter Körper eines diesbezüglich unbewußten Leistungssportlers wird wenig Chancen finden zu umfassender Körperbewußtheit, weil ihm alle Leichtigkeit und Lockerheit, das spielerische Element fehlt, das für ekstatische Erfahrungen ebenso wichtig ist wie die körperliche Konditionsbasis. Auf der anderen Seite verspielt die völlige Lockerheit, die keinerlei Anstrengung wahrnehmen will, ebenso die Chance, weil eine tragfähige Grundlage gar nicht erst geschaffen wird. Wer sich fördern will, muß sich auch fordern, sollte sich aber nicht andauernd überfordern.

Nicht untypisch ist folgende Geschichte. Ein junger, von Ehrgeiz zerfressener Skiheld, der seinen Körper mit letztem Einsatz bis zu letzten Leistungen peitscht, erleidet eine Kette von Unfällen, die ihn zum Aufgeben aller ehrgeizigen Karrierepläne zwingen. Als er ohne jedes konkurrenzhafte Engagement mit einigem zeitlichen Abstand noch einmal zum Skilaufen geht, erlebt er allein im tiefen Schnee eine überwältigende Erfahrung von Einssein mit dem Körper, den Skiern, der Landschaft und überhaupt allem. Das war vorher nicht möglich, weil Ehrgeiz und Wollen echtes Loslassen verhindert hatten. Später war es dann auch nicht mehr möglich, weil der Körper ohne das intensive Training zunehmend in Trägheit verfiel und das Niveau nicht mehr erreichte, wo Bewegung an sich Freude ist und macht.

Wie wichtig solch erhebende Momente im Leben sind, weiß fast jeder aus Erfahrung, auch wenn die wenigsten etwas daraus machen. Immerhin mag es einem auffallen, daß manche Männer immer wieder vom Krieg erzählen. Sie mögen alles vergessen, vom Hochzeitstag bis zu den Geburtstagen der eigenen Kinder – die

Kriegserfahrungen bleiben ewig wach und lebendig und werden ständig wiedergekäut. Der Grund dafür dürfte darin liegen, daß sie als Soldaten körperlich relativ gut durchtrainiert und durch die Gefahr gezwungen waren, im Augenblick zu leben. Rückblickend werden auf diese Weise sogar scheußliche Erfahrungen zu den intensivsten und lebendigsten Momenten im Leben. Natürlich wäre es möglich, den Körper auch ohne den Zwang militärischen Drills in einen guten Zustand zu bringen und ohne Lebensgefahr in die Gegenwart einzutauchen. Die verblüffende Erfahrung ist aber, daß nur wenige dazu freiwillig bereit sind. Zu den wenigen gehören etwa jene Extremsportler wie die Free-Climber, die im besten Trainingszustand die Lebensgefahr senkrechter Bergwände suchen, um, gezwungen durch die Lebensbedrohung, in höchste Körperbewußtheit und letztlich in den Augenblick des ewigen Hier und Jetzt einzutauchen.

Es gibt außer der eigenen Trägheit wenig Gründe, die Basis für solch intensives Erleben nicht auch zu Friedenszeiten und unter normalen Umständen herzustellen. Ohne Not aber neigen die meisten Menschen dazu, statt sich die Grundlage ehrlich und vielleicht anfangs auch etwas mühsam zu erarbeiten, sich lieber zu besonderen Erfahrungen durchzumogeln. Der gängigste Weg sind Drogen und durchaus nicht nur jene, die psychedelische Erfahrungsräume öffnen. Der ganz gewöhnliche Alkohol, von der Mehrheit aus leicht durchschaubaren Gründen gar nicht als Droge angesehen, vermittelt zum Beispiel jenen Hunderttausenden, die von überall her jährlich zum größten Trinkfest der Welt, dem Münchner Oktoberfest, pilgern, Erfahrungen der ganz andern Art. Mit wildfremden Menschen untergehakt, schunkeln sie auf harten Holzbänken zu den Klängen primitiver, um nicht zu sagen archaischer Rhythmen und lassen sich Glas um Glas mit Bier vollaufen. Da schadet es nichts, daß das Bier überteuert, das Essen fast noch geschmackloser als die Musik ist, es geht um das Eintauchen in diesen bierseligen Augenblick, dieses runde Erleben, wo alle Härten und Grenzen vom Alkohol ebenso aufgeweicht werden wie die Strukturen des eigenen kritischen Denkens. Es ist einfach zu schön, im Moment zu versinken und im großen Zelt das Feld Gleichgesinnter zu spüren. Man(n) fühlt sich wie ein Held und ist doch nur »ein armer Schlucker«. Intensiv befragt kommen auch bei den Bierzelthelden ganz verblüffende Motivationen heraus. Sie suchen sehr bewußt die erniedrigende Erfahrung des Alkoholrausches, weil es so ein schönes Gefühl ist, wenn Vergangenheit und Zukunft im wahrsten Sinne des Wortes untertauchen im Bierglas und die bierselige Stimmung doch immerhin noch ein klein wenig an Seligkeit erinnert. Daß der Körper auf diese Weise geschädigt wird – nicht umsonst ist die Leberzirrhose bei uns die vierthäufigste Todesursache und geht fast immer auf Alkoholmißbrauch zurück –, weiß an sich jeder Betroffene. Irgendwie muß ihm die Erfahrung des Rausches aber solch schreckliches Ende wert sein.

Tatsächlich sind Erfahrungen außergewöhnlicher Bewußtheit, wie sie über Drogen und, ungleich gesünder, über entsprechende Übungen und Exerzitien zu erreichen sind, unbezahlbar. Da wir die freie Wahl haben, ob wir sie auf dem mühseligen oder bier- bzw. weinseligen Weg erreichen, entscheidet sich in dieser Gesellschaft immer noch eine deutliche Mehrheit für den vermeintlich leichteren Weg. Der Grund dürfte u. a. darin liegen, daß es leicht und genußvoll ist, dem Alkohol zuzusprechen, und vermeintlich schwer und mühsam über den Weg der Exerzitien. Einer der Gründe für dieses Buch liegt auch in unserem Wunsch, Wege zu Bewegung, Sport und Körperbewußtheit aufzuzeigen, die von Anfang an Spaß machen und die die Freude am Leben deutlich spürbar erhöhen, wie auch dazu anzuspornen, freiwillig und selbstverständlich an Widerständen zu arbeiten und zu wachsen.

Östliche Wege als Alternative oder Ergänzung?

Grundsätzlich gibt es mit dem östlichen und dem westlichen zwei verschiedene Wege im Umgang mit dem Körper, die sich ausgezeichnet ergänzen. Der Osten hat immer am meisten Wert auf die Bewußtheit in der Bewegung gelegt, und so kam es zu Übungen, wie wir sie vom Taiji, vom Qi Gong und in anderer Hinsicht auch von den Körperhaltungen des Yoga kennen. Sie führen zu erhöhter Wachheit, wachsender Bewußtheit und Geschmeidigkeit in den Bewegungsabläufen, lassen allerdings das Herz-Kreislauf-System weitestgehend aus dem Spiel. So tragen sie kaum zur Entwicklung dessen bei, was wir im Westen Kondition nennen. Übersetzt heißt dieses Wort »Zustand« (des Körpers). Nun ist es typisch für den Westen zu glauben, mit seinem Ansatz das Ganze zu umfassen. Natürlich ist auch die Herz-Kreislauf-Anpassungfähigkeit, die sich hinter dem Ausdruck Kondition in Wahrheit verbirgt, nicht alles, aber immerhin etwas sehr Wesentliches, das in östlichen Systemen leicht zu kurz kommt. Ideal wäre die Verbindung von beiden Richtungen oder die Integration beider Ziele in einem System. Während es nicht so leicht vorstellbar erscheint, bei Yoga-Übungen Kondition zu erwerben, ist es kein Problem, in sportliche Übungsabläufe Bewußtheit einfließen zu lassen. Eine gute Möglichkeit, umfassende Körpergesundheit zu erlangen, wäre auch, beide Systeme parallel zu üben.

Anleitungen zu östlichen Systemen gibt es inzwischen eine Fülle, zumal auch immer mehr östliche Lehrer den Weg in den Weg in den Westen finden. Für westliche Menschen erscheint uns das Buch von Nikolaus Klein »Auf den Schwingen des Drachen« besonders geeignet, da sich der Autor schon als westlicher Jugendlicher der östlichen Kampfkunst zuwandte und es hier bis zur Meisterschaft brachte, später Taiji und Qi Gong erlernte und daraus eigene Übungen formte, die leicht nachvollziehbar sind und das Zusammenspiel von Körper und Seele auf genußvolle Art und Weise möglich machen. Hinzu kommt hier noch der Vorteil einer zum Buch gehörigen CD, die einen unter der meditativen Anleitung des Autors und zu den Klängen von speziell dazu komponierter Musik in die Übungen einführt, ohne daß man ständig durch Nachlesen gestört wird.

Aber auch Übungen wie die von Moshe Feldenkrais und Milton Trager[3] versöhnen östliche Elemente mit ihren westlichen Bewegungssystemen. Besonders die nach ihrem Erfinder »Tragern« genannte Variante hat den Vorteil, von Anfang an viel Spaß zu machen und echten Genuß am Körper zu vermitteln. Kondition im sportlichen Sinne aber können all diese Übungen kaum bringen. Dafür sind die traditionell im Westen entstandenen Übungssysteme besser geeignet. Aber auch hier braucht man Wissen, um sich vor Sackgassen und Fehlern zu bewahren. Wird nämlich zuviel vom männlichen Pol, wie Ehrgeiz und Willen, in solche Übungssysteme hineingepackt, können sie sogar gesundheitsschädlich werden. Deshalb bringen die folgenden Kapitel eine umfassende Einführung, um einen sinnvollen Weg zur Gestaltung individueller angemessener Bewegungsprogramme zu ebnen.

Die Synthese zwischen Bewußtsein und Bewegung

Natürlich hat es einen tieferen Sinn, ob ein Mensch im Westen oder im Osten geboren wird. Heute aber leben wir in einer so dynamischen und verbindenden Zeit, die die Grenzen so durchlässig und die Verbindungen zwischen den verschiedenen Teilen der Welt so leicht macht, daß wir darin geradezu die Aufforderung lesen könnten, zu Synthesen zu finden. Aus der westlichen Sicht ist der Weg zu östlichen Idealen gar nicht so weit, wenn wir etwas in der Zeit zurückgehen und uns vom Ideal der klassischen Antike inspirieren lassen, das mit *Kallokagathia* als der Schönheit von Körper und Geist zu umschreiben wäre.

Als Pierre de Coubertin 1896 die Olympischen Spiele der Neuzeit begründete, ließ er sich von diesem Ideal leiten. Teilnehmen galt ihm damals noch wichtiger als siegen. Die Jugend der Welt traf sich ursprünglich im antiken Olympia (776 v. Chr. bis 393 n. Chr.) zum fairen Kräftemessen. Selbstverständlich waren die Sportler anfangs Amateure, was übersetzt Liebhaber heißt. Die Liebe zu ihrer Disziplin war es oder sollte es jedenfalls sein, die sie zu ihren Leistungen beflügelte.

Nun neigen wir heute sicherlich dazu, die klassische antike Situation zu idealisieren, wie das im Rückblick immer gern geschieht. Auch damals haben schon einige Despoten versucht, die olympische Idee für ihre Zwecke zu vereinnah-

3 Milton Trager, Cathy Hammond: »Meditation und Bewegung«.

men. Auch scheinen die Ideale nicht die Regel, sondern eher die Ausnahme gewesen zu sein. Heißt doch die ausführliche lateinische Version der bei uns so häufig bemühten Kurzform *mens sana in corpore sano* – »ein gesunder Geist in einem gesunden Körper *optandum est ut sit mens sana in corpore sano* – »es ist zu wünschen, daß ein gesunder Geist in einem gesunden Körper wohnen möge« (Juvenal, 2. Jh. n. Chr., als das Berufsathletentum in Rom überhand nahm). Wäre dieser ideale Zustand selbstverständlich gewesen, wie manche heute so idealisierend unterstellen, hätte man wohl nicht darum beten müssen.

Andererseits war unser heutiges Gymnasium in der Antike tatsächlich noch eine Wandelhalle des körperlichen, geistigen und musischen Lernens, weil man offenbar noch wußte, daß der Mensch in Bewegung besser aufnehmen und lernen kann. Noch heute ist im Englischen das *gymnasium* die Turnhalle, und unsere Gymnastik bezieht sich ebenfalls noch auf den Ort des bewegten Lernens beziehungsweise des Lernens in Bewegung.

Durch die analytische Denkweise, die alles in kleinste Einzelteile zerlegen will, haben wir auch in diesem Bereich für strikte Trennungen gesorgt. Lernen hat heutzutage nicht mehr das geringste mit körperlicher Bewegung zu tun, und Sport ist oft von einer beeindruckenden Geistlosigkeit gekennzeichnet. Dickbäuchige Lehrer ohne Bezug zu ihrem Körper unterrichten an unseren Schulen ihre Spezialfächer, ohne Körperbezug auch nur als eigenes Thema zu spüren, im Gegenteil symbolisieren sie den Schülern, daß man völlig außer Form geraten und trotzdem anerkannt sein kann. Gut trainierte Sportlehrer und Trainer bearbeiten andererseits den Körper, ohne den geistig-seelischen Bezug gebührend zu würdigen.

Auch in der Wertung sind die Bereiche des Körpers und des Geistes heute oft völlig getrennt. In der Mehrzahl der Schulen zählt Sport kaum noch, in einzelnen Sportgymnasien geht er dafür über alles. Das Ergebnis ist ein beeindruckender Verfall der körperlichen Fitneß der akademischen Jugend und eine deprimierende Fülle von Haltungsschäden bereits in jungen Jahren. Achtzig Prozent der erwachsenen Deutschen und Österreicher kennen Rückenprobleme aus eigener Erfahrung. Die Basis dafür wird schon in der Jugendzeit und in den Schulen und Kindergärten gelegt. Wenn wir uns nicht mehr bewegen, wird sich bald auch insgesamt nicht mehr viel bewegen. Selten wohl waren Menschen so weit von der antiken Erkenntnis entfernt, daß »das Ganze mehr ist als die Summe seiner Teile«.

Wenn die US-amerikanische Therapeutin Jean Houston heute feststellt, daß bestimmte Bewegungsübungen die Entwicklung der Intelligenz fördern, ist das letztlich nur eine, wenn auch sehr wichtige Wiederentdeckung eines uralten und damals völlig selbstverständlichen Wissens. Wir werden diesen Aspekt in dem Abschnitt über Bewußtseinsgymnastik wieder aufnehmen.

Sicherlich sind wir heute weiter denn je von diesen antiken Idealen entfernt. Allein der Ablauf der modernen Olympischen Spiele kann diese Entwicklung von den Weltspielen der Amateure, die im fairen Kampf ihre Kräfte messen und denen im Idealfall allein schon die Teilnahme die größte Ehre ist, zu jenem weltumspannenden Kommerzspektakel aufzeigen. Wobei es hier sicher nicht darum gehen kann, den Athleten den Schwarzen Peter zuzuschieben. Diese spiegeln im Gegenteil nur eine Bewußtseinsentwicklung wider, die zeittypisch und überall zu beobachten ist. Wenn ein Athlet heute keinerlei Medaillenchancen hat, wird er in vielen Mannschaften gar nicht mehr zugelassen, die Journalisten fordern in penetranter Manier Höchstleitungen, verreißen die Unterlegenen gnadenlos, die Bevölkerung hebt die Sieger in den Himmel und verdammt Verlierer sofort. Dadurch entsteht ein fast unmenschlicher Druck. Dieser führt seinerseits wieder zu gesundheitlichen Problemen.

Ein Sportler, der nach den alten Idealen lebt, könnte sich zum Beispiel kaum verletzen, denn er würde sich zwar fordern, aber nicht überfordern. Wenn sein gesunder Geist seinen gesunden, gut trainierten Körper beherrscht, wird er auch keine Fehler machen, die zu einer Überforderung führen könnten. Solange der Fußballspieler aufgrund seines wachen Geistes und guten Überblicks immer richtig zum Ball steht, kommt er gar nicht in Versuchung, Bewegungen zu machen, für die sein Körper nicht geeignet ist. Wenn er aber aufgrund von (geistigen) Einstellungsproblemen nicht die richtige Position zum Ball hat, dafür aber unter dem extremen Druck zu siegen steht, besteht die Gefahr, seinen Körper zu einer Bewegung zu nötigen, die diesen überfordert. Wenn jemand zwischen Knie und Sprunggelenk mit entsprechendem Nachdruck noch Beweglichkeit fordert, wird er diese bekommen. Der Körper schafft ihm hier nur für diesen einen Moment ein zusätzliches Gelenk, das wir Bruchstelle nennen. So finden wir hinter den allermeisten Sportverletzungen Bewußtseinsprobleme. Wenn alle Stricke im übertragenen Sinne reißen, sind manchmal auch die konkreten Stricke des Körpers, die Bänder, dran. Wer sich total zusammenreißt, *überreißt* manchmal die Grenzen seines Körpers nicht mehr und dann reißen nicht selten Muskeln und Sehnen. So ist selbst in diesem Bereich sportlicher Höchstleistungen die Bewußtseinseinstellung von entscheidender Bedeutung für die Erhaltung der Gesundheit.

Bewegung oder Sport

Unsere Erfahrung zeigt, daß es sich empfiehlt zwischen Sport und Bewegung zu unterscheiden. Die Fragestellung: *Bewege ich mich heute oder bewege ich mich nicht?* ist in dieser Form unzulässig und stammt von einer falsch verstandenen, beziehungsweise überinterpretierten Entscheidungsfreiheit. Sehr wohl könnte die Frage lauten: Betreibe ich heute Sport, oder laß ich es sein? Folglich verstehen wir unter Bewegung das Notwendige an Körperarbeit, um unsere grobstoffliche

Hülle »Körper« vom Bewegungsapparat her so zu warten und zu pflegen, daß entsprechende Leistungsfähigkeit, weitgehende Schmerzfreiheit, ein reibungsloses Zusammenspiel aller Muskelpartien und ein harmonisches Körpergefühl zum Normalzustand werden.

Demnach ist Sport eine körperliche Betätigung, die über dieses Mindestmaß hinausgeht. Ob nun die Motivation die Freude am Gemeinschaftserlebnis eines

Mannschaftssports ist, das Erfolgserlebnis beim direkten Vergleich in Wettkampf und Spiel oder die wohltuende Regeneration beim Ausdauersport, bleibt dem einzelnen überlassen. Hier kann nach Lust und Laune entschieden werden.

Die Entscheidung zum Sport ist also freiwillig. Bewegung ist uns von Natur aus auferlegt und unerläßlich und bildet, in richtiger Form angewandt, geradezu den täglichen Beitrag zum körperlichen und geistig-seelischen Gleichgewicht. Die Entscheidung für die Bewegung ist in unserer Entwicklungsgeschichte längst gefallen. Sie ist vergleichbar mit den längst gefallenen Entscheidungen, ob wir atmen oder nicht, essen oder nicht, trinken oder nicht. Das sind eigentlich lediglich theoretische Entscheidungen, und nur potentielle Selbstmörder können sich dagegen entscheiden. Allerdings ist gerade im Bewegungsbereich eine zunehmende Tendenz zur Selbstzerstörung bei vielen Menschen unverkennbar.

Somit lautet die richtige Fragestellung: In welchem Ausmaß habe ich mich zu bewegen, um das Herz-Kreislauf-System nicht degenerieren zu lassen, um ein muskuläres Gleichgewicht zu erhalten oder wiederzuerlangen, um jede Körperzelle ausreichend mit dem Lebenselixier Sauerstoff oder der von den Indern Prana genannten Lebenskraft zu versorgen oder um Streß zu kompensieren? Die allermeisten Menschen bestreiten denn auch die Notwendigkeit zu Bewegung nicht. Selbst unter denjenigen, die sich kaum bewegen, ist noch eine große Gruppe, die demnächst damit anfangen will, die sogenannten »Morgensportler«, diejenigen also, die täglich zu sich sagen: »ab *morgen* werde ich …«

Prinzip der funktionellen Anpassung

Sowohl die Medizin wie auch die Sportwissenschaft bieten Anhaltspunkte für vernünftiges Verhalten auf der Bewegungsebene. Sehr hilfreich ist die Kenntnis des »Prinzips der funktionellen Anpassung«. Im Verständnis und vor allem in der Anwendung dieses Prinzips liegt auch der Schlüssel für Leistung und Gesundheit im Bereich des Bewegungsapparates. Das Gesetz geht aber weit über die Bewegungsebene hinaus und besagt nichts anderes, als daß biologische Systeme wie Muskelapparat, Herz-Kreislauf-System, Verdauungsapparat oder selbst der Intellekt ein bestimmtes Maß an Anforderungen brauchen, um ihre Funktionstüchtigkeit zu erhalten oder auch zu steigern. Steigt das Anforderungsniveau infolge entsprechender Herausforderungen, wird das System leistungsfähiger, oder um es sportlich auszudrücken, wir üben oder trainieren und werden dadurch auch besser. Kraft im weitesten Sinne wächst nur am Widerstand. Gebraucht der Mensch ein System aber nicht ausreichend, nimmt dessen Leistungsvermögen ab. Wenn es über lange Zeiträume überhaupt nicht mehr gebraucht wird, kann es seine Mitarbeit ganz aufkündigen, denn der Körper leistet sich nicht den »Luxus«, ein System zu erhalten, welches sein Besitzer gar nicht (ge-)braucht und zur völligen Untätigkeit verdammt hat. Beispiele dafür gibt es genügend, etwa in Gestalt eines Muskels, der – durch einen Gipsverband »ruhiggestellt« – erschlafft und bei Abnahme des Gipsverbandes kaum noch wiederzuerkennen ist. Ähnlich ergeht es der Muskulatur, die durch Bewegungslosigkeit und Faulheit ihres Besitzers zur weitgehenden Untätigkeit gezwungen wird. Sie erschlafft – wie an der Bauchmuskulatur oft erkennbar – und wird unförmig. Ein Darm, der durch die denaturierte und raffinierte Zivilisationskost kaum mehr arbeiten muß, wird so einschlafen, daß man schließlich von Darmträgheit spricht. Die Verstopfung ist folglich eine genauso logische Folge der Mißachtung des Gesetzes der funktionalen Anpassung wie der chronische Rückenschmerz.

Organtraining vor Muskeltraining!

Dieser Leitsatz in Verbindung mit den oben beschriebenen Zusammenhängen fordert uns auf, unser Herz auf besondere Art zu pflegen, aber gerade nicht, indem wir ihm Arbeit ersparen, es durch unsere Bequemlichkeit schonen und es an einem Übermaß an Streß degenerieren lassen. Durch mildes Kreislauftraining ließen sich nicht nur die entsprechenden Risikofaktoren senken, sondern es wäre auch leicht zu ökonomischer Leistungsfähigkeit hin zu »erziehen«. Jeder muß selbst dafür Sorge tragen, daß er nicht jenem Effekt unterliegt, den Konrad Lorenz mit der »Verhausschweinung des Menschen« ebenso drastisch wie treffend umschrieb. Ein Übermaß an Essen und Streß, gepaart mit einem Mangel an Bewegung, ergibt eine Mischung, deren Folgen uns die bedauernswerten Hausschweine deutlich vor Augen führen. In der ihnen von uns Menschen aufgezwungenen Lebensweise erkennen wir gleichsam die Karikatur unserer eigenen Lebenssituation. In engen Ställen eingepfercht, leiden sie an Bewegungsmangel und werden nebenbei gemästet. Allein schon die Enge wird zusätzlich zu einem erheblichen Streßfaktor, den moderne Hausschweine mit typischen Streßsymptomen bezahlen. Einige der aus neuesten Züchtungen hervorgegangenen Hochleistungsschweine erliegen gar nicht mehr dem Metzger, sondern vorher schon dem Herzinfarkt.

Unser Herz schlägt als zentrales Organ des Kreislaufs unablässig für uns. Ob wir wach sind oder schlafen, ob wir arbeiten oder unseren Hobbys nachgehen – Sekunde um Sekunde unseres Lebens arbeitet es für uns. Sehr sensibel reagierend paßt es sich mit seiner Arbeitsweise den Aufgaben an und adaptiert sich ständig an die gestellten Anforderungen. Das heißt aber, daß es nur drei Möglichkeiten hat: Entweder es reagiert mit Erhaltung auf gleichbleibende Anforderungen oder mit einer Verbesserung seiner Fähigkeiten, wenn es zunehmend gefordert wird, oder aber mit einer Einschränkung seiner Leistungsfähigkeit, wenn es unterfordert wird. Stillstand gibt es also praktisch nicht. Wer eine sogenannte Auszeit nimmt und glaubt, er könne sich währenddessen den Status quo erhalten, irrt. »Wer rastet, der rostet«, gilt auch in diesem Fall.

Natürlich ist unser Herz ungleich mehr als ein Motor, auch wenn die Schulmedizin das nur langsam und widerwillig zur Kenntnis nimmt. Nachdem immer wieder herztransplantierte Menschen Eigenschaften der verstorbenen Spender bei sich entdeckt haben, dämmert allerdings auch Schulmedizinern, daß sie hier nicht nur einen Motor auswechseln. Aber die Leistung eines Motors bringt das Herz u.a. natürlich auch. Aufschluß darüber, wie es um die Effizienz dieses unseres »Motors« bestellt ist, gibt unter anderem der leicht zu ermittelnde Ruhepuls, jene Anzahl von Pulsschlägen pro Minute, die das Herz im Ruhezustand leisten muß, um die Versorgung zu sichern.

Als Faustregel für das Herz kann gelten: Je höher sein Ruhepuls, desto mehr neigt sein Besitzer dazu, sein Herz zu vernachlässigen. Wer sich kaum noch bewegt und alle Ausdauerbelastungen meidet, wird das mit einer schlechten Kondition bezahlen. Sein Herz muß sich schon in Ruhe, also beim Nichtstun, ziemlich anstrengen. Wenn schon geringe Belastungen zu großer Anstrengung führen, sind große Anforderungen kaum noch zu bewältigen und Leistungseinbußen die Folge. Auf der organischen Ebene entspricht dem eine Degeneration des Herzens und mittelfristig ein Verlust von Lebensqualität.

Diese der Gesundheit sehr abträgliche Entwicklung wird leider auch nicht mit dem Wissen um diese Zusammenhänge gestoppt, sondern erst, wenn jemand anfängt, Rücksicht auf sein Herz zu nehmen und es mit milden Ausdauerbelastungen so zu trainieren, daß es ökonomisch und dadurch möglichst effizient und ausdauernd ein Leben lang für ihn schlägt!

Richtlinien zur persönlichen Einstufung

Solche Einstufungen sind hier natürlich nur in grober Form möglich, können aber doch gute Anhaltspunkte liefern. Unter Ruhepuls ist dabei der Wert zu verstehen, den man morgens nach dem Aufwachen in Ruhelage hat.

Ruhepuls rund um 50 und darunter: Sehr gut trainiertes Herz-Kreislauf-System, leistungsfähiges und ökonomisch arbeitendes Herz. Bei dieser Säule der Gesundheit steht alles zum Besten, was sicherlich auf regelmäßigen Ausdauersport zurückgeht, aber nicht ausschließt, daß es nicht bei anderen Säulen Defizite geben kann.

Ruhepuls rund um 60: Gute Effizienz im Herz-Kreislauf-System; Sie sollten danach trachten, sich diesen Bonus zu erhalten!

Ruhepuls rund um 70 und darüber: Ihre Lebensweise geht nicht spurlos an Ihrem Herzen vorbei. Bevor die Hinweise Ihres Körper noch nachdrücklicher werden, wenden Sie sich Ihrem Herzen zu und bemühen Sie sich um ein gezieltes Herz-Kreislauftraining und damit ein Gleichgewicht auf dieser Ebene.

Ruhepuls über 80: Sehen Sie diesen hohen Puls als ein »Warnzeichen Ihres Körpers«. Warnlampen haben den Sinn, vor weitreichenderem Schaden, in diesem Fall vor möglichen irreparablen Beeinträchtigungen Ihrer Gesundheit zu warnen!

Die Effizienz der Herzarbeit

Welcher Zusammenhang besteht nun zwischen Leistungsfähigkeit, Pulsfrequenz, dem Herzen und richtiger Bewegung? Gemäß dem Arndt-Schulz'schen »Gesetz der funktionellen Anpassung« fachen schwache Reize die Lebenskräfte an, starke bauen sie aus und zu starke schädigen sie. Dementsprechend reagiert unser Herz auf die richtige Anforderung durch milde Bewegung mit einem Leistungszuwachs. In diesem Fall vergrößert sich das Herz, steigert sein Schlagvolumen und pumpt mehr Blut pro Herzschlag in den Kreislauf. Durch die größere Füllung und den Zuwachs an Pumpkraft erspart es sich bei gleicher Leistung einige Pulsschläge. Seine Arbeit wird ökonomischer. Ziel muß es sein, das Herz in einem Bereich arbeiten zu lassen, wo es gute Leistung bei wenig Einsatz bringt. Das Maß dafür ist also ein niedriger Ruhepuls mit der entsprechenden Möglichkeit, bei wachsenden Anforderungen die Leistung erheblich zu steigern. Fatal, aber fast schon üblich in unseren Hochleistungsgesellschaften ist das Gegenteil, nämlich hohe Pulswerte bei geringer Leistung und folglich geringe Steigerungsmöglichkeit nach oben.

Rechenbeispiel zur Pulssituation

Eine Pulsdifferenz von »nur« zehn Herzschlägen in der Minute wirkt sich bereits gewaltig aus, wenn man sie über eine gewisse Zeit verfolgt:

Bei einem Unterschied von	10 Schlägen pro Minute
ergeben sich	600 Schläge pro Stunde
und	14 400 Schläge Pulsdifferenz pro Tag.
Das macht	5 256 000 Schläge pro Jahr an Mehrarbeit für das Herz aus.

Werners Herz mit 60 Schlägen/Minute schlägt im Jahr ca. 31 536 000mal. Marias Herz mit 70 Schlägen/Minute schlägt im Jahr ca. 36 792 000mal. Karls Herz mit 80 Schlägen/Minute schlägt im Jahr schon ca. 42 048 000mal.

Diese Rechnung gilt nur für den Ruhepuls. Würde der Puls auch während der Belastungsphasen mitgerechnet, wäre der Unterschied noch deutlich gravierender, da das untrainierte Herz bei Belastung zu ungleich höheren Pulswerten tendiert.

Mit anderen Worten: Das trainierte Herz von Werner »erspart« sich alle drei Jahre gegenüber dem untrainierten von Karl ein Lebensjahr an Herzarbeit!

Das mag zu dem Umstand beitragen, daß in den westlichen Industriegesellschaften viele Menschen mit 55 Jahren quasi bereits »tot« im Sinne von unlebendig sind. Die letzten Jahre oder gar Jahrzehnte verbringen sie dann im Zustand der zunehmenden Herzinsuffizienz, dem Nachlassen der Herzkraft. Die Lebensqualität gleicht damit eher einem Dahinvegetieren, und die Quantität der Jahre kann nur noch ein schwacher Trost sein.

Herzreaktionen auf verschiedene Anforderungen

Zu bedenken ist auch noch, daß das Herz nicht unterscheidet zwischen Leistungsfähigkeit bei körperlicher Arbeit, bei sportlichen Hobbys oder bei emotionalen Belastungen im Alltag, es reagiert immer mit einer Pulssteigerung. Je mehr Spielraum es dabei hat, desto besser, da der maximal erreichbare Pulswert altersabhängig und somit begrenzt und nicht beeinflußbar ist. Bei entsprechender Belastung kann der Puls als Richtwert maximal 220 Schläge minus Lebensalter (bei einem 50jährigen also 220 – 50 = 170) erreichen. Variabel und von einem selbst abhängig ist nur der Ausgangswert oder Puls in Ruhe. Die Spanne, die zwischen Ruhepuls und Maximalpuls liegt, ist die persönliche Leistungszone für Arbeit, Hobbys und emotionale Belastungen, die zur Verfügung steht. Mit emotionaler Bandbreite ist jener Spielraum gemeint, der uns Streß und Probleme noch gut »verdauen« läßt und oberhalb dessen wir zu »rotieren« beginnen.

Praktische Konsequenzen

Aus dem Gesagten geht hervor, daß wir unser Herz gezielt trainieren sollten, wenn wir nicht beruflich schon ein ausreichendes Training haben, wie etwa ein Bergführer. Es stellt sich die Frage: Wie läßt sich am besten vorsorgen? Die Zauberformel heißt: mildes Herz-Kreislauftraining im Ausdauerbereich und im Sauerstoffgleichgewicht! Zu den Ausdauerbewegungen zählen zum Beispiel schnelles Spazierengehen (neudeutsch Walking), Laufen (Jogging), Wandern, Bergwandern, Schilanglaufen, Radfahren, Schwimmen, Rudern u. a.

Die wichtigste Grundregel lautet: Ausdauerbewegung darf nicht zur Tortur werden, sondern sollte sich, sobald die Anfangshürden genommen sind, zu einer harmonisch runden Bewegungsform im Sauerstoffgleichgewicht entwickeln. Hier gilt für die meisten »weniger ist mehr«. Wer es schafft, sich während der

Übung in einem ihm persönlich entsprechenden Bereich zu belasten, ohne sich zu unter- oder überfordern, wird rasch merken, daß hier viel von der in der Einführung beschriebenen Lebensqualität und dem entsprechenden Körpergefühl auf Entdeckung warten.

Was aber heißt in einem persönlich entsprechenden Bereich? Als Faustregel für die richtige Belastung gilt: 180 – Lebensalter = Pulsschläge. Für einen 40jährigen also: 180 – 40 = 140, für den 50jährigen entsprechend 130. Mit dieser Pulsfrequenz liegt man im Ziel- beziehungsweise Trainingsbereich. Alles deutlich darunter bringt nicht viel für das Herz-Kreislauf-System, aber deutlich darüber auch nicht; letzteres kann – im Sinne des Arndt-Schulz'schen Gesetzes – sogar schaden. Eine zweite Faustregel bestimmt die obere Grenze: Man sollte sich bei Ausdauerbewegung nur soweit belasten, wie man noch gut durch die Nase ein- und ausatmen kann.

Jede dieser Übungseinheiten sollte mindestens 25 Minuten dauern, kann aber bei entsprechender Kondition natürlich mit Gewinn auch länger sein. Sie sind im wahrsten Sinne des Wortes »Balsam fürs Herz«. Medizinische Langzeituntersuchungen zeigen, daß Ausdauerbewegung bis ins hohe Alter sinnvoll ist und von der körperlichen Seite den wirkungsvollsten Beitrag zu lebenslanger Gesundheit darstellt. Wer etwas genauer und wissenschaftlicher an die Thematik herangehen möchte, findet anschließend einige Daten. Die Empfehlung lautet, sich zwischen 60 Prozent und 75 Prozent der maximalen, persönlichen Leistungsfähigkeit zu belasten. Üben und trainieren Sie daher mit Qualität!

Um eine optimale Dosierung der Trainingseinheiten zu gewährleisten, ist der Einsatz eines Herzfrequenzmeßgerätes empfehlenswert. Mit einem verläßlichen Gerät wird die harmonische Bewegung im Zielbereich leichtfallen und Spaß machen. Informationen und Geräte sind, ebenso wie die Übungskassette »Den Tag beginnen« über *Carpe Diem* (Adresse im Anhang) erhältlich.

Die rechts angegebenen Werte sind altersabhängig und werden nicht vom Trainingszustand bestimmt! Entscheidend ist, sich am inneren »Tachometer«, dem Pulsschlag, zu orientieren und sich nicht zu überfordern. Vielfach wird in zu hohen Pulszonen »trainiert«. Wer sein Geld nicht im Spitzensport verdient, sollte davon ausgehen, daß für ihn diese Aktivität als Ausgleich zu betrachten ist, als Gegenpol zu einem Arbeitsalltag, wo es um Leistung, um Konkurrenz und Marktanteile geht, und wo er vielleicht erheblichem Druck ausgesetzt ist. Wer schon im Berufsleben das Thema »immer mehr, immer

Alter:	**Zielbereich:**
20	120 – 150
25	117 – 146
30	114 – 142
35	111 – 138
40	108 – 135
45	105 – 131
50	102 – 127
55	99 – 123
60	96 – 120
65	93 – 116
70	90 – 113

besser, immer schneller, immer größer, immer mächtiger« hat, sollte es jedenfalls aus seinem Regenerationsprogramm heraushalten.

Die Prinzipien des »immer mehr und immer besser« auch im Bewegungsbereich anzuwenden, wo Ausgleich angesagt ist, wo persönliches Krafttanken und das Wiederfinden der eigenen Mitte im Vordergrund stehen sollten, wäre ein gefährlicher Fehler. Wenn auch in diesem Bereich das männliche Machertum mit der gängigen Parole »je mehr und je schneller, desto besser« die Herrschaft übernimmt, entfernt man sich vom Ziel des Ausgleichs und gefährdet seine Gesundheit, statt sie zu bessern. Man verfällt dem von Paul Wazlawik angeprangerten Fehler »immer mehr vom selben«.

Bewegung und Gewicht

Daß Übergewicht Bewegung erschwert, ist eine Binsenweisheit, aber in der Praxis ein erhebliches Problem. Denn je dicker der Mensch ist, desto nötiger hätte er Bewegung und desto weniger wird er sich zu ihr durchringen können. Der dicke Mensch landet häufig in einem Teufelskreis von Diäten und Verzichtsprogrammen, der ebensowenig Auswege ermöglicht wie falschverstandene Bewegung.

Andererseits wäre aber gerade Bewegung der Schlüssel zum erfolgreichen Abspecken. Allerdings nützt Sport zu dem einzigen Ziel des Abnehmens wenig.

Viele haben das ausprobiert. Zwei Squash- oder Tennisstunden in der Woche, wo man sich unter großer Überwindung bis an die Grenzen und darüber hinaus verausgabt, führen trotzdem langfristig nicht zum Abnehmen. Zwar verbrennt man während der Überlastung ein paar Kalorien, aber erstens nicht viele und zweitens ist der Belohnungsdrang durch Essen nach solch einer Tortur viel zu groß. Ein einziges Sandwich enthält mehr Kalorien als man in der Regel verbrannt hat. Um sechs Kilogramm Fett zu verbrennen, müßte der wenig Trainierte 1000 km rennen, für 600 g immer noch 100 km. Das lohnt also überhaupt nicht. Wenn solch ein übergewichtiger Sportler nach der Strapaze dann nur einen halben Liter Limonade, Cola oder Bier trinkt, hat er schon wieder 500 kcal zugelegt, mehr als er sich in der Regel heruntergeschuftet hat.

Vor allem wird der sich überlastende Trainierer, zu denen leider die allermeisten Männer gehören, im Überlastungsbereich kaum Fett, sondern vor allem Kohlenhydrate verbrennen. Fett läßt sich in relevantem Maß nur im Sauerstoffsättigungsbereich verbrauchen, da seine Verbrennung biochemisch auf Sauerstoff angewiesen ist. Auch beim Fasten wird nur dann befriedigend Fett verbrannt, wenn der Stoffwechsel durch regelmäßige Bewegung angeregt wird. Wer sich überfordert und das Sauerstoffgleichgewicht verläßt, läuft Gefahr, seinen Körper durch Milchsäurebildung zu übersäuern, und verbrennt vor allem Kohlenhydrate anstelle von Fett.

Das Gemeine an dieser Sache ist zudem, daß der Untrainierte, und als solcher muß man nun einmal anfangen, besonders wenig Fett verbrennt, da sein Körper noch gar kein Feld für diesen Prozeß aufgebaut hat, beziehungsweise ihm die entsprechenden zur Fettverbrennnung nötigen Enzyme in ausreichender Menge fehlen. Man muß also auch die Fettverbrennung erst trainieren und dem Körper sozusagen beibringen.

Das Gute daran ist, daß sich dieser Prozeß aber wirklich von der körpereigenen Intelligenz erlernen läßt und sogar in überschaubarer Zeit. Was so deprimierend beginnt mit der Verbrennung von fast nichts beziehungsweise weniger als einem Gramm pro Stunde Laufen, wird sich innerhalb von nur vier Wochen schon sehr hoffnungsvoll verändern. Jetzt geht es schon über zehn Gramm Fett an den Kragen, nach einem Vierteljahr regelmäßigen Laufens wird eine Stunde rennen aber schon 50 g Fett verbrauchen, was immerhin fast 500 kcal entspricht (hier ist immer mildes Laufen im Sauerstoffgleichgwicht vorausgesetzt). Regelmäßiges Laufen verändert durch diesen Anpassungseffekt tatsächlich die Biochemie unseres Körpers in einer für den Übergewichtigen faszinierenden Richtung. Einerseits wird viel leichter viel mehr Fett verbrannt, weil der Körper die dafür nötigen biochemischen Voraussetzungen geschaffen hat, zum anderen nimmt die Muskulatur durch das Training zu.

Als besonderer Bonus für diejenigen, die einmal begonnen haben, sich zu bewegen, kommt noch hinzu, daß die gesteigerte Fettverbrennung nicht nur während des Trainierens erhöht bleibt, sondern auch in der übrigen Zeit weiterläuft. Auch wenn man schläft und genüßlich faulenzt, arbeiten die fettverbrennenden Enzyme weiter, und man kommt sozusagen schlafend in Form.

Darüber hinaus senkt Ausdauertraining im Sauerstoffgleichgewicht auch noch den Insulinspiegel in Richtung Norm, was einerseits der immer mehr um sich greifenden Zuckerkrankheit vorbeugt, andererseits den Hunger stillt. Denn ein hoher Insulinpegel senkt den Blutzuckerspiegel. Ein niedriger Blutzucker aber fühlt sich wie Hunger an. Bewegung im Ausdauerbereich reduziert also eher den Hunger, während überfordernder Sport nicht die Fettdepots, sondern die Kohlenhydratspeicher angreift und durch die Blutzuckerreduzierung den Hunger sogar fördert.

Nicht den Blutzucker gilt es also durch Überbelastung zu senken, sondern den Insulinspiegel durch Bewegung im Sauerstoffgleichgewicht!

Der erste Schritt ist also auch bei der Gewichtsreduzierung der schwerste, die späteren Schritte aber werden zunehmend zum Genuß, wenn man auf Bewegung setzt, zumal noch einige andere Bonuseffekte sich in wundervoller Weise zum wachsenden Wohlbefinden hinzugesellen.

Wege zur Körperintelligenz

Der Körper entwickelt gleichsam mit jedem Schritt (Ausdauertraining) mehr von seiner ganz eigenen Art von Intelligenz, die es langsam zu entdecken gilt. Nachdem wir zuerst die intellektuelle Intelligenz in der Gestalt des IQ zu fassen bekamen und nun schon der emotionalen Intelligenz in Form des EQ auf die Spur gekommen sind, ist es naheliegend, uns auch gleich noch mit der Intelligenz des Körpers auszusöhnen. Neudeutsch könnten wir sie als Bodyintelligence (BQ) bezeichnen.

Durch regelmäßige Ausdauerbewegung im Atemgleichgewicht kommt es zu einer Mehrversorgung des Körpers mit dem Lebenselixier Sauerstoff bis zum mehr als Doppelten. Sauerstoff ist für alle Zellen, Gewebe und Organe eine Art Allheilmittel. Nicht umsonst geht die alte indische Tradition des Ayurveda davon aus, daß die Atemluft nicht nur Sauerstoff, sondern Prana, Lebenskraft, enthält. Aber selbst wenn wir nur den Sauerstoff betrachten, sind die Ergebnisse schon eindrucksvoll genug.

Auch das Gehirn ist von der geradezu luxuriösen Sauerstoffmehrversorgung beim Ausdauertraining betroffen, was seine Leistungen merkbar beflügelt. Das Leben wird so wesentlich mehr Spaß machen, und zudem wird sich die körpereigene Intelligenz erhöhen, so daß der Organismus intuitiv verlangt, was er braucht. So wird er nach einer Eingewöhnungszeit von einem guten Monat (vier bis sechs Wochen) – oder anders ausgedrückt, wenn sich ein Feld für die Ausdauerbewegung gebildet hat – die Gewichtsproblematik nicht nur durch die zunehmende automatische Fettverbrennung des Organismus regeln, sondern er wird auch von sich aus ein zunehmendes Bedürfnis nach Lebensmitteln entwickeln, die dem Trend zur Gesundheit förderlich sind. So profitiert auch die Ernährungssäule mit, auf die wir noch gar nicht speziell gezielt hatten. Im Organismus hängt alles mit allem zusammen, und so wie ein *Teufelskreis* den nächsten fördert, kann auch wachsende Gesundheit ansteckend wirken und andere Systeme im eigenen Organismus in ihren Bann ziehen wie auch andere Menschen im sozialen Umfeld. So wird aus dem Teufelskreis eine *Glücksspirale.*

Der Körper hat ein Mittel, sein Wohlbefinden zu steigern und geradezu Glücksgefühle auszulösen. Wir können versuchen, es ihm auf sehr problematischen Wegen über Drogen von außen zuzuführen oder ihn anregen, es sich auf leichte und lockere Art selbst zuzubereiten. In letzter Zeit war viel die Rede von den sogenannten Endorphinen, den Glückshormonen des Organismus. Es spricht vieles dafür, daß der Organismus sie sich im Ausdauerbewegungsbereich selbst zubereiten kann. Wir müssen ihn nur durch sanfte Bewegung in den entsprechenden Stoffwechselbereich versetzen.

Viele Antidepressiva wirken über eine Steigerung des Serotoninspiegels im Blut und verbessern so die Stimmung. Nun spricht einiges dafür, daß der Serotoninspiegel durch Bewegung im Sauerstoffgleichgewicht auf ganz natürliche Weise ebenfalls angehoben wird. Damit ist die gute, ja gehobene Stimmung vieler Läufer und anderer Ausdauersportler zu erklären. Auch die Euphorie, die sich nach einigen Wochen sanfter Bewegung nicht selten einstellt, findet hier eine biochemische Erklärung.

An der Nahtstelle zwischen Körper und Seele wird die ausgleichende Wirkung von Bewegung im Ausdauerbereich psychosomatisch relevant. Die Absenkung des Streßniveaus ist einfach über den sinkenden Blutdruck und Cholesterinspiegel nachzuweisen. Zusätzlich führt die regelmäßige Belastung im Ausdauerbereich bei Sauerstoffsättigung zu einem Ausbau des Gefäßsystems, um die wachsenden Muskeln noch besser mit Energie versorgen zu können. Nach dem extremen Notfall des Herzinfarktes war den Medizinern aufgefallen, daß der Organismus versucht, mit sogenannten Kollateralgefäßen die Blockaden zu umgehen. Nun kann man seine Bypässe in der höchsten Not von Herzchirurgen anlegen lassen, oder man läßt sie prophylaktisch wachsen, indem man sein Herz-Kreislauf-System im Sauerstoffgleichgewicht trainiert. Allerdings muß diesbezüglich wieder vor Übertreibungen im Leistungssport gewarnt werden. Es gibt Grenzen, wo das Herz so groß wird, daß die Mehrversorgung mit zusätzlichen Gefäße nicht mehr nachkommt. Solange man aber täglich eine halbe Stunde Ausdauertraining betreibt und jedenfalls unter einer Stunde bleibt, ist man von solchen Gefahren weit entfernt, im Gegenteil, man hat viele zusätzliche Vorteile davon.

Ein weiterer Vorteil des Ausdauertrainings ist der Verbrauch des Streßhormons Adrenalin. In frühen Zeiten der Menschheit mußten wir auf jede Herausforderung und erst recht Bedrohung unmittelbar mit körperlichen Reaktionen antworten. Entweder kämpfend oder flüchtend benutzten wir unsere Muskeln und forderten unser Herz zu größeren Leistungen heraus, wobei das gebildete Adrenalin wieder verbraucht wurde. Heute sitzen wir solche Situationen im allgemeinen am Schreibtisch oder am Steuer aus und haben keine Chance, das Streßhormon durch Bewegung wieder zu verbrauchen. Das einmalige, mindestens halbstündige tägliche Training ist hier zwar eine meist verspätete, aber immer noch äußerst wertvolle Möglichkeit, im wahrsten Sinne des Wortes wieder mit sich ins reine zu kommen.

Zusätzlich kann das angenehme Bewegen im Sauerstoffgleichgewicht, wie es etwa Laufen auf einer vertrauten Strecke darstellt, eine wundervolle Chance sein, mit sich auch im übertragenen Sinn wieder ins reine zu kommen, seinen Herzensangelegenheiten und -wünschen Raum zu geben und sich des eigenen Lebens und seiner Prioritäten bewußt zu werden. In diesem Sinne hätten wir hier die ideale Herz-Kreislauf-Prophylaxe auf allen wesentlichen Ebenen.

Durch das regelmäßige Anheizen des Stoffwechselfeuers wird auch der Harnsäurespiegel gesenkt, so wie generell eine Entsäuerung in Gang kommt. Mit der Betonung des Ausatems, die bei allen Ausdauersportarten empfehlenswert ist, wird vermehrt Kohlendioxid und damit Kohlensäure abgeatmet, wodurch der Organismus alkalischer wird. Damit ist moderate Bewegung auch ein vortreffliches Mittel gegen die allgemeine und noch zunehmende Übersäuerung. In der Überlastung mit Eingehen einer Sauerstoffschuld übersäuert der Körper dagegen noch mehr, was sich in verstärkter Milchsäurebildung, gemeinhin als Muskelkater bekannt, ausdrückt. Alles, was zum Muskelkater führt, ist also in diesem Sinn bereits Übertreibung und zuviel. Weniger nützt der Gesundheit also auch in dieser Hinsicht viel mehr.

Nicht nur das als besonders gefährlich erachtete (LDL-)Cholesterin, sondern auch die Blutfette *(Triglyceride)* im allgemeinen gehen durch Ausdauertraining zurück, und die Leistungsfähigkeit des Immunsystems steigt. Bereits nach einer halbstündigen Trainingseinheit, die das sinnvolle Minimum darstellt, nehmen die Killerzellen der Abwehr um bis zu einem Drittel zu und sind zudem besser in der Lage, ihrer aggressiven Aufgabe nachzukommen. Das geht bis zu Heilungen bei Krebs durch entsprechend sanftes Ausdauertraining. In solchen Extremsituationen ist es besonders wichtig, daß nicht übertrieben wird und mit Sicherheit keine Sauerstoffschuld eingegangen wird. Beim Laufen ist das zum Beispiel so lange gewährleistet, wie man die Nasenatmung gerade noch aufrechterhalten kann. Nur so relativ gemütlich kann man die gewünschten heilsamen Effekte erleben. Im Hinblick auf das Immunsystem konnte nachgewiesen werden, daß durch Überforderung und die damit verbundene Sauerstoffschuld der heilsame Effekt sogar ins Gegenteil verkehrt und die Abwehr geschwächt wird. Wenn man also chronischen Infektionsproblemen davonlaufen will, muß man langsam laufen oder radeln ...

Was die einem zur Verfügung stehende Energie angeht, ist Ausdauertraining ebenfalls eine wundervolle Medizin. In jeder Zelle gibt es kleine Kraftwerke, die sogenannten Mitochondrien, die die Zelle und damit den ganzen Körper mit Energie versorgen. Durch regelmäßiges Ausdauertraining lassen sie sich deutlich und nachweislich vermehren – in Extremfällen wie bei Triathleten um bis zu 500 Prozent. Auch wenn solche Bewegungsexzesse hier in keiner Weise empfohlen werden sollen, führen sie doch nicht selten dazu, daß man an wesentlichen Dingen des Lebens vorbeiläuft, -schwimmt und -radelt, können sie doch zeigen, was möglich wäre. Auch mit moderatem Ausdauertraining nehmen die kleinen Zellkraftwerke schon zu, und bereits eine Verdoppelung macht mit zunehmender Ausdauer aus einer lahmen Ente einen Adler.

Die hier gemachten Empfehlungen gelten für den Gesundheits- und Präventivbereich, für alle, die in der Bewegung einen natürlichen Beitrag zur körperlich-seelischen Ausgeglichenheit sehen, zum Regenerieren und Kraftschöpfen sowie aus Freude am Leben. Leistungssportler und auch engagierte Hobbysportler, deren Ziel Leistungssteigerung und Erfolg ist, trainieren selbstverständlich noch nach anderen Kriterien. Auch sie sollten jedoch Mittel und Wege des prinzipiellen Ausgleichs suchen, um sich nicht in der Einseitigkeit festzulaufen oder festzuradeln. Auch ihr oberstes Ziel sollte bleiben, bei aller Leistungssteigerung doch gesund zu bleiben, damit nicht (falsch verstandener) Sport und Gesundheit zu Gegensätzen werden.

Wer den Stachel des Neuen, des Ungewohnten überwunden hat und sich zuerst ein entsprechendes Bewußtseinsfeld und anschließend auch Umfeld geschaffen hat, wird erleben, welche gewaltige persönliche Kraftquelle an diesem Punkt schlummert, die nur zum Fließen gebracht werden müßte.

Leben ist Bewegung. Bewegunglosigkeit kann man lediglich eine Zeitlang überleben.

Der Mensch war bis in die jüngste Vergangenheit immer ein Bewegungswesen; es war immer und ist bis heute seine Bestimmung, sich zu bewegen. Ein Kind läuft noch durchschnittlich zehn Kilometer am Tag, ein Erwachsener nur noch zwei bis drei. Wir sollten auch in dieser Hinsicht wieder werden wie die Kinder und auch wieder deren Pensum laufen. Es war ein sicher unbewußter, aber nichtsdestoweniger schwerer Fehler der Pädagogik, die Kinder ab dem sechsten Lebensjahr in der Schule festzusetzen.

Wir haben neben dem Laufen verschiedene andere Möglichkeiten, uns im Sauerstoffgleichgewicht zu bewegen, wobei Laufen nach wie vor eine der besten Möglichkeiten ist, da es über zwei Drittel unserer Muskulatur benützt. Von der

Auslastung der Muskeln her gesehen ist Skilanglaufen noch wesentlich effektiver, fordert es doch 90 Prozent unserer Muskeln, während beim Radfahren nur ein gutes Drittel der Muskulatur aktiviert wird. Beim Schwimmen sind es gerade 35 Prozent, was nur bei guter Schwimmtechnik erlaubt, überhaupt für längere Zeit mit angenehmem Körpergefühl im Bereich der Trainingszone zu bleiben. Allerdings ist das Schwimmen für die Gelenke wiederum mit Abstand die schonendste Art, sich zu bewegen und so auf alle Fälle sehr gesund. Eine gute Kompromißmöglichkeit ist auch das Laufen im brusttiefen Wasser eines Schwimmbades. Überhaupt ist Laufen im Sinne schnellen Gehens, heute neudeutsch als *Walking* bekannt, für viele eine gute Einstiegsgelegenheit. Am wichtigsten ist aber bei all diesen Überlegungen, daß die Bewegungsart Spaß macht und in den aeroben Bereich, also den des Sauerstoffgleichgewichts, führt.

Während es ziemlich gleichgültig ist, mit welcher Bewegungs- oder Sportart man in den Ausdauerbereich kommt, ist es zwingend, daß man in ihn hineingelangt und für wenigstens eine halbe Stunde auch darin verbleibt, ohne nach oben oder unten auszubüxen. Ersteres verhindert gerade die gewünschten Effekte und ist obendrein gefährlich, letzteres ist harm-, aber auch wirkungslos. Ob es einer aber mit Schwimmen oder moderner mit Inline-Skating oder als Bergwanderer schafft, ist gleichermaßen gut. Da es beim Laufen am wenigsten Hindernisse und damit auch Ausreden gibt, bleibt diese uralte Methode für die meisten am empfehlenswertesten, besonders wenn man bedenkt, daß es kein schlechtes Wetter, sondern nur ungeeignete Kleidung gibt.

Sehr wichtig ist es, den ersten Monat durchzuhalten und jeden Tag ohne Ausnahme zu Werke zu gehen. Danach ist das Eis gebrochen und das Feld aufgebaut. Wenn dann all die wundervollen Wirkungen und Belohnungen spürbar werden, muß man sich um die weiteren Monate und Jahre nicht mehr sorgen. Es werden mit dieser Methode viel mehr sein, als die statistische Lebenserwartung einem zumißt.

Eine Liebeserklärung ans Laufen

Auch wenn heute im Zuge der bedenkenswerten Amerikanisierung unseres Lebens alles von Walking, Stretching, Aerobic und Work-out spricht, bleibt der gute alte Waldlauf in mancher Hinsicht konkurrenzlos. Nirgendwo kann man wohl so gut mit sich ins reine laufen wie in einem Wald voll alter und junger Bäume, durch die die Sonne fällt und ihre malerischen Lichtspuren auf den Boden zeichnet. Der Wald symbolisiert das Unbewußte, und so ist ein Eindringen in das Reich der Bäume immer auch eine symbolische Mutprobe und ein Stück Regeneration für die Seele.

Wir atmen mit den Bäumen in einer wunderbaren Verbindung, die uns unsere Naturverbundenheit zu Bewußtsein und uns unmerklich unserer inneren Natur näher bringen kann. Der von den Bäumen tagsüber so reichlich ausgeschiedene Sauerstoff energetisiert uns und läßt uns leben, genau wie unser Abgas, das Kohlendioxid, die Bäume nährt und ihnen erlaubt, ihren Körper aufzubauen. Ein Waldlauf ist auch immer ein Lauf durch die Zeit, denn die alten Bäume waren vor uns und werden noch nach uns sein.

Der weiche Waldboden ist die beste denkbare Unterlage für unsere Füße. Er federt geradezu die Schritte ab und schont so unsere Gelenke. Außerdem fördert der Waldboden mit seinen Wurzeln und Ästen unsere Wachheit heraus und macht uns anpassungsfähig und dauerhaft wach – wie langweilig und geradezu abstumpfend dagegen eine Tartanbahn oder gar das Gummi eines Laufbandes inmittten des Schweißgeruches eines Fitneßstudios. Im Wald dagegen der Duft der Tages- und Jahreszeit und die Atmosphäre natürlicher Freiheit! All das aber nehmen wir mit jedem Schritt und Atemzug in uns auf.

In alten tibetischen und schamanistischen Traditionen gibt es eine Überlieferung von einer Art Waldlauf, der die Grenze zum Mystischen überschreitet, den Gang der Kraft, der einigen Lesern von Carlos Castanedas Geschichten vertraut sein mag. Wenn nämlich ein Mensch sich vollkommen der ihn umgebenden Natur anvertraut, kann er ganz seiner Intuition folgend durch den dunklen Wald laufen, ohne auf den Boden zu schauen, und wird doch sicher und verblüffend schnell zum Ziel kommen. Auch wenn wir anfangs von solchen Möglichkeiten weit entfernt sind, können wir doch mit der Zeit spüren, wie uns der Wald mit seinen vielen Lebewesen von Mal zu Mal vertrauter wird, und wie er uns aufnimmt in ganz ähnlicher Weise, wie wir ihn in uns aufnehmen. Der mystische Lauf der Kraft, der an übersinnliche Bereiche rührt, mag diesbezüglich eine besondere Perspektive vermitteln.

Was so weit führen kann, beginnt aber ganz profan mit den ersten Schritten, mit sich ins reine zu kommen. Auch dazu ist der Wald und überhaupt die Natur mit ihrer Reinheit ideal. Wo sonst sollte man ins reine kommen, wenn nicht im Reinen! Wer weise werden will, wird die Nähe weiser Menschen oder Wesen suchen, wer innere Ruhe sucht, wird das bevorzugt an Plätzen äußerer Ruhe tun. So kann man seiner eigenen Natur in Gottes freier Natur näherkommen.

Anfangs kann die Betonung des Ausatems mit einem bewußten Loslassen der Schultern und vielleicht sogar einer angedeuteten Ausschüttelbewegung der Hände diesen Wunsch des Ankommens im Augenblick und des Hintersichlassens alles Bisherigen betonen und erleichtern.

Jeder Weg, den wir bewußt laufen, ist auch ein Abbild des Lebensweges, mit seinem Anfang und Ende, seiner ersten Hälfte, die automatisch dem Hinweg des Lebens im Mandala entspricht und der zweiten Hälfte, die dem Heim- und Rückweg der Seele gleichkommt. Ein Morgenlauf kann mir zeigen, wie gehe ich diesen Tag an, wie halte ich ihn durch? Langsam und mit Bewußtsein oder zügig und erwartungsvoll? Mit Kraft und Ausdauer oder eher weich und sanft abwartend? Der Abendlauf kann mir helfen, den Tag biochemisch zu verarbeiten und seelisch zu verdauen. Seine wichtigsten Themen und Probleme mögen wieder auftauchen, um dann endgültig abzutauchen. In dem Maße wie ich fertig werde mit dem Tag, kann ich offen werden für den *Feier*abend. Ganz entsprechend könnte ich mir sogar richtiggehend Themen vornehmen für einen besonderen Lauf, um im Vorbeilaufen mit ihnen wirklich fertig zu werden.

Ich könnte aber auch einen Partner einladen und schweigend mit ihm laufend ins reine kommen. Im gemeinsamen Rhythmus der stetigen sanften Schritte klärt sich manches ohne Worte. Genausogut könnte ich ihn lediglich im übertragenen Sinn einladen und innerlich mitnehmen, um mich mit ihm auseinanderzusetzen, während ich laufend mit mir selbst weiterkomme und gar nicht so verbissen wie sonst sein kann, da ich ja immer auch noch den Boden und seine Wurzeln und meine Wurzeln im Blickwinkel haben muß. Ähnlich könnte ich jedes Thema mit mir auf den Weg nehmen und laufend damit weiterkommen. Die alte Idee des Gymnasiums mag hier wieder zwischen den Bäumen durchscheinen.

Etwas Mut und Entdeckungswillen und wirkliche Natur vorausgesetzt, läßt sich auch aus jedem Lauf ein Orientierungslauf machen, indem ich einfach ins Blaue hineinlaufe und schaue, wo ich herauskomme, und vor allem, wie ich wieder zurückfinde. Wie steht es überhaupt mit meiner Orientierung, wenn ich die gewohnte Umwelt verlasse und auf meine fünf Sinne angewiesen bin? Wie steht es erst um meinen sechsten Sinn?

Platz für Ihre persönliche Liebeserklärung an Ihre eigene Ausdauerbewegungsart

Hilfsmittel

Offenbar braucht man zum Schwimmen nur einen Badeanzug, an den keine besonderen Anforderungen zu stellen sind. Schwimmen meint hier allerdings nicht baden. Solange etwa der Kopf gar nicht ins Wasser eintaucht, läßt sich der Trainingsbereich der idealen Fettverbrennung mit Sicherheit nicht erreichen. Hier ist schon einiges Können erforderlich. Beim Langlaufen und Skating ist offensichtlich für geeignetes Material zu sorgen, wie sogar beim Laufen. Um die Gelenke möglichst wenig zu strapazieren, empfiehlt sich eine federnde Lauftechnik und geeigneter Untergrund wie im Idealfall Waldboden. Wo diese Bedingungen nicht zu verwirklichen sind, ist gutes Schuhwerk noch wichtiger als sonst schon. Gut bewährt haben sich Luftpolsterschuhe, wie die Firma »Nike« sie zuerst entwikkelt hat, und wie es sie heute von anderen Firmen mit Gel und Schaumstoff gibt.

Die Kleidung wird auf die Dauer ebenfalls zum Thema, da man auch bei Aktivitäten im Ausdauerbereich gehörig schwitzen wird, was im Sinne der Entschlackung durchaus zu begrüßen ist. Insofern sind einerseits natürliche Materialien, andererseits solche, die atmungsaktiv sind und gut saugen zu empfehlen. Nach Auswertung entsprechender Untersuchungen und in Übereinstimmung mit unseren Erfahrungen sind die Materialien aus Spezialwolle der Firma Orthovox am besten in der Lage, diese Kriterien zu erfüllen.

Bei all diesen verschiedenen Methoden ist zumindest im ersten Jahr ein Pulsgerät fast unverzichtbar. Methoden wie das dauernde eigenhändige Pulszählen unterbrechen nicht nur den Bewegungsablauf, sondern sind zu ungenau und lästig. Auch Hinweise wie »solange man noch durch die Nase atmen kann«, sind insofern problematisch, als sie den unteren Wert nicht einschließen und eine ideale Nasenatmung voraussetzen. Am besten ist ein Pulsgerät, das die Herzfrequenz mittels eines kaum störenden Gurtes im Brustbereich mißt und den Wert drahtlos auf eine entsprechende Armbanduhr überträgt. Sobald man unter oder über seine eigenen Grenzen kommt, warnt einen ein Piepston. Wer piept, kann sogleich korrigieren. Anfangs ist es ein ziemliches Gepiepse, mit der Zeit aber wird mit dem Finden des eigenen Rhythmus auch das Piepsen immer seltener. Nach einigen Monaten entwickeln die meisten ein Gefühl für ihren eigenen gesunden Bereich.

Ehepaare in Gefahr

Seit vielen Jahren beobachten wir bei entsprechenden Seminaren den bemerkenswerten Umstand, daß Ehepaare, auf ihre Herz-Kreislaufleistungsfähigkeit untersucht, meist grundverschieden und oft ganz entgegengesetzt sind. Im krassen und leider gar nicht seltenen Fall ergibt sich ein Bild, das folgender Karikatur ziemlich nahe kommt.

Er, der sich das Leistungsprinzip dieser Gesellschaft zu eigen gemacht hat, mit Tendenz zu Bluthochdruck und etwas Übergewicht, bei leicht rotem Gesicht im Leben ziemlich hektisch unterwegs, rollt auf seiner »High-Tech-27-Gang-Rennmaschine aus Titan oder Carbon« gewichtsreduziert zu einem gemeinsamen Radausflug mit seiner Gemahlin.

Sie, in vieler Hinsicht im Gegenpol angesiedelt, leidet eher an Unterdruck und ist weitgehend untrainiert, da sie sich schon längst dem allgemeinen Trend zu immer mehr Hektik und Leistung in eine häusliche Oase entzieht. An Technik grundsätzlich desinteressiert, strampelt sie auf ihrem alten »3-Gang-Drahtesel«, dessen Schaltung sie mit Nichtbeachtung straft, auf der Suche nach Gemeinsamkeit mit ihm in seinem Windschatten. Natürlich ist er – wie immer – vorneweg, sie mühsam kämpfend hinterher. Die ihm abverlangte »gemeinsame« Geschwindigkeit befriedigt ihn weder noch fordert sie ihn, und so spornt er sie zu Höchstleistungen an. Er fährt immer ein bißchen schneller, als sie eigentlich will und dürfte, ohne daß das aber reichen könnte, ihn in einen befriedigenden Trainingsbereich zu bringen. Es reicht aber schon längst, sie gefährlich zu überfordern. Seine Klagen, daß sie trotz entsprechendem mehrjährigem Training gar nicht besser werde, sind mehr als verständlich. Im Gegenteil, sie wird eher schlechter und gefährdet ihr Herz-Kreislauf-System und damit insgesamt ihre Gesundheit.

Analysiert man solch gemeinsame »Sporterlebnisse«, kommt man zu sehr bedenklichen Ergebnissen auf mehreren Ebenen. Die sicher gutgemeinte Idee beschert seinem Herz-Kreislauf-System eine permanente Unterforderung, so daß die für wirklichen Ausgleich und Verringerung der Risikofaktoren notwendigen Werte nicht erreicht werden. Ihr Herz-Kreislauf-System aber ist die meiste Zeit überfordert und reagiert ebenfalls nicht im gewünschten Maß; Bewegung wird für sie nun sogar zum Risikofaktor. Die Sportarten sind hierbei beliebig austauschbar, was bleibt, ist die unbefriedigende Gesamtsituation.

Die folgende Computerauswertung der über längere Zeit ausgewerteten Pulswerte eines solch typischen »Sportpaares« zeigt diesen, leider nicht seltenen Fall mehr als deutlich.

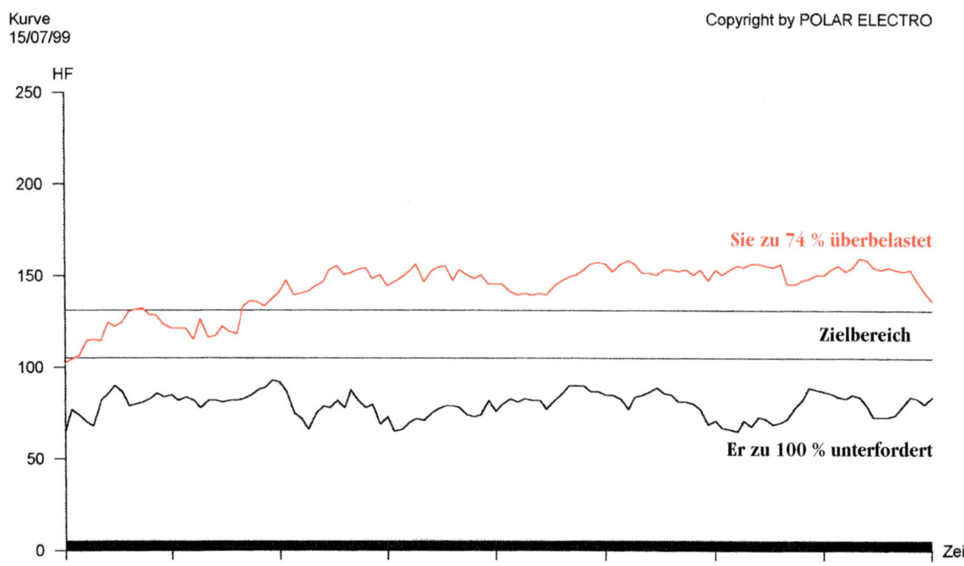

Auswege aus dem Ehepaardilemma

Diese oft jahrelang eingefahrenen »Bewegungstherapien« müßten aus dieser für beide Seiten nicht optimalen Situation gelöst werden. Um *ihre* offensichtliche Schwäche im Herz-Kreislauf-System zu verbessern, ist regelmäßiges Üben in einem deutlich geringeren Belastungsbereich zu empfehlen. Solch ein Training im optimalen Zielbereich (siehe Tabelle) kann nur allein oder mit Partnern ähnlicher Kondition durchgeführt werden. Eine andere Möglichkeit ist das Üben im Studio, wo über gezielten Geräteeinsatz und Pulsüberwachung verschieden belastbare Menschen miteinander trainieren und auch viel Spaß haben können, wie zum Beispiel bei der neuesten Variante, dem sogenannten »Spinning«. Dabei macht man auf Fahrradergometern eine simulierte Tour in der Gruppe. Jeder sitzt auf seinem Gerät, das einen Bildschirm hat und ihm anzeigt, wie er leistungsmäßig im Vergleich zur Gruppe liegt; man kann Windschattenfahren oder Führungsarbeit leisten. Die Erfahrung ist etwa mit der in einem Flugsimulator vergleichbar.

Nur eine bewußte Vorgehensweise bringt auch die angestrebten Verbesserungseffekte. Die gemeinsame Radtour mit dem Partner hingegen kann sich immer nur nach der Geschwindigkeit des Langsameren richten, wenn sie nicht zur Tortur werden soll, und birgt daher eher die Chance zu einem Radausflug mit anderen Schwerpunkten, zum Beispiel Genießen der Natur oder Besichtigung interessanter Ziele. Vieles wird möglich beim Verlassen gewohnter Bahnen.

Gefahren für ihn

Bei dem Typ, der gewohnt ist, sich zu fordern, liegen die Gefahren eher in der Überforderung. Ein klassischer Fall mag das illustrieren. Ein überstrapazierter Geschäftsleiter erleidet in seinen Fünfzigerjahren einen Infarkt. Aufgeschreckt fragt er den Kardiologen, was er ändern müsse. Die Standartantwort lautet: aufhören zu rauchen und mehr Bewegung! Unter Aufbietung seiner ganzen Disziplin gibt der Patient die Zigaretten auf und weist seine Sekretärin an, zwei Sportstunden pro Woche in den Terminkalender aufzunehmen. Trotzdem kommt ein Jahr später der zweite Infarkt. Was war passiert? Er hatte in die sowieso schon volle Agenda noch zusätzlich zwei Stunden hineingequetscht, zu denen er meist abgehetzt ankam, um sich dann im Squash-Käfig von Null auf Hundert abzukämpfen. So etwas verschlechtert die Herzsituation, da es keinerlei sinnvollen Trainingseffekt bringt, dafür aber eine Menge zusätzlichen Streß. Hier dominiert wieder die schon mehrfach gefundene Haltung: immer mehr vom selben!

Die Mentalität der Überforderer, die einfach den Leistungsdruck vom Büro in die Squashbox beziehungsweise auf den Sportplatz verlegt, ist zu ändern, denn innerhalb des eingefahrenen Denkrahmens gibt es keine Lösung. Das liegt nicht an den Übungen an sich, sondern an der Art, mit der sie betrieben werden. Tennisspielen ist zu empfehlen, wenn auch nicht gerade als Ausdauertraining des Herz-Kreislauf-Systems. Aber natürlich macht es Spaß, und es ist hin und wieder sinnvoll, sich so richtig auszutoben und ordentlich zu schwitzen. Allerdings sollte man *mit* jemandem spielen und nicht *gegen* ihn. Den Unterschied kann man sehr schnell erkennen, sobald man das Punktezählen wegläßt. Wer dann keine Lust mehr hat, ist auf der falschen beziehungsweise gefährlichen Spur unterwegs. So gut es ist, täglich einmal aus eigener Kraft zu schwitzen, so gefährlich ist das Konkurrenzspiel im sogenannten Gesundheitssport, vor allem dort, wo das Konkurrenzprinzip sowieso schon das ganze Leben erfaßt hat.

Spiele

In unserer Gesellschaft gelten Spiele schnell als Kinderkram. Dabei zeigt ein Blick auf jene gesellschaftlichen Ereignisse, die am meisten Aufmerksamkeit erregen, daß es sich dabei meistens um (Erwachsenen-)Spiele handelt. Kein gesellschaftliches Ereignis bekommt soviel Interesse wie die Olympischen Spiele, die Fußballspiele der Fußballweltmeisterschaft oder die Tennismatches des Daviscup. Die Zuschauerzahlen beziehungsweise Einschaltquoten der Fernsehzuschauer sprechen eine eindeutige Sprache. Der US-amerikanische Psychotherapeut Eric Berne beschreibt in seinem Buch »Games people play« (Spiele der Erwachsenen) auch die wesentlichen psychischen Auseinandersetzungen als Spiele. Der Theologe Karl Rahner drückte diesen Zusammenhang treffend aus, als er sagte, »der Mensch ist dort wahrhaft Mensch, wo er spielt«! Die Inder schließlich bezeichnen die ganze Schöpfung als kosmisches Spiel namens *Lila.*

Vieles spricht dafür, daß der Mensch sich nicht nur kämpfend und denkend, sondern vor allem auch spielend – als homo ludens – auf seine jetzige Stufe entwickelt hat. Wir sehen es noch an den Kindern, die sich spielend und hoffentlich spielerisch ihre Welt erobern, und die in den Erwachsenen weiterleben, wie die Psychologie zunehmend erkennt. Die Tatsache, daß nichts Vergleichbares auch nur annähernd so viele Menschen weltweit begeistern kann wie Sportspiele, mag darin begründet sein, daß Spiele sehr fest in unseren Seelentiefen verankert sind. Bei geringsten Anlässen werden diese Wurzeln angesprochen, und der uralte Spieltrieb bricht auf und treibt seine Blüten. Kaum wird man(n) auf der Autobahn überholt, regrediert der Mensch in ein antikes Wagenrennen und holt aus seinen Pferde(stärke)n unter der Motorhaube das Letzte heraus; kaum begegnen sich zwei vom entgegengesetzten Geschlecht, entspinnt sich das uralte Spiel, das wir heute neudeutsch Flirt nennen, als hätte Hollywood es erfunden. Tatsächlich verfilmt Hollywood nichts anderes als Spiele der Erwachsenen zu diesem und einigen wenigen anderen Themen wie etwa noch die berüchtigten Kriegs*spiele.*

Obwohl also Spiele noch immer und allenthalben eine große Rolle *spielen*, werden die bewußten Spiele doch zugleich an den Rand der Existenz des einzelnen gedrängt. Zwar schaut man sich Sportspiele an und fiebert vielleicht auch mit, aber im eigenen Leben gibt es höchstens unbewußte Psychospiele; ansonsten fehlt das spielerische Element eher. Aus gesundheitlicher Sicht bietet es sich geradezu an, statt die Sportmillionäre bei ihren Aktivitäten via Fernsehen zu beobachten, lieber wieder selbst aktiv zu werden. Es gibt wenige Gelegenheiten, bei denen sich so leicht und wie nebenbei soviel über sich erfahren und lernen läßt. Vor allem bei Spielen, die mehrere Mitspieler einbeziehen, kann man seine eigene Rolle im Spiel des Lebens oft überdeutlich gespiegelt bekommen. Jedes Spiel wird einem etwas vom eigenen Seelenmuster enthüllen, wenn man sich anschließend Zeit nimmt, die eigene Rolle zu reflektieren oder noch besser in einer Videoaufzeichnung zu betrachten und dann mit den Mitspielern darüber zu sprechen.

Als wir das in Seminaren begannen, war es eindrucksvoll, wie sehr die Menschen dazu neigen, ihre ureigensten und überdeutlichen Charakterzüge zu übersehen, solange sie selbst ins Geschehen verwickelt waren. Das Eigene ist uns offensichtlich so nah, daß wir dazu neigen, es zu übersehen. Es ist nicht so einfach, aus der eigenen Haut herauszukommen, selbst wenn man das Spiel schon gut kann und in seinen Grundzügen durchschaut. Es zu durchschauen ist aber die wichtigste Voraussetzung, um überhaupt eine Veränderungschance zu haben.

In Frage kommen dafür im Prinzip alle Spiele der Welt von Schach bis Fußball. Besonders eindrucksvoll tritt das eigene Seelenmuster allerdings bei unbekannten Spielen zutage, deren Regeln man gerade erst mitbekommen hat. Dann spiegelt sich nämlich ganz unverhüllt die eigene Art, an neue Dinge und Herausforderungen heranzugehen. Fragen wie »Bin ich im Spiel oder läuft alles an mir vorbei?«, »Wie bringe ich mich ein?«, »Habe ich meinen Spaß am Spiel oder nur am Gewinnen?«, »Wie reagiere ich, wenn ich ausgespielt werde?« und »Was fühle ich, wenn ich triumphiere?« können einem einiges klarmachen. Darüber hinaus wird sich zeigen, ob man eher ein angriffslustiger Typ ist oder sein Heil in der Verteidigung sucht, wie schnell man zum Aufgeben in schwierigen Situationen neigt, wieviel Verbissenheit in einem steckt und wieviel spielerische Leichtigkeit.

Neben diesen Aspekten der Selbsterkenntnis sind insbesondere sportliche Spiele ein guter Weg, in den Augenblick zurückzufinden, die eigene Wachsamkeit und Aufmerksamkeit zu schulen und eine gewisse körperliche Fitneß zu erwerben, während man doch vor allem Spaß hat. Das Problem ist, daß die meisten Menschen heutzutage gar nicht spielen, und die wenigen Spieler immer dasselbe Spiel. Auch das ist ein stimmiges Abbild des allgemeinen Lebensmusters: Die allermeisten Menschen können ihrem Leben kaum noch etwas Spielerisches abgewinnen, sie kämpfen und schleppen sich eher hindurch. Wer aber noch spielt,

spielt immer dasselbe alte Spiel. Die Chance liegt aber gerade darin, zu variieren und alle möglichen Aspekte der eigenen Struktur ins Spiel des Lebens zu bringen. Wer immer nur Tennis oder immer nur Golf spielt, kann trotzdem oder, bei entsprechender Übertreibung, gerade deswegen eine erschreckend einseitige Körperhaltung entwickeln und in anderen Bereichen völlig versagen. Das Ziel sollte gerade nicht sein, in einer Sport- oder Spielart zu dominieren und die anderen Spiele dafür zu meiden, sondern in allen eine gute Figur zu machen. Nun leben aber auch viele Vorführathleten des Fernsehens genau diesen Kardinalfehler vor. Eine Sportart wird bis zum Gehtnichtmehr trainiert und alles andere vernachlässigt. Das ist die Art von Einseitigkeit im Sport, die im Leistungsbereich zu frühem Invalidentum führen kann und im Breitensport, wo es sowieso nichts zu verdienen gibt, erst recht unvernünftig ist.

Der Körper kann uns diesen Irrweg leicht klarmachen, mit all seinen vielen Muskeln, die alle des Trainings bedürfen. Würde sich die Mutter einer großen Familie wie die meisten Leistungs- und leider auch Freizeitsportler verhalten, würde das bedeuten, daß sie ihre ganze Energie nicht auf all ihre Kinder verteilt, sondern eines den andern vorzieht und es in übertriebener Weise fördert. Damit würde sie das bevorzugte Kind überfordern und die anderen vernachlässigen. Genauso gehen aber oft Leistungssportler und diejenigen, die ihnen nacheifern, vor. Ein Vorbild für ein sinnvolles Spielverhalten könnte das Fach Leibeserziehung im Turnunterricht der Schulen sein, wo glücklicherweise meist noch eine Fülle von Spielen angeboten wird.

Den einzelnen Spielen kann man von ihrem Grundmuster her sehr gut ansehen, welche Seiten der Spieler sie betonen, welche sie fördern und welche vernachlässigen. Umgekehrt kann jeder Spieler aus seinen spielerischen Vorlieben herauslesen, wo seine Stärken liegen und welche Schwächen er meidet. Hieraus ergäbe sich dann auch die Chance, ein ausgewogenes Bewegungsprogramm zusammenzustellen, das allen oder jedenfalls vielen Seiten der eigenen Persönlichkeit gerecht wird. Das Erstaunliche an solch einem Programm wird sein, daß es Auswirkungen auch auf das übrige Leben bekommen wird, vor allem, wenn man sich der symbolischen Seiten des jeweiligen Spieles beim Üben bewußt ist.

Die gegensätzlichen Spieltypen

Die Grundpolarität zwischen *weiblich* und *männlich* oder besser zwischen *Yin* und *Yang*, da es hier um die (arche-)typischen Muster und nicht um Frauen oder Männer geht, läßt sich bis ins Spielverhalten sehr deutlich und oft geradezu komisch verfolgen. Fast alle »Blut-Hochdrucktypen« spielen gern, während die »Blut-Niederdrucktypen« diesen Bereich eher meiden. Die Gefahr der »männlichen« Typen liegt auch beim Spiel darin, das spielerische Element ihrem Leistungstrip zu opfern und die alltagsbewährten Konkurrenz- und Kampfmuster abzuspulen. Neben dieser Gefahr gibt es aber auch die Chance, das Spiel als Idee neu zu entdecken und als Lernaufgabe anzunehmen. Dann bietet es eine ideale Möglichkeit, den Überdruck abzulassen und so etwas wie Lebensfreude zu entdecken.

Für den diesbezüglich eher auf Vermeidungsstrategien setzenden »Niederdrucktyp«, der vermehrt unter Frauen anzutreffen ist, ginge es zuerst einmal darum, überhaupt Freude am Spiel zu finden. Häufig gelingt das Frauen leichter, wenn es sich um Spiele handelt, die mit tänzerischen Elementen, mit Musik und Gemeinschaftserleben anstelle von Konkurrenz zu tun haben. Während es bei den Leistungstypen vorrangig ums Siegen geht, ist es gerade das, was den »Niederdruckfrauen« das Ganze oft verdirbt. Sie spielen eher Feder- oder Beachball, wo man sich die Bälle zuspielt, während die Leistungsträger lieber ihren Gegner ausspielen, wie beim Tennis, oder abschießen, wie beim Völkerball mit seiner schrecklichen Symbolik. Der Unterschied ist bei fast allen Sportarten gleich deutlich. Sie möchte miteinander spielen, er gegeneinander. Überredet sie ihn zum Federball, denkt er an ein Badminton-Match. Schleppt er sie auf den Tennisplatz, ist es ihr nicht so wichtig, wie oft der Ball aufspringt, Hauptsache sie ist mit ihm gemeinsam an der frischen Luft. Er denkt bei Golf an sein Handicap, sie an die einzige Art, ihn überhaupt zum gemeinsamen Spazierengehen zu bewegen. Daß diese verschiedene Grundhaltung zu keinen beflügelnden Erlebnissen führt, solange sie unausgesprochen bleibt, versteht sich von selbst.

Wenn man das eigene Muster kennt, macht es mehr Spaß, mit ihm bewußt umzugehen und sich auch einmal auf das Terrain des Partners zu wagen. Er wird bei der Stepgymnastik vielleicht ganz ähnliche Erfahrungen machen wie sie beim Squash. Mit der Zeit wird man über die bevorzugten Bewegungsmuster und Sportarten des Partners diesen besser kennenlernen und ihm in einer positiven Weise ähnlicher werden. Zudem werden beide flexibler, wenn sie sich in das Reich des anderen wagen und lernen, sich auch dort zu bewegen.

Wachheit und Aufmerksamkeit als Chance

In keinem Bewegungsbereich kann man wohl so gut in den Augenblick eintauchen wie beim Spiel, denn jede Unaufmerksamkeit rächt sich sogleich. Aufzuwachen ist aber nach Ansicht des Buddha das große Ziel des Lebens überhaupt.

Selbst Spiele, die gar keinen oder nur einen äußerst geringen Wert für das Herz-Kreislauf-System oder die übrige Muskulatur haben, wie etwa Golf, beziehen ihre Faszination aus diesem Zwang zur unbedingten Wachheit. Jede Spielart hat ihre Methode, in den Augenblick zu führen, und hat damit auch ihren Wert für den Entwicklungsweg. Das aber muß dem Spieler bewußt werden, um diese Chance wirklich wahrnehmen zu können. Mechanisch bewußtloses Spielen birgt wenig Chancen in sich.

Natürlich wäre es wichtig, die für die eigene Entwicklung besonders förderlichen Bewegungsmuster und Spiele herauszufinden und sich nichts vorzumachen. So etwa ist zum Beispiel Reiten ein wunderbares Herz-Kreislauf-Training, aber eben nur für das Pferd und sicher nicht für den Reiter.

Der Weg von der Spannung zur Verspannung

Ein System, das viel Bewegung und vor allem das richtige Verständnis für Bewegung benötigt, ist der Bewegungsapparat. Entwicklungsgeschichtlich ist unser grobstoffliches »Körperhaus«, das uns auf Schritt und Tritt durch dieses Leben trägt, für einen Läufer und jedenfalls ein »sich viel bewegendes Wesen« ausgelegt. Ohne die Entwicklung besonderer Bewegungs- und vor allem Lauffähigkeiten, die der Körper in seiner wunderbaren Anpassungsfähigkeit geschaffen hat, wäre der Fortbestand und das Überleben des Menschen schwierig bis unmöglich gewesen.

Unsere moderne Gesellschaft erlebt nun eine zunehmende Polarisierung in eine übertriebene »Körperkultur« mit all ihren Auswüchsen im Spitzensport und einer Gegenbewegung, die sich hinter dem Deckmantel der intellektuellen Entwicklung des heutigen Zivilisationsmenschen und hinter den technischen Errungenschaften versteckt und so tut, als ob die Beachtung, Pflege, Instandhaltung und richtige Benutzung des Bewegungsapparates Aufgabe des behandelnden Arztes, der Krankenkasse oder sogar des Staates sei. Diese Gruppe von Zivilisationsmenschen verhält sich gerade so, als ob sie Bewegung um jeden Preis vermeiden müßte und Gymnastik und Körperarbeit minderwertiger Zeitvertreib wären und ihrem Entwicklungstand nicht mehr entsprächen. So wird der Bewegungsapparat zum Sitzapparat mit all den daraus folgenden Schäden.

Weder die Fanatiker noch die Schlendriane werden ihrem Bewegungsapparat gerecht. Der Spitzensportler und der Faulpelz sind Extreme, beide unter Umständen gleich weit aus dem Gleichgewicht, und so müssen sowohl die einen wie die anderen mit Konsequenzen aus ihrer einseitigen Lebensweise rechnen. Die Wahrheit liegt wieder in der Mitte und ist mit dem »Prinzip der funktionellen Anpassung« – ausgelegt auf Muskulatur und Sehnen, Knochenstukturen und Bänder – gut umschrieben. Bezogen auf unser Muskelsystem sagt das angesprochene Gesetz: Wie jedes biologische System erhält auch die Muskulatur ihre Leistungsfähigkeit, wenn sie vernünftig in Betrieb gehalten wird, sie steigert ihre Leistungen, wenn auch die Anforderungen zunehmen. Reduzieren sich die Bewegung aus welchen Gründen auch immer, bildet sich ein Muskel zurück und erschlafft. Jede Bewegung die wir ausführen, ganz gleich ob bei körperlicher Arbeit, beim Sport oder bei anderen Hobbys, wirkt sich auf die Entwicklung unseres Muskelsystems aus. Häufige Handgriffe und Bewegungen bedeuten eine

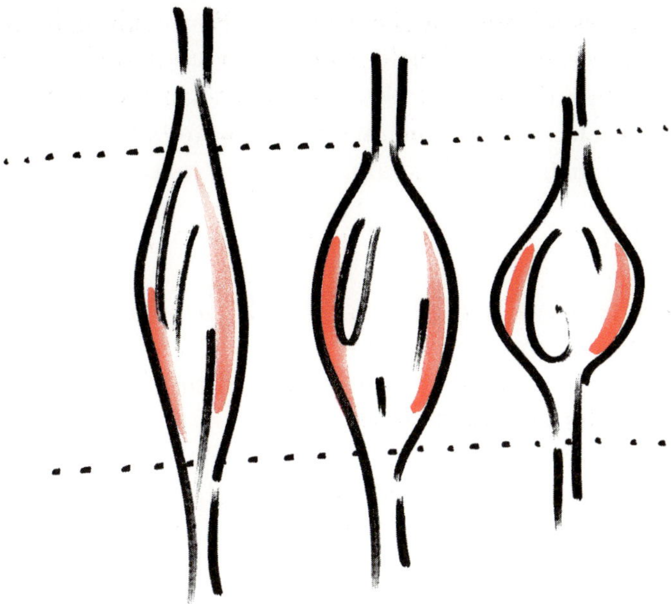

hohe Reizsetzung, und der so trainierte Muskel wird kräftiger, ausdauernder und nimmt an Umfang zu. Das alles sehen wir als willkommen an, aber der Muskel wird zugleich auch um eine Spur kürzer. Dieser Effekt wird kaum beachtet, und doch ist er die Ursache für unendlich viele Schmerzzustände und Probleme am Bewegungsapparat. Gewohnte Tätigkeiten führen also zu einer Verkürzung und Verspannung der betroffenen Muskeln und Muskelgruppen.

Auf der anderen Seite gebrauchen wir andere Muskelgruppen höchst selten. Diese verringern nicht nur ihre Kraft und Leistung, sondern sie erschlaffen und verlängern sich während ihres untätigen Daseins. Das hat jeder erlebt, der schon einmal ein Bein aus einem Gipsverband zurückerhalten hat. Seine Muskulatur ist nicht mehr imstande, die ihr zukommende Aufgabe zu erfüllen. Auf einen einfachen Nenner gebracht heißt das:

- Viel Bewegung im Alltag sorgt für kräftige Muskeln, die aber unter Verkürzungen und damit unter (Ver-)Spannungen leiden.
- Wenig Bewegung im Alltag läßt Muskeln degenerieren, sie erschlaffen und verlängern sich und können ihre Stütz- und Schutzfunktion nicht mehr wahrnehmen, der Körper beginnt sich zu verformen.
- Ruhig gestellte Gelenke, z.B. der Wirbelsäule, lassen den Muskeltonus ansteigen. Minimale Bewegungen normalisieren den Tonus. Aus dieser Tatsache lassen sich die verblüffenden Erfolge der sanften östlichen Bewegungsrituale wie Taiji und Qi Gong erklären, aber auch die Sinnhaftigkeit von anatomischen Büromöbeln, die dynamisches Sitzen erlauben.

Eine Lösung dieses Problems, die zu Schmerzfreiheit und angenehmem Körpergefühl führt, kann nur im muskulären Gleichgewicht liegen. Es ist also zu fragen, wo die eigenen Stärken und wo die Schwachstellen sind, wo viel- bis überbeschäftigte Muskeln und wo jene liegen, die wenig bis nichts zu tun haben. Beide Gruppen brauchen Zuwendung – die Überstrapazierten in regenerativer Form über Dehnung, die Unterforderten in aufbauender Form über Kräftigung.

Kleine Ursachen, große Schmerzen!

Grundsätzlich müßten wir uns klarwerden, daß die besprochenen Prinzipien und Gesetzmäßigkeiten uns übergeordnet sind und somit Gültigkeit besitzen – ob wir sie anerkennen oder nicht, ob wir darüber Bescheid wissen oder nicht, ob wir gewillt sind, uns danach zu halten oder nicht, ob wir für entsprechende Übungen Zeit finden oder nicht. Auch wer der Meinung ist, eine ganz persönliche individuelle Ausnahme von diesen allgemeinen Prinzipien und Gesetzen zu sein, wird dadurch deren Gültigkeit nicht ändern. Die von den Rauchern hinlänglich bekannte Verdrängungsstrategie, die sich in Sätzen äußert wie »Ich weiß zwar, daß Rauchen schädlich ist, aber mir wird es schon nichts ausmachen«, ist auch in diesem Bereich häufig anzutreffen und führt in der Regel zu einem besonders herben späten und manchmal zu späten Erwachen.

Das vielleicht Beeindruckendste an der Wirklichkeit ist, daß sie ausnahmslos wirkt. Die bessere Wahl, die wir haben, ist nicht, die Wirklichkeit anzuerkennen oder für die Ausnahme zu optieren, sondern eher freiwillig vorzubeugen oder (meist) unter Schmerzen nachzuholen, was vorher versäumt wurde. Dem Oberschenkelmuskel ist es völlig gleichgültig, ob sich sein managender Besitzer gleich nach dem Tennisspiel wieder in den Termindschungel stürzt und sich die Zeit für die notwendige Dehnung seiner Muskeln erspart, oder ob ein Handwerker nach anstrengender Arbeit das Dehnen vergißt. Die jeweiligen Muskeln werden sich trotz noch so guter Ausreden verkürzen und damit ihren kleinen Beitrag leisten zu einem später größeren Problem. Ob sich das in Form von Schmerzen, einer Krise oder einem Krankheitsbild äußert, hängt von den verschiedenen Begleitumständen ab.

Unser Körper ist das sensibelste Wunderwerk dieser Schöpfung und dafür ausgelegt, uns über hundert Jahre gute Dienste zu leisten. Seine Wartung lohnt sich immer. Die bemerkenswertesten Zusammenhänge zwischen unserem Verhalten und den Veränderungen am Bewegungaapparat, die unserer besonderen Aufmerksamkeit bedürfen, seien beim folgenden Streifzug durch den Körper von den Wurzeln der Füße ganz unten bis nach oben dargestellt, wobei hier nur auf die wichtigsten Bereiche eingegangen werden kann. Darüber hinaus gibt es eine Fülle anderer Schauplätze des muskulären Ungleichgewichts. Allein aber die

Wiedergewinnung der Balance in diesen wichtigsten Bereichen wird schon eine erstaunliche Veränderung im Lebensgefühl mit sich bringen.

Wade

Als erster großer Muskelregion wollen wir uns der **Wade** widmen. Die Wadenmuskeln sind viel beschäftigt. Bei jedem Schritt, allen schnelleren Laufbewegungen und vielen sportlichen Übungen wirken gewaltige Belastungen auf die Wadenmuskulatur und ihre Verlängerung, die Achillessehne. Aus dieser hohen Belastung, der eine hohe Reizsetzung entspricht, neigt die Wade zur Verkürzung. Diese bringt wiederum die Achillessehne unter erhöhte Spannung und stört deren Stoffwechsel. Nicht umsonst sprechen wir schon im übertragenen Sinn von der Achillesferse als einem Synonym für Schwachstellen schlechthin. Die aus der Überlastung der Wadenmuskeln resultierenden gesundheitlichen Problemen sind äußerst vielfältig. Die Palette reicht von der Verhärtung und erhöhten Krampfneigung der Wade bis zum Achillessehnenriß. Diesen Problemen ist durch später beschriebenes regelmäßiges Dehnen der Wade vorzubeugen.

Psychosomatisch gesehen sammeln sich in der Wade nicht ausgelebte Emotionen und verhärten hier. Wenn nun eine verhärtete Wade durch konsequentes Dehnen wieder weicher wird, werden sich automatisch auch die entsprechenden Emotionen besser ins Leben integrieren. Wo ein Mensch aber, andersherum gedacht, seine Emotionen frei lebt, wird auch die Wade nicht so verhärten. Letztlich ist es müßig, darüber nachzusinnen, welches Problem zuerst kommt beziehungsweise, ob das Leid in der Seele oder im Körper seinen Ausgang nimmt. Viel wichtiger ist es, von allen beteiligten Ebenen aus etwas zur (Er-)Lösung zu unternehmen, und falls man

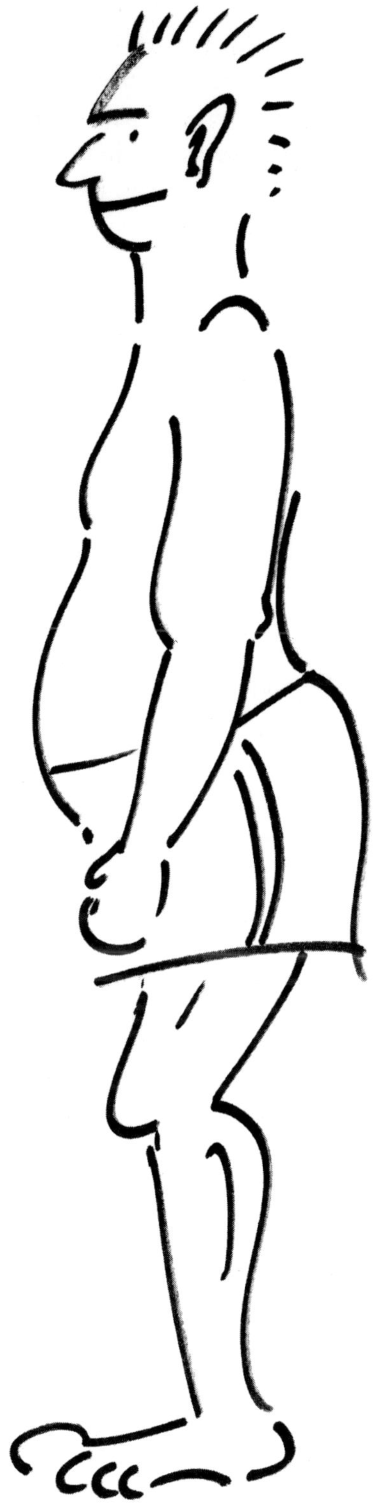

therapeutisch ganz von einer Ebene kommt, zumindest die anderen mit im Auge zu haben und ihnen Beachtung zu schenken.

Da die Waden auch unsere Sprungmuskulatur umfassen, sind es manchmal Probleme mit dem Absprung, die sich hier körperlich niederschlagen. Wer ständig auf dem Sprung ist, ohne je zu springen, wird diese Dauerspannung in der Wade spüren. Auch hier kann sich das Problem sowohl im Konkreten wie auch im Übertragenen zeigen.

Oberschenkel und Hüften

Wandern wir im Körper ein Stück höher, treffen wir auf die Muskeln am **Oberschenkel,** die wir hier aus Gründen der Einfachheit in Verbindung mit der Hüftmuskulatur betrachten. Aufgrund ihrer differenzierten Aufgaben teilen wir sie in zwei Gruppen, in die der Oberschenkelrückseite und die der -vorderseite. Die Belastungen sind ähnlich intensiv wie die der Wade. Erfahrungsgemäß verkürzt die Oberschenkelmuskulatur bei Männern noch stärker als bei Frauen. Eine erhöhte Verletzungsanfälligkeit in Form von Zerrungen, Muskeleinrissen und Faszienverletzungen ist die Folge. Der natürliche Bewegungsumfang in der Hüfte wird eingeschränkt, und häufig kommt es zu Sehnenansatzentzündungen. Auffällige Schmerzstellen liegen am Rücken und in der Gürtellinie, etwas nach rechts und links außen versetzt an der Wirbelsäule. Auch viele der Beschwerden, die unter Diagnosen wie Ischias, Ischialgie, Lumbago, LWS-Syndrom oder einfach Kreuzschmerzen fallen, sind häufige Folgen. Die **Oberschenkelrückseite** ist daher regelmäßigen, später genauer beschriebenen Dehnungsübungen zu unterziehen.

Der **Oberschenkelvorderseite** in Verbindung mit der **Hüftbeugemuskulatur** ist ebenfalls besondere Aufmerksamkeit zu widmen, da bei ihrer Verspannung und Verkürzung gewichtige Folgewirkungen auftreten können. Von Knie- und Kniescheibenproblemen über Hüftgelenkseinschränkungen bis hin zu einer Kraftkomponente, die die Lendenwirbelsäule in eine permanente Hohlkreuzstellung zieht und somit eine Gefahr für die Bandscheiben darstellt, spannt sich der Bogen. Im Rücken sitzt der Schmerz, die eigentliche Ursache ist aber viel tiefer, im Oberschenkel zu suchen. Diese Gefahr wird drastisch verstärkt durch gut gemeinte, aber in der Ausführung oft falsche Bauchmuskelkräftigungen. Leider sind immer noch althergebrachte Übungen und sogar Geräte zur Bauchmuskelkräftigung im Umlauf, die erheblichen Schaden anrichten, weil sie vorwiegend auf die Hüftbeugemuskulatur wirken und die sowieso fast ausnahmslos zu kurzen Muskeln noch weiter verspannen mit unmittelbarer Gefahr für die Bandscheiben. Wir empfehlen daher, die Oberschenkelvorderseite und Hüftbeugemuskulatur mit besonderer Sorgfalt und Regelmäßigkeit zu dehnen.

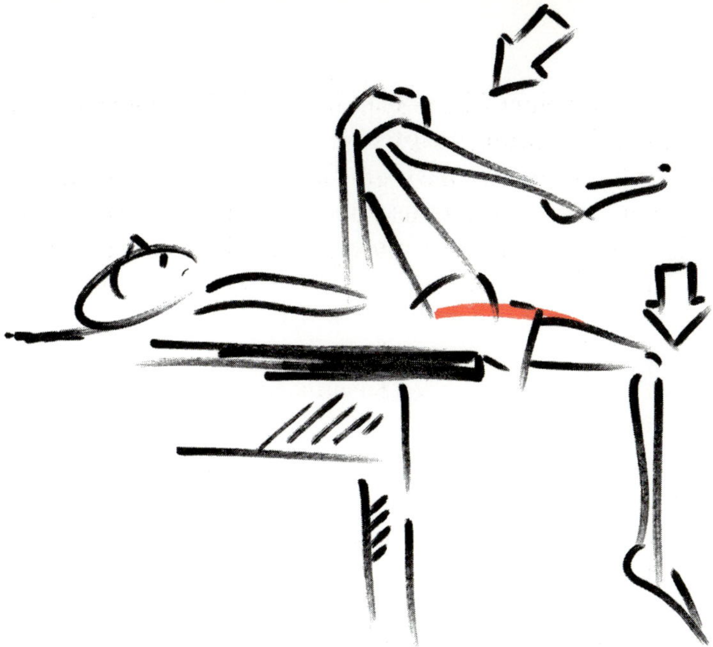

Eine gute Übung:
Legen Sie sich mit dem Rücken auf einen Tisch, so daß das Gesäß auf der Tischkante zu liegen kommt, winkeln Sie nun ein Bein ab, welches Sie mit beiden Händen am Knie fassen und zum Brustkorb ziehen. Allein das Gewicht des herabhängenden anderen Beines reicht aus, eine spürbare Dehnung im Hüftbeuger *(Iliopsoas)* und auf der Oberschenkelvorderseite zu erreichen.

Um den psychosomatischen Bezug zu erkennen, ist auf die Funktion der Oberschenkelmuskulatur zu achten, die nicht nur zum Gehen, sondern auch zum Steigen wichtig ist. Wie die Wadenmuskulatur ist sie auch am Springen beteiligt, wobei hier aber die Waden mehr im Vordergrund stehen, ähnlich wie beim Gehen und Steigen die Oberschenkelmuskeln. Insofern sind Probleme der Oberschenkel auch solche dieser Themenkreise. Verhärtete Oberschenkel können folglich einen überzogenen und einseitigen Fortschrittsanspruch spiegeln wie auch Probleme mit dem Aufstieg. Diese können sich sowohl bei einer Bergtour wie auch auf der Karriereleiter zeigen.

Auch die Fähigkeit zu treten beruht auf der Oberschenkelmuskulatur. Nicht ausgeteilte Tritte, die schon auf der Impuls- oder vor allem Muskelebene blokkiert wurden, können sich folglich hier verkörpern.

Gesäß

Die **Gesäßmuskulatur** sorgt nicht nur für runde Formen, sondern hat auch große Bedeutung für Haltung und Bewegung. Bei der häufig anzutreffenden Gesäßmuskelschwäche liegt eine Degeneration dieser Muskulatur zugrunde. Ein flacher Po ist daher kein Schicksalsschlag, sondern er könnte mit gezielter Kräftigung wieder in seine besonders ansprechende und vor allem funktional wichtige runde Form gebracht werden. Als Nebeneffekt kann man sich dann auch die lächerlichen Stilblüten der Modeindustrie sparen, die inzwischen schon Strumpfhosen mit ausgestopften Pobacken anbietet.

Besser und weniger peinlich ist folgende **Übung:**
Setzen Sie sich mit angewinkelten Beinen auf den Boden, stützen Sie sich auf den gestreckten Armen ab und heben Sie nun das Becken durch Anspannung der Gesäßmuskulatur bis zur Waagrechten hoch. Zwanzig bis 50 Wiederholungen verhelfen zur gewünschten Form und Funktion.

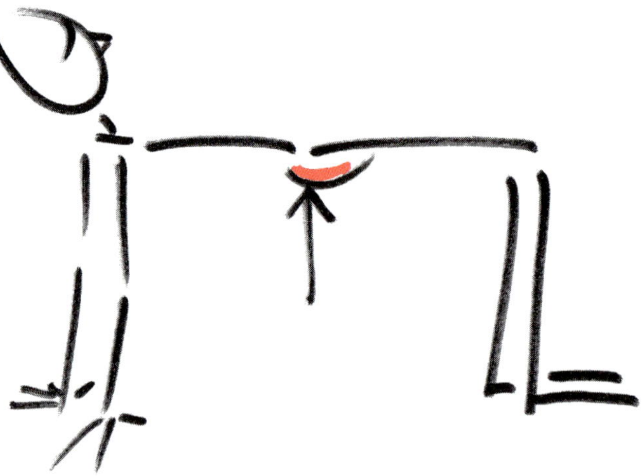

Der Gesäßmuskel, *Gluteus maximus,* ist der größte Muskel des Körpers und ebenfalls am Gehen und Steigen beteiligt. Symbolisch gesehen ist aber vor allem sein Signalcharakter von ausschlaggebender Bedeutung. Männer sind von den prallen Formen weiblicher Glutealmuskulatur leicht zu beeindrucken, was wahrscheinlich schon auf uralte Zeiten zurückgeht, als die Begattung noch nicht in der Missionarsstellung, sondern in der im Tierreich bis heute üblichen Position von hinten stattfand. Aber selbst viele Frauen, die grundsätzlich weniger durch äußere Körpermerkmale zu beeindrucken sind, stehen auf entsprechend wohlgeformte Hinterbacken. So kann ein flacher Hintern als ein Mangel an Signalkraft gedeutet werden, wohingegen das pralle Pendant deutlich auf sich aufmerksam macht.

Bauchmuskulatur

Noch etwas höher treffen wir auf einen der wichtigsten Haltungsmuskel, ohne den ein aufrechter Stand auf Dauer nicht möglich ist. Wir sind uns dessen bewußt, daß wir mit dem **Bauchmuskel** ein leidiges Thema und somit auch gleichzeitig den Gegenstand vieler Interpretationen anschneiden. Als Ausdruck unseres materiellen Wohl- und geistigen, aber eben auch körperlichen Bewegungsnotstandes ist er vielerorts außer Rand und Band geraten. Seine ursprüngliche Form ist eine gerade Linie vom Ende des Brustkorbes hinunter zum Becken. Er ist als Gegenspieler der Rückenmuskulatur zu sehen, hält gleichsam das Becken und muß dessen Nachvornekippen und somit eine übertriebene Hohlkreuzstellung verhindern.

Da der Bauchmuskulatur in unserem normalen Alltagsleben Belastungen und also die notwendigen Reizsetzungen fehlen, beginnt sie zu erschlaffen, sich zu verlängern und gibt dem immer vorhandenen Eingeweidedruck nach, um sich nach vorne auszubeulen. Hier wird besonders deutlich, wie sehr die verschiedenen Säulen der Gesundheit zusammengehören und in der Realität zusammenspielen, auch wenn wir sie aus didaktischen Gründen trennen. Wenn aufgrund von Fehlernährung, wie bei der Mehrzahl der modernen Menschen, zusätzlich die Verdauung entgleist, kommt der erhöhte Blähungsdruck noch hinzu. Die erschlafften Bauchmuskeln, die schon dem normalen Eingeweidedruck kaum standhalten, geraten nun unter erheblichen zusätzlichen Druck von innen, der zu den eigentümlichsten Bauchformen führt. Besonders kraß wird das Phänomen bei ansonsten eher dünnen Menschen. F.X. Mayr, der österreichische Arzt, der durch die nach ihm benannte Kur bekannt wurde, konnte eine ganze Reihe von Bauchformen auf die verschiedenen Verdauungsstörungen zurückführen, deren eindrucksvollste der Großtrommelträgerbauch ist. Wobei hier der Bauch die Trommel ersetzt.

Krankheitsbilder wie das Roemheldsyndrom liegen folglich in einem Spannungsfeld aus erschlafften Bauchdecken und entgleister Verdauung, und ihre Symptome zeigen sich am Herzen, das seinerseits unter erheblichen Druck gerät. Daß Internisten und Kardiologen, die von solchen ganzheitlichen Zusammenhängen meist nichts wissen und oft nichts halten, solche Symptome über Monate und Jahre mit Herzmitteln behandeln, ist einerseits tragisch für die Betroffenen, andererseits ein Armutszeugnis für die entsprechende Medizin.

Die Herzmittel erhöhen in der Regel die Herzkraft, so daß sich das Herz besser behaupten kann, dadurch nimmt der Druck auf die Bauchmuskeln noch etwas zu. Aber auch reines Bauchmuskeltraining wäre in diesem Fall nicht nur zu wenig und zu kurz gedacht, es gefährdet auch das Herz, denn wenn der Überdruck nicht mehr nach vorne in den Bauch ausweichen kann, muß er sich einen anderen Weg suchen und der wird am ehesten über das Zwerchfell nach oben weisen. Mediziner sprechen dann vom Zwerchfellhochstand, der das Herz von unten unter Druck setzt.

Aus der unheiligen »Trinität« von verkürzter Oberschenkelrückseite, verkürzter Oberschenkelvorderseite beziehungsweise verkürzten Hüftbeugern und zu schwacher Bauchmuskulatur entwickeln sich Risikofaktoren, die bereits bei

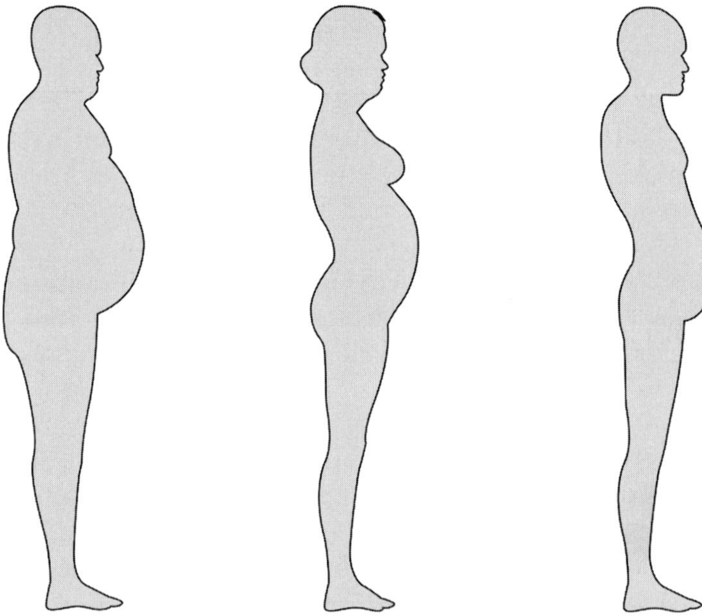

Schulkindern beginnen und sich durch alle Alters- und Berufsgruppen ziehen. Die Betroffenen schleppen sich unter Schmerzen durchs Leben, ganz abgesehen von den Behandlungskosten der chronischen Symptome und durch Langzeitschäden verursachten Kur- und Krankenkassenausgaben und einem Anteil von 40 Prozent an den Frühpensionen allein aufgrund von Rückenproblemen. Allein die Österreicher opfern dieser Thematik in jedem Jahr 7,3 Millionen Krankheitstage, was einer Belastung der Volkswirtschaft von 16 bis 18 Milliarden Schilling entspricht (2,3 bis 2,6 Milliarden DM).

Die Bauchmuskulatur ist daher regelmäßigen Kräftigungsübungen zu unterziehen, die richtig durchgeführt, wirklich die Bauchmuskeln und nicht den Hüftbeuger trainieren. Zugegebenermaßen gehören Bauchmuskelübungen für die meisten Menschen nicht gerade zu den freudvollen Tätigkeiten, aber ohne entsprechende Bauchmuskulatur gibt es andererseits kein schmerzfreies Durchkommen im Leben. Da wäre es eine Überlegung wert, ob man sich nicht lieber freiwillig im Rahmen eines Vorbeugeprogrammes einiger Mühen unterzieht, um sich langfristig Schmerzen in den verschiedensten Regionen zu ersparen.

Abgesehen davon ist natürlich auch der ästhetische Aspekt einer flachen Vorderfront, die in Form des sogenannten Waschbrettbauches heute geradezu angebetet wird, nicht zu unterschätzen. Inzwischen bieten entsprechend weit von den ärztlichen Idealen abgekommene plastische Chirurgen bereits den Einbau von Plastikersatzteilen an, um den Effekt des Waschbrettbauches vorzutäuschen. Durch regelmäßige Kräftigungsarbeit wäre ihnen zuvorzukommen mit ungleich besserem Effekt.

Hals- und Nackenmuskulatur

Noch weiter nach oben gewandert, präsentiert sich die nächste Problemzone mit der Hals- und Nackenmuskulatur, die vielfach verhärtet, verspannt und in der Folge schmerzt. Diese sogenannten »oberen Schulterfixatoren« sind großen Belastungen im Alltag ausgesetzt, da fast jeder Handgriff ihre Beteiligung und damit ein Schulternhochziehen erfordert. Falsch eingelernte Bewegungsabläufe, zum Beispiel beim Heben der Arme, tragen das ihre zu Verspannungen und Fehlhaltungen bei. Nicht zuletzt besteht ein direkter psychosomatischer Zusammenhang zwischen der Schulterhaltung, der Nackensituation und Angst. Die Angst kann einem im wahrsten Sinne des Wortes im Nacken sitzen und wird hier auf die Dauer für Verspannungen sorgen. Ein ängstlicher Mensch neigt dazu, die Schultern zu heben und seinen Kopf zwischen ihnen zu verstecken. »Den Kopf einziehen« heißt der verräterisch ehrliche Ausdruck, der deutlich an eine Schildkröte erinnert, die diese Vermeidungsstrategie zur Perfektion entwickelt hat. Wenn Lebenssituationen, die das Zurückstecken und Kopfeinziehen mit sich bringen, zur Grundhaltung werden, wird sich das in Verengungen und Verkürzungen der dauerhaft verspannten Muskeln zeigen. Der sprichwörtliche Stiernacken, dem das sture Verfolgen der eigenen Ziele, ohne nach links und rechts zu schauen oder sich im geringsten durch Argumente beirren zu lassen, nachgesagt wird, zeigt schon durch seine Fülle die Verdickung der Muskulatur an.

Auf der funktionalen Ebene ist der Lösungsansatz in der Vermeidung von Fehlbelastungen und bei der Dehnung dieser Muskelgruppen mit gleichzeitiger Kräftigung der unteren Schulterfixatoren zu suchen.

Übung: Die entsprechende Übung beginnt im Langsitz. Stützen Sie sich neben Ihren Hüftgelenken auf den zu Fäusten geballten Händen auf und heben mit durchgestreckten Armen Ihr Gesäß einige Zentimeter vom Boden ab. Dabei sollte das Kinn im Sinne eines Doppelkinns herangezogen werden, so daß der Hinterkopf den höchsten Punkt bildet.

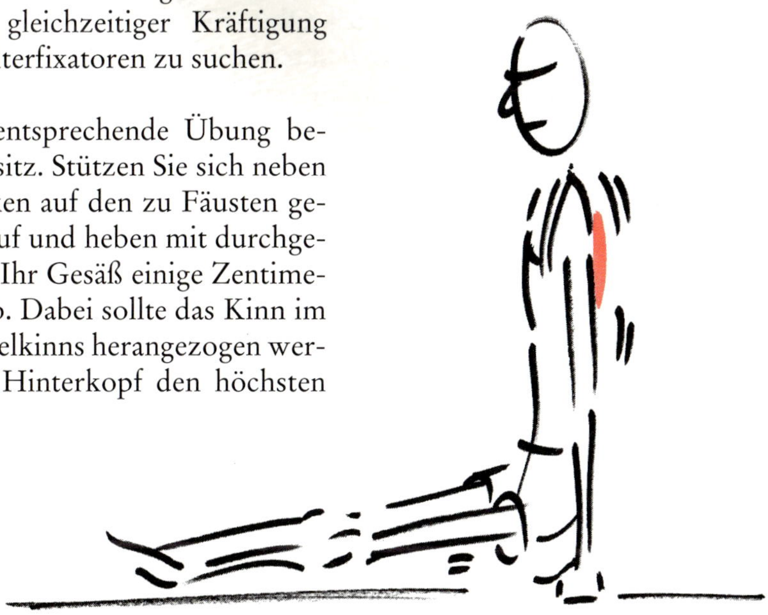

Eine sehr einfache und erleichternde Übung ist auch das oftmalige bewußte Loslassen der Schultern in Verbindung mit einem tiefen Ausatemzug. Das wird nicht nur die Schulterpartie entlasten, sondern auch noch die seelischen Angstmuster dahinter erleichtern. Es gibt unzählige Gelegenheiten, während des Tages die Schultern loszulassen und tief durchzuatmen. Wem es gelingt, diese banale Übung zu einer Art Reflex zu machen, der wird staunend feststellen, wie er selbst gelassener und (angst-)freier wird. Ein guter Trick für den Anfang besteht darin, an jedem Ort, der mit viel Streß für die Betroffenen verbunden ist, ein Zeichen anzubringen, das an das ausatmende Schulterloslassen erinnert.

Arme und Hände

Auch die Arme bleiben bei Mißachtung des Prinzips der Balance zwischen An- und Entspannung nicht verschont. Der sogenannte Tennisellbogen etwa, Sehnenansatzentzündungen oder Sehnenscheidenentzündungen hängen ursächlich mit Längen- und Spannungsverhältnissen in der Muskulatur zusammen. Der Personenkreis mit reger Fingerarbeit, wie zum Beispiel all jene mit Computer-, Greif-, Halte- und Knet- sowie Hausarbeit läßt die **Unterarmmuskulatur** stark verkürzen. Häufig sind auch Mütter, die ihre Kleinen viel auf dem Arm tragen, von dieser Überbelastung betroffen. Riesige Schadenssummen fallen Jahr für Jahr an durch Behandlungen und den Verdienstausfall wegen solcher Verspannungen. Dabei ist die gezielte Vorbeugung so einfach. Die passenden Dehnübungen sind unerläßlich, leicht auszuführen und im nächsten Kapitel beschrieben.

Von der Bedeutung her sind unsere Arme und Hände die Werkzeuge, mit denen wir die Welt zu uns heranholen. Ohne das Ellbogengelenk und seine es entsprechend bewegenden Muskeln müßten wir verhungern, weil wir das Essen gar nicht in unseren Mund bekämen. Mit den Ellbogen setzen wir uns im symbolischen Sinne durch, mit den Arme(e)n halten wir zur Not mit Macht fest, was wir (zu) brauchen (glauben). Mit unseren Händen greifen wir nach allem, was uns wichtig erscheint, und so zeigen sie in ihrem muskulären Zustand an, inwieweit wir das Leben in den Griff bekommen.

Ausblick

Im Rahmen dieses Buches können natürlich nur einige wichtige dieser offensichtlichen Zusammenhänge geschildert werden. Da das Gesetz der »funktionellen Anpassung« aber auf sämtliche unserer annähernd 500 Körpermuskeln wirkt, könnte diese Liste beliebig fortgesetzt werden. Es mag auch banal und zu einfach klingen, viele Probleme, von Entzündungen und Hexenschuß beginnend bis hin zum Bandscheibenvorfall und Abnützungen im Sinne der Arthrose, damit in

Verbindung zu bringen. Die verblüffenden Erfolge sowohl in der Spitzensportbetreuung wie auch bei den Gesundheitsseminaren bestätigen aber die Annahmen und verpflichten eigentlich geradezu zu weiterer Aufklärungsarbeit. Allzuoft würde es nicht teurer Spritzenkuren und aufwendiger Behandlungen bis zu Operationen bedürfen, sondern einzig und allein der Herstellung eines muskulären Gleichgewichtes. Komplizierte Sehnenplastiken bewirken ja auch nichts anderes, als die durch Verkürzung der entsprechenden Muskeln überstrapazierten Sehnen zu verlängern. Über die Dehnung der geplagten Muskeln wäre der gleiche Effekt viel (Schmerz und Kosten) schonender zu erreichen. Medizinische Hilfestellung und aufgewendete Eigenverantwortung sind bewährte Wegbegleiter für einen schmerzfreien und leistungsfähigen Bewegungsapparat.

Test der Körpermuskulatur und entsprechende Übungen

Einige Muskelgruppen eignen sich gut, um in Eigenregie auf Länge und Kraft getestet zu werden. Zu unterstreichen ist, daß diese Tests jeweils auf die Mindestlänge und -stärke, die der Muskel haben sollte, ausgelegt sind. Es geht hier also längst nicht um Modellathleten oder begnadete Körper. All die Tests, die auf Längenverhältnisse der Muskulatur abzielen, dürfen nur bis zum Erspüren eines deutlichen Spannungsgefühles durchgeführt werden und keinesfalls weiter. Es ist wichtig, *unter der persönlichen Schmerzgrenze* zu bleiben! Die aufgeführten Tests sind nur ein kleiner Teil der Möglichkeiten, unterstreichen aber deutlich genug die Wirksamkeit der geschilderten Zusammenhänge und haben sich bewährt als Grundlage für das Erreichen eines neuen, gesünderen Lebensgefühls.

Für ein wirklich aussagekräftiges Zustandsbild der Muskulatur ist es notwendig, Spezialisten aufzusuchen, wie etwa Hans Peter Knebel (D), Dr. Eduard Lanz, Dr. Helmut Aigelsreiter (beide A-Graz), Peter Michler (A-Hard) oder den Osteopathen Werner Ghirardini in Bozen (I). Leider sind es noch zu wenige Ärzte, Osteopathen, Physiotherapeuten, Leibeserzieher und Gesundheitstrainer, die mit diesem Ansatz beraten, vorsorgen helfen und therapieren. Vor schwerwiegenden Eingriffen, wie Operationen wegen Bandscheibenvorfällen, Karpaltunnelsyndromen und dergleichen, lohnen immer Versuche mit der Muskelspannungsregulation im oben beschriebenen Sinn. Die Selbstheilungskräfte des Organismus sind, wenn sie entsprechend angeregt werden, zu unglaublichen Regenerationsleistungen in der Lage. Selbst in krassen Fällen von Bandscheibenvorfällen, Bänderrissen und sogar Brüchen und anderen schweren Verletzungen am Bewegungsapparat kann eine Kapazität wie Mohammed Khalifa (A-Hallein) oft noch entgegen aller anatomischen Logik helfen und verblüffende Schnellheilungen einleiten, wie er seit Jahrzehnten im Bereich des Spitzensportes beweist.

Die Wadenmuskeln
Aufgrund ihrer »strategischen Position« sind sie bei jedem Schritt mitbeteiligt, leisten ihren Beitrag zum aufrechten Stand und zu jedem Sprung. Sie tendieren aufgrund ihrer regelmäßigen Belastung zu Verkürzung. Besonders das Gehen mit Stöckelschuhen zwingt sie in eine unnatürliche Verkrampfung.

Test: Stellen Sie sich barfuß und möglichst auf hartem Untergrund hüftbreit und mit paralleler Fußstellung auf. Beugen Sie nun Ihre Knie und setzen Sie sich, so weit es geht, hinunter. Erreichen Sie die Hockstellung ohne Probleme, sind Ihre Waden lang genug. Heben sich dabei aber die Fersen vom Boden ab oder bekommen Sie Übergewicht nach hinten, zeugt das von zu kurzer Wadenmuskulatur. (Bei diesem Test ist für genügend Platz hinter dem eigenen Rücken zu sorgen!)

Dehnung: Die dazu passenden Übungen, die ihren Muskeln wieder die notwendige Länge zurückgeben und somit das Sprunggelenk wieder aus seiner Einschränkung erlösen, sind einfach. Die als Testübung beschriebene, regelmäßig geübte Hocke ist schon ein Schritt in die richtige Richtung.

Oberschenkelmuskulatur: Sowohl an der Vorderseite wie an der Rückseite finden sich kräftige Muskelgruppen, die für Statik und Bewegung verantwortlich, bei jedem Schritt mitbeteiligt sind und leicht zu Verkürzung neigen.

Test: Die **Oberschenkel-Vorderseite** wird in der Bauchlage getestet. Drücken Sie Ihr Becken fest gegen die Unterlage, indem Sie die Gesäßmuskulatur zu-

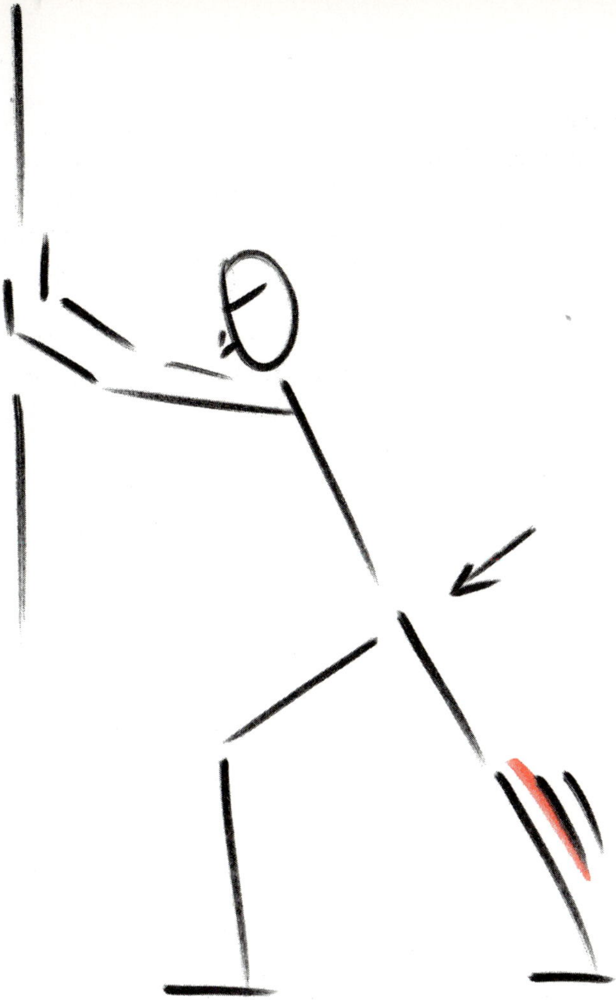

sammenkneifen. In dieser Position winkeln Sie ein Bein ab, umfassen mit einer Hand den Rist und ziehen mit der anderen die Ferse zum Gesäß. Als zu kurz wird hier gewertet, wenn sich die Hüfte vom Boden abhebt oder Sie mit der Ferse das Gesäß nicht erreichen. Wechseln Sie das Bein und testen Sie auch die zweite Seite.

Dehnung: Die Testübung ist gleichzeitig eine gute Dehnungsübung. Sie kann auch im Stehen ausgeführt werden. Dabei ist auf die Fixierung des Beckens (Bauch einziehen) zu achten, die Linie zwischen Oberschenkel und Körper gerade zu halten und ein Hohlkreuz zu vermeiden.

Erinnerung: Die Dehnspannung langsam aufbauen und unter der Schmerzgrenze bleiben, im Fließenlassen Ihres Ausatems die Position halten mit geduldiger Aufmerksamkeit im Hier und Jetzt. In jedem Moment bereit nachzuspannen oder auch nachzugeben dauert die Übung 20 bis 25 Sekunden beziehungsweise fünf bis sechs Atemzüge lang.

Test: Die **Oberschenkel-Rückseite** wird in der Rückenlage geprüft. Sie benötigen ein Handtuch, das Sie über die Fußsohle legen, und ziehen daran mit beiden Armen das ge-

streckte Bein bis in eine senkrechte Position, ohne dabei das Becken vom Boden abzuheben. Erreichen Sie diese Position leicht, ist diese Muskelgruppe nicht verkürzt. Das zweite Bein liegt in ausgestreckter Stellung am Boden.

Dehnung: Sowohl die Testübung, wie auch einige andere Möglichkeiten liefern gute Erfolge. Stellen Sie sich zu einem Stuhl und legen Sie Ihr gestrecktes Bein auf die Sitzfläche, die Fußspitze Ihres Standbeines zeigt gerade nach vorn (häufiger Fehler: Fußspitze zeigt zur Seite), nun neigen Sie sich langsam – in der Hüfte beugend – nach vorn und bauen Ihre Dehnungsspannung auf, ohne die Wirbelsäule abzubiegen. Die Idee ist, das Brustbein nach vorn zu bringen. Die Arme sind dabei auf dem Rücken verschränkt.

Die nächste Dehnübung startet aus dem Kniestand und verläuft dann wie oben beschrieben. Versuchen Sie

die diagonale Schulter über das gestreckte Knie zu drehen und somit langsam die Spannung aufzubauen. Vermeiden Sie auch hierbei den in der Zeichnung dargestellten Katzenbuckel.

Test: Oberschenkelvorderseite in Kombination mit der Hüftbeugemuskulatur

Voraussetzung für die Aussagekraft dieses Tests ist eine exakte Position. Sie knien sich auf Ihr linkes Knie und steigen mit dem rechten Bein weit nach vorn. Der vordere Unterschenkel steht dabei senkrecht zum Boden. Nun schieben Sie Ihr Becken so weit nach vorn unten, daß eine gerade Linie entsteht zwischen Ihrem linken Oberschenkel und Ihrem Oberkörper. Die Hüfte muß dabei durchgestreckt bleiben. In dieser Ausgangsposition ziehen Sie mit Hilfe der rechten Hand, die den linken Vorderfuß umgreift, die linke Ferse hoch in Richtung Gesäß. Beugt sich dabei Ihre vorher gestreckte Hüfte oder erreichen Sie die Ferse nicht, liegt eine Verkürzung vor. Testen Sie immer beide Seiten. Daß viele Menschen im Bereich dieser Muskelgruppe so verkürzt sind und nicht einmal mit der Hand das Sprunggelenk fassen können, zeigt nur, wie überfällig hier Dehnungen sind.

Dehnung: Das alleinige Vorschieben der Hüfte in der Ausgangsposition ist in vielen Fällen bereits ausreichend, um diese Muskulatur mittels Dehnung zu entlasten. Mit Hilfe eines Handtuches, das, um den Knöchel geschlungen, sozusagen den zu kurzen Arm verlängert, wird die Testübung zu einer wirksamen Dehnungsübung.

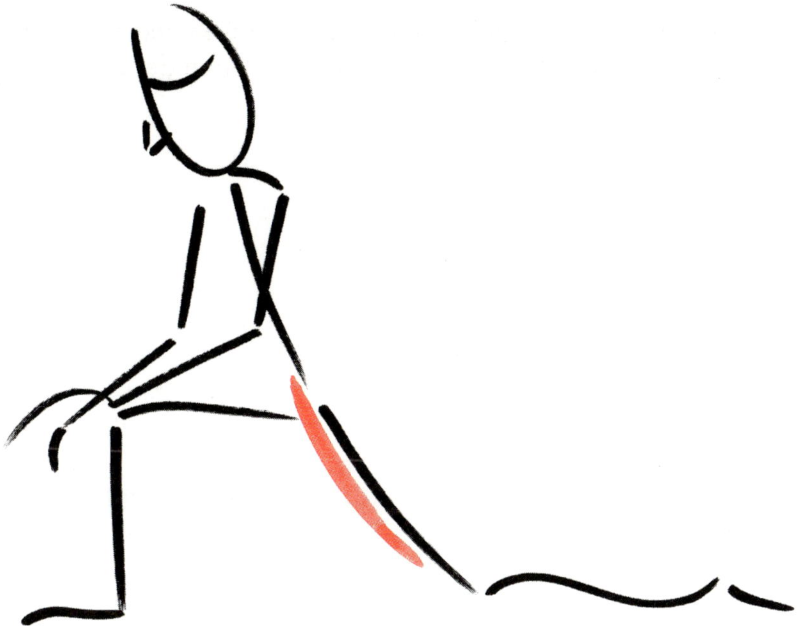

Test: Bauchmuskulatur

Legen Sie sich auf den Rücken und legen Sie Ihre Unterschenkel auf einem Stuhl ab. Achten Sie auf rechte Winkel an Hüfte und Knie. Während Sie sich nun bei Ihren Ohren »festhalten«, ziehen Sie sich mit dem Oberkörper auf, bis im Idealfall Ihre Ellbogen die Knie berühren. Sie spüren schon, diesmal geht es nicht um Länge in der Muskulatur, sondern um die Kraft, die der gerade Bauchmuskel haben sollte.

Eine weitere Testübung gibt Aufschluß über seinen Zustand. Sie legen sich wieder auf den Rücken, beide Beine sind angewinkelt. In die Kniekehlen klemmen Sie zwei Bleistifte. Ihre Arme sind nach hinten ausgestreckt. Langsam und

ohne Schwung zu holen versuchen Sie nun, Ihr Becken vom Boden wegzurollen, ohne daß die Stifte dabei herausfallen. Die Bauchmuskulatur sollte das Gewicht des Beckens tragen und es im aufrechten Stand auch stabilisieren können. Versuchen Sie immer während der Anstrengung auszuatmen, um so eine Preßatmung und damit verbundene ungute Blutdruckspitzenwerte zu vermeiden.

Kräftigung: Beide Testübungen sind auch ausgezeichnete Kräftigungsübungen für die gerade Bauchmuskulatur. Zu Beginn eignet sich die erste besser zur Aufbauarbeit. Wenn schon eine Basis vorhanden ist, bieten sich viele Variations-

möglichkeiten, etwa mit dem rechten Ellbogen zum linken Knie und umgekehrt. Dadurch wird die schräge Bauchmuskulatur gekräftigt. Generell ist darauf zu achten, daß bei jeder Bauchmuskelübung die Hüftbeuger »ruhiggestellt« sind, um nicht vom Regen in die Traufe zu kommen. Denn mit den »alten« Bauchmuskelübungen (Füße unter der Sprossenwand einklemmen und den Oberkörper hochziehen) wird gerade der sowieso schon überlastete und somit verspannte Hüftbeuger *(Iliopsoas)* trainiert. Kräftigen läßt sich gut in zwei Serien zu fünf bis 15 (später auch drei bis fünf) Wiederholungen, bis Sie spüren, wie die Kraft des Bauchmuskels erschöpft ist und der Bauch warm bis heiß wird. Dazwischen ist Zeit für eine der Dehnungsübungen.

Als Mensch hat man viele Vorgaben zu erfüllen wie Meldepflicht, Schulpflicht usw. Eigentlich ist es auch unsere Pflicht, den Körper in einem menschlichen Zustand zu erhalten. Letztlich gehen die Konsequenzen einer Verweigerung gesundheitlicher Vorsorge in dieser Hinsicht nicht nur zu eigenen, sondern auch zu Lasten der Allgemeinheit.

Test: Unterarminnenseite

Knien Sie sich hin und klappen Ihre Handflächen in Schulterbreite so am Boden auf, daß die Daumen nach außen und Ihre Finger zurück zu den Knien zeigen. Nun setzen Sie sich so weit zurück, bis im Idealfall ein rechter Winkel zwischen Boden und Ihren Unterarmen entsteht. Erinnern Sie sich: Alle Testübungen und Dehnübungen bleiben deutlich unter der Schmerzgrenze, und ein Lächeln ist dabei nicht verboten, ein entspannter ruhiger Atem mit einer Betonung des Ausatems und damit des Loslassens sogar sehr förderlich.

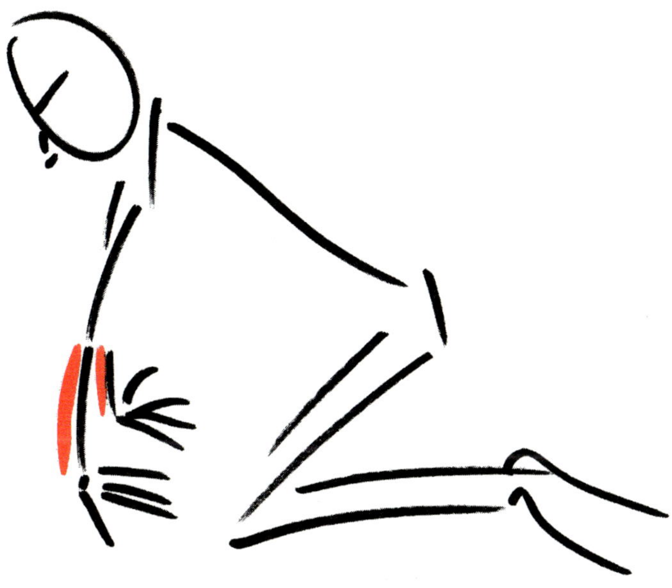

Dehnung: Die Testübung ist gleichzeitig Dehnübung. Variieren Sie dabei die Richtung Ihrer Hände. Sie können innerhalb Ihrer Knie, jeweils zum Knie und etwas nach außen zeigend verlaufen. Auch im Stehen ist diese Dehnungsübung natürlich gut möglich. Hierbei werden die Handflächen auf dem Tisch aufgelegt.

Test: Unterarmaußenseite

Der Test findet wiederum im Kniestand statt. Ihre Finger sind zu Fäusten geballt, die Daumen zeigen zum Körper, nun stützen Sie Ihre Fäuste schulterbreit so am Boden auf, daß die Handrücken zueinander zeigen. Ohne daß die Fäuste aufgehen, klappen Sie die Handrücken nach innen zum Boden. Diese Position ähnelt der eines Seehundes. Gelingt diese Übung problemlos, ist die Muskulatur in entsprechender Länge.

Dehnung: Sie geschieht am einfachsten mit der Testübung selbst. Bei starker Verkürzung und damit großem Übungsbedarf erleichtern Sie die Übung, indem Sie den Abstand der Arme zueinander vergrößern.

Test: Schulter- und Brustmuskulatur
Stellen Sie sich aufrecht hin und verschränken Sie Ihre Finger ineinander, hinter dem Rücken. Nun strecken Sie die Arme in den Ellbogengelenken ganz durch. Versuchen Sie jetzt, Ihre gestreckten Arme nach hinten oben zu führen, bis Sie mindestens einen Winkel von ca. 40 Grad erreichen. Gelingt das nicht, ist der Bewegungsumfang in den Schultergelenken beeinträchtigt.

Dehnung: Sie geschieht zum einen durch die Testübung, zum anderen durch eine Dehnung, die im Sitzen am Boden ausgeführt wird. Sie stützen Ihre Arme schulterbreit und gestreckt am Boden hinter Ihrem Rücken auf. Nun rutschen Sie mit dem Gesäß etwas nach vorne, bis eine spürbare Spannung im Schultergürtel auftritt. Danach heben Sie Ihren Brustkorb leicht nach oben und atmen tief in den obersten Teil Ihres Brustkorbes. Halten Sie diese Position wiederum über ca. 30 Sekunden.

Alle Standard-Tests sind nur dann aussagekräftig, wenn es noch nicht zu krankhaften Veränderungen in den Gelenken gekommen ist.

Wie dehnt man richtig?

Es gibt mehrere Möglichkeiten, einen Muskel, der seine ursprüngliche Länge und damit gleichzeitig teilweise seine Funktion eingebüßt hat, wieder zu verlängern. Wir beschreiben hier eine einfache, aber durchaus wirkungsvolle Variante. Das

Dehnen ist dem weiblichen Pol des Lebens zuzuschreiben, der immer Zeit braucht und bestimmten Rhythmen gehorcht. Dehnen bedeutet soviel wie nachgeben, weich werden und loslassen. Es hat mit Geschehen-Lassen und geduldigem Dosieren der Dehnungsspannung zu tun und ist weit vom männlichen Macherpol entfernt. Es betrifft immer den Fleischkörper eines Muskels, da die Sehnen aus praktisch undehnbaren Fasern bestehen. Etwaige Fehler beim Dehnen stammen fast immer aus der »männlichen Realität«. Zu kurzzeitiges Halten der Dehnposition spricht von unangemessener Ungeduld und Hast. Die Dehnspannung zu überziehen und über die Schmerzgrenze zu dehnen führt häufig zu Muskelkater und entspringt der hier völlig verfehlten Ansicht »je mehr, desto besser«. Dehnen braucht seine Zeit und wird durch Übertreibung in der Wirkung vermindert. Auch das altbekannte »Wippen« stammt aus dem männlichen Macherwahn. Lediglich am Ende der Aufwärmphase unmittelbar vor sportlichem Einsatz der Muskulatur hat es noch seine Berechtigung. Im Gesundheitssport geht es aber nicht darum, mit kurzen heftigen Stößen gleichsam mit Gewalt ein Ziel zu erreichen. Hier gilt eher die Erkenntnis aus der östlichen Weisheitslehre: »Der Weg ist das Ziel.«

Dehnen ist daher nicht nur eine Gymnastik, sondern auch ein bewußtes Spüren unserer weiblichen Seite und trägt somit zum inneren Gleichgewicht bei. Dehnen ist eine Übung, die in Richtung Ganzheit führt.

Der erste Schritt ist das Einnehmen der Dehnungsposition. Bauen Sie dann langsam über ca. zehn Sekunden die zu Ihren Muskelverhältnissen passende Dehnungsspannung auf, ohne an die Schmerzgrenze zu stoßen. Halten Sie nun im Fließenlassen des Ausatmens diese Dehnungsspannung über weitere 20 Sekunden. Bleiben Sie mit Ihrer Aufmerksamkeit bei der zu dehnenden Muskulatur und korrigieren Sie gegebenenfalls nach. Sehr bewährt hat sich bewußtes Loslassen im Ausatmen und das Fallenlassen der Schultern. Ein sanftes Lächeln auf dem Gesicht macht alles leichter, gerade wenn Sie muskulär noch nichts zu lachen haben. Es ist aber jetzt nur noch eine Frage der Zeit, bis das Lächeln ganz natürlich wird, weil Ihre Muskeln (und Sie mit ihnen) auf dem besten Weg sind.

Lösen Sie langsam die Position wieder auf und schütteln Sie vorsichtig die Muskulatur aus, bevor Sie die Dehnung wiederholen oder mit anderen Übungen weitermachen. Ein bis zwei Wiederholungen pro Muskelgruppe sind empfehlenswert.

Wann dehnt man am besten?

– Mildes, vorsichtiges Dehnen am Morgen sorgt für ein angenehm geschmeidiges und energetisches Körpergefühl den ganzen Tag über. Für diesen Zweck reicht eine Dehnung ohne Wiederholung.

- Dehnungsübungen zur Verlängerung von Muskeln, bei denen man bereits Verkürzungen festgestellt hat, gelingen am besten in gut aufgewärmtem Zustand, entweder nach einer heißen Dusche, nach Saunaanwendungen oder, noch besser, nach lockerer Bewegung, wenn nach einigen Minuten »von innen her Wärme aufsteigt«. Besonders angenehm ist das Dehnen im körperwarmen Thermalwasser, in der Schwitzgrotte (ca. 50 Grad) oder im Tepidarium. Bei eklatanten Verkürzungen ist die betreffende Muskelgruppe zwei- bis dreimal täglich zu dehnen. Die Dehndauer verlängert sich dabei auf mindestens eine Minute und geht in der Intensität nahe an die Schmerzgrenze. Im Idealfall sollte diese Dehnung mit Hilfe eines geeigneten Therapeuten geschehen.
- Vor sportlicher Betätigung sollte im Aufwärmprogramm ausgiebig gedehnt werden zur besseren Durchblutung und Vorbereitung auf die Leistung, denn kalte Muskeln sind nicht nur »spröde« Muskeln und daher verletzungsanfällig, sondern auch leistungsschwach.
- Nach sportlicher Aktivität müßte der selbstverständliche Schluß in der sanften Dehnung der jeweilig benutzten Muskulatur liegen. Beanspruchte Muskulatur ist grundsätzlich zu entspannen, um Verkürzungen, Stoffwechselproblemen wie auch Muskelkater und etwaigen Verletzungen vorzubeugen. Zu diesem Zweck reichen einmalige halbminütige Dehnungen ohne Wiederholung.

Die hohe Schule des Dehnens

Die Ergebnisse der einzelnen Dehnungsübungen lassen sich noch verbessern, wenn man nach einer ersten Dehnphase über 20 Sekunden im zu dehnenden Muskel kurz eine Gegenspannung aufbaut, d.h. diesen Muskel über fünf bis sieben Sekunden anspannt und der Dehnspannung gleichsam entgegenwirkt. Wenn man anschließend wieder dehnt, wird man erleben, daß es nun leichter und weiter als vorher geht. Außerdem wird der gewünschte Effekt länger anhalten.

Wie kräftigt man richtig?

Bei allen Kräftigungsübungen soll der Organismus ebenfalls gut aufgewärmt sein. Versuchen Sie die jeweilige Muskulatur mit fünf bis zwanzig Wiederholungen der Übung und das in zwei Serien (nicht unmittelbar hintereinander) zu kräftigen. Selbst wenn die Übungen zu Beginn schwierig und anstrengend wirken mögen, versuchen Sie trotzdem einen Teil der Bewegung auszuführen, denn allein das Anspannen der Muskulatur und ihr isometrisches Halten über einige Sekunden führt zu einer gewissen Verbesserung. Auf der Atemebene ist jede Kraftanstrengung mit einem Ausatemzug zu begleiten, um Preßatmung und unnötige Blutdruckspitzen zu vermeiden.

Bei jeder Kraftentfaltung (zügiges Tempo!) bewußt ausatmen. Immer einen gleichmäßigen Atemfluß beachten. Nicht pressen, nicht Atem anhalten.

Nach jeder Kraftübung die ziffernmäßig dazugehörende Lockerungs- und Dehnübung. Also 1 und I, 2 und II, bis 7 und VII. Für Anfänger ein Durchgang, später zwei Durchgänge und mehr.

Bei den Kraftübungen können die angeführten Wiederholungszahlen und Zeiten auch überschritten werden. Leichte Schmerzen (nicht zu viel) signalisieren einen Wachstumsanreiz und fördern die Entwicklung von Kraft und Ausdauer.

Das Kraftprogramm (inklusive Lockern und Dehnen) sollte 2- bis 3mal pro Woche durchgeführt werden.

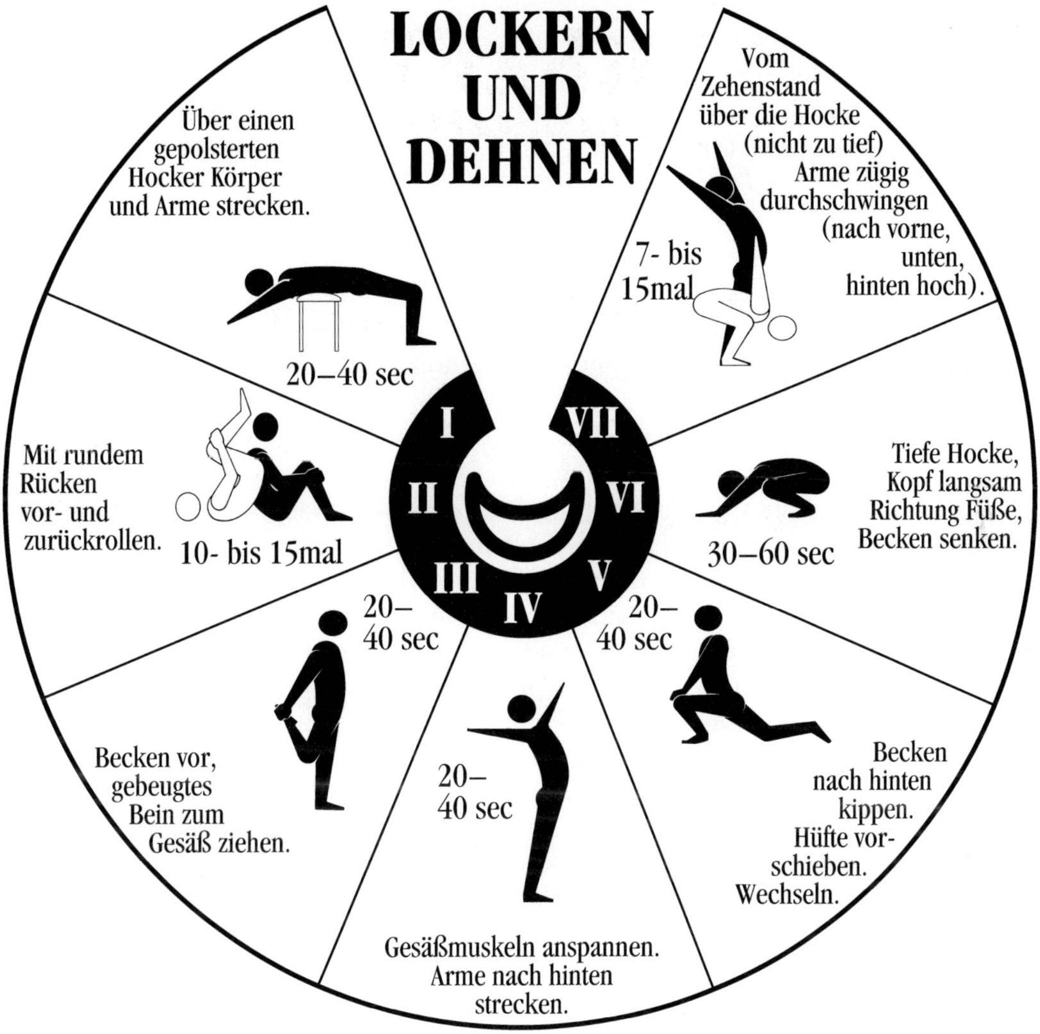

Diese Lockerungs- und Dehnungsübungen sollten täglich durchgeführt werden. Entweder für sich allein oder zusammen mit dem Kraftprogramm.

Alle Übungen sind nur Beispiele. Fortgeschrittene können im Lauf der Zeit auch eigene Formen und Abläufe entwickeln.

Das Bewegungsritual

- langsames Aufwärmen –
- Bewegung oder Sport (aktiver Pol) –
- Kreislaufberuhigung (Ausklingphase) –
- Dehnung (passiver Pol) – Flüssigkeit nachtanken – Körperpflege –
- Regeneration –

Wenn solch ein Ablauf zu einem fixen »Ritual« im Tagesablauf wird, ist der Gesundheit auf vielen Ebenen gedient.

Die Zeitqualität des Morgens

Jeder schöne und/oder erfolgreiche Tag beginnt mit dem Morgen. Viele althergebrachte Hinweise lassen darauf schließen, daß die Zeit des Morgens von besonderer Qualität ist. »Morgenstund hat Gold im Mund« ist nur eine von vielen diesbezüglichen Aussagen des Volksmundes. Fernöstliche Kulturen bestätigen diese Erfahrung mit der Feststellung, daß rund um den Sonnenaufgang die Atmosphäre am reichsten an Energien sei. Eine bewußte Nutzung dieses Angebotes verbessert nicht nur die Gesundheit und das Wohlbefinden, sondern ist auch ein direkter Beitrag zur eigenen Leistungsfähigkeit. Von Naturvölkern bis hin zu Hochkulturen finden sich Hinweise auf die besondere Bedeutung des Tagesanfangs. Die Jahreszeiten konfrontieren uns noch mit einem verborgenen Rest dieses Urwissens, und zumindest auf dem Land spüren viele noch die Aufbruchstimmung, die im Frühling liegt. Menschen, die noch in einem engen Zusammenhang mit der Natur leben, haben sich ein Wissen um die Zeitqualität bewahrt, das der modernen Welt in dem Maß verlorengeht, wie sie generell die Qualität zugunsten der Quantität vernachlässigt.

Archaischen Völkern, aber auch allen noch naturverbunden lebenden Menschen bedeuten die Tages- und Jahreszeiten noch viel. Mit den Worten Frühling, Sommer, Herbst und Winter schwingen ganz verschiedene Themen mit und die selbstverständliche Erkenntnis, daß alle Zeiten ihre besonderen Qualitäten haben und nicht beliebig austauschbar oder verschiebbar sind. Frühling bedeutet ein langsames Erwachen der Natur, ein Reinigen und Energie- und Kraftbereitstellen für den Sommer. Der Sommer wiederum ist die Zeit der höchsten Aktivität, dessen Wachstum nahtlos in die Reifeperiode übergeht, in die langsame Zurücknahme der Aktivität, eine Zeit, wo Fehlendes nachgeholt werden kann. Der Herbst ist der Feierabend der Natur mit einem genußvollen letzten Aufflackern all ihrer Schönheit. Danach kommen Beschränkung und Rückzug; die wohlverdiente Ruhe des Winters schließt diesen Kreislauf. Wer diesen uralten Weisheiten nachgeht, kann auch heute noch spüren, daß der Tag der »kleine Bruder« des Jahres und sogar des Lebens ist. So sagt die Art, wie wir den täglichen Feierabend verbringen, einiges über den zu erwartenden Lebensabend aus. Wie wir den Mittag erleben, wirft ein bezeichnendes Licht auf die Art, wie wir die Lebensmitte bewältigen.

Der Frühling des Jahres verbindet sich in seiner Bedeutung mit dem Morgen und frühen Vormittag, der Sommer mit der Tagesmitte oder eben dem Mittag, der Herbst mit dem Nachmittag und Abend und der Winter mit der Nacht. Die Zeitqualität des Morgens ist daher langsames Erwachen, ein in Schwung bringen aller Systeme und Funktionen, vom Atem beginnend über Herzkreislauf, Stoffwechsel, Muskulatur und Bewegungsapparat bis hin zu Aufmerksamkeit und Konzentration. Ein sinnvolles Ritual der bewußten Morgengestaltung zielt also auf den ganzen Menschen und hat eher mit Einstimmung als mit Leistung oder gar Training zu tun. Eine gute Vorbereitung erlaubt einem, den Tag aus der bestmöglichen Startposition zu beginnen, aus einer Position der persönlichen Mitte und Übersicht. Das sogenannte »aktive Erwachen« kann uns, noch bevor wir in der »Mühle des Tages« versinken, in eine Position befördern, die uns »über den Dingen« stehen läßt. Zeitnot, Zeitdruck und Hektik schon am Morgen sind furchtbare Räuber von Kreativität, Lebensenergie und Lebenslust. Allzu viele Mitmenschen unserer Leistungsgesellschaft haben über der Quantität der Zeit deren Qualität vergessen und laufen so ihrer Zeit permanent hinterher, ohne die geringste Chance, sie je einzuholen.

Die alten Griechen kannten noch diesen direkten Zugang zur Qualität und bezeichneten sie mit einer eigenen Gottheit namens *Kairos.* Seit Menschengedenken wurden wichtige Tätigkeiten und Entscheidungen nach ihr ausgerichtet. *Kronos,* der Gott der Zeitquantität, ist dagegen auch bei uns in höchsten Ehren. Wir haben in seinem Namen die Zeitmessung zu größter Präzision getrieben, und fast jeder trägt heute am Handgelenk mit der Armbanduhr sein Symbol. In dem Maße, wie wir unseren Alltag immer mehr zu einem bewußten Ritual machen, könnten wir wieder zurück zur Zeitqualität finden und damit auch den Schritt von der Quantität zur Lebensqualität schaffen. Denn die höhere Lebenserwartung allein nützt ja wenig, wenn wir nicht den Jahren mehr Leben und Sinn geben können.

Mit dem Beginn alles Neuen sollte man auch schon deshalb besonders achtsam umgehen, weil im Anfang alles liegt, wie die spirituelle Philosophie formuliert. Der Volksmund sagt dasselbe in dem Ausspruch: »Der erste Eindruck ist der wichtigste.« So wird jeder Morgen in besonderer Weise den weiteren Tagesverlauf prägen, und es ist naheliegend, ihm entsprechende Beachtung zu schenken. Einen idealen Einstieg in einen neuen Tag bietet die Morgenmeditation, auf die wir beim Thema Entspannung noch ausführlich eingehen werden. Eine für die Zeitqualität des Morgens besonders geeignete kurze Meditation ist zusammen mit der ebenfalls ausgesprochen günstigen »Kleinen Entdeckungsreise«, die uns gut gedehnt und geschmeidig in den neuen Tag eintauchen läßt, auf der zum Buch gehörigen CD »Den Tag beginnen«.[4]

4 Ruediger Dahlke, Franz Mühlbauer: »Den Tag beginnen«.

Kleine Entdeckungsreise

Die »Kleine Entdeckungsreise« ist eine speziell kreierte Abfolge von Körperübungen, Positionen, Dehnungs- und Kräftigungsanteilen, Atem- und Aufmerksamkeitsübungen, mit dem Ziel, den Organismus energetisch aufzubauen und aktiv zu regenerieren. Das Einsatzspektrum ist vielseitig, in der Praxis haben sich aber zwei Möglichkeiten besonders bewährt. Zum einen die Anwendung am Morgen, wo die Übung eine ideale Überleitung von der Nachtruhe in die Aktivität des Tages darstellt. Zum zweiten schätzen viele die Übungsserie besonders als »aktive Regeneration« nach körperlichen oder mentalen Belastungen. Ihr Ansatz auf vielen verschiedenen Ebenen, mit einem einzigen gemeinsamen Ziel, macht die Übung besonders effizient. Mit entsprechenden Rahmenbedingungen wie passender Musikbegleitung, Gymnastikmatte und störungsfreier Atmosphäre steht einer besonderen Erfahrung nichts mehr im Wege.

Übungsablauf: Legen Sie sich in Ihrer bevorzugten Ruheposition auf den Boden oder auf eine Matte. Gönnen Sie sich einige Augenblicke Zeit, um wirklich an diesem Platz mit Ihrer Aufmerksamkeit anzukommen. Stellen Sie sich jetzt einfach vor, Sie würden sich eine Glasglocke überstülpen, die es Ihnen erlaubt, nach außen zu sehen und zu hören, es Ihnen aber vor allem ermöglicht, sich mit all Ihrer Wachheit und Ihrer bewußten Wahrnehmung in Ihrem eigenen

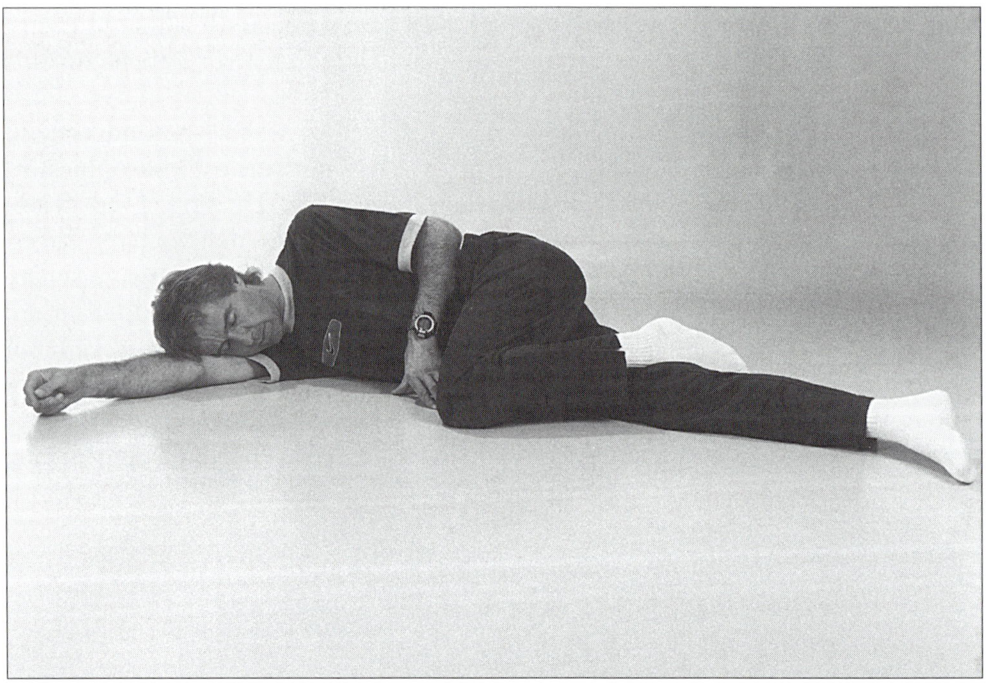

Körper einzufinden. Machen Sie für einige Minuten einen bewußten Schritt weg von der Außenwelt, um in die innere Welt einzutauchen. Ihr Atem fließt vielleicht schon etwas ruhiger und gleichmäßiger und Sie setzen nun an den Beginn dieser Übung einige Ausatemseufzer und ein entsprechendes Loslassen der Schultern. Gleichzeitig stellen Sie sich vor, wie mit der Ausatemluft auch alle überflüssige Spannung in der Muskulatur sowie im ganzen Körper abfließen kann. Spüren Sie diesem Gefühl des Loslassens nach, und vielleicht entsteht schon jetzt oder bald Vertrauen zu dieser Situation und das Gefühl des Getragenwerdens von der Unterlage, auf der Sie ruhen. Immer mehr wird Ihnen jetzt klarwerden, daß es bei dieser Übung vor allem darum geht, körperliche Bewegung in Einklang mit Ihrer Aufmerksamkeit, der Achtsamkeit des Augenblicks, zu bringen. Und insofern hat die kleine Bewußtseinsreise durch den Körper und seine wichtigsten Regionen auch etwas von einer geführten Meditation.

Ganz langsam und in Ihrer Zeit wandern Sie jetzt mit dem Spürempfinden zum Körperzentrum, dorthin, wo sich Atem- und Körperschwerpunkt treffen, und versuchen mit ganz kleinen Bewegungen von der Körpermitte heraus sich Raum und Platz für einen etwas tieferen Einatem zu verschaffen. Kleine spiralförmige Bewegungen breiten sich in Ihrer Vorstellung von der Mitte aus hinunter zum Becken und zugleich über die Wirbelsäule hinauf bis zu den Schultern aus.

Lassen Sie diese Bewegungen nun langsam auf den ganzen Körper übergreifen, indem Sie sich genüßlich strecken und rekeln, und alle Muskeln dabei im Einat-

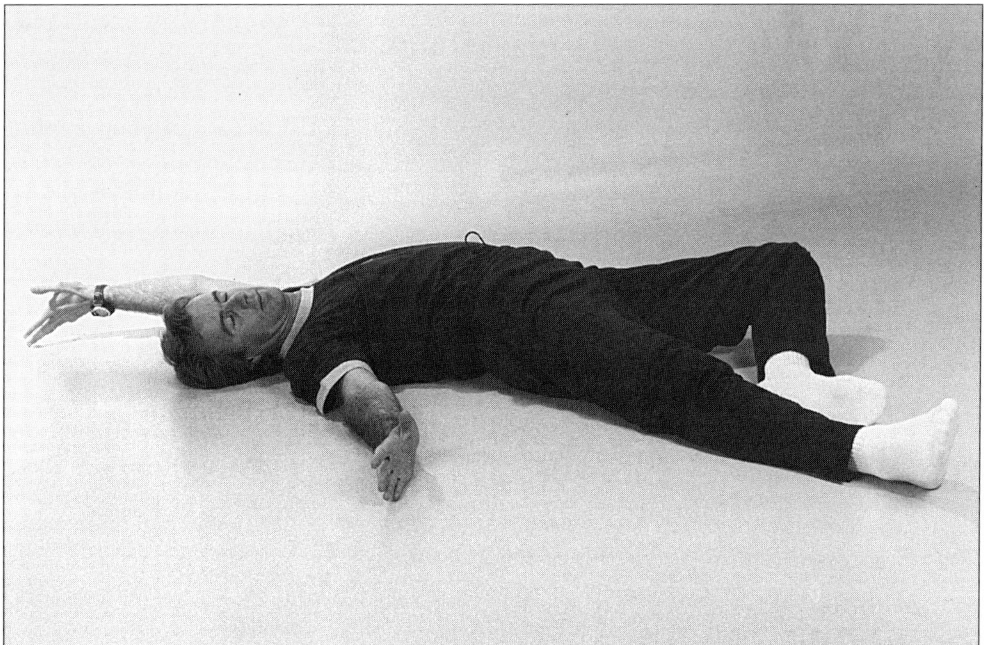

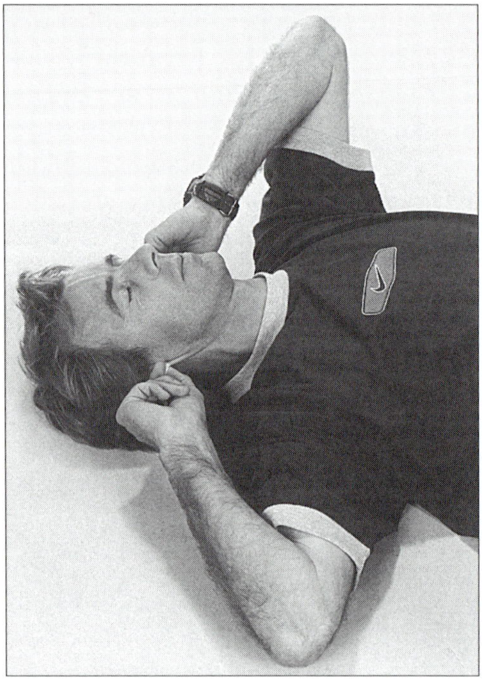

men in die Länge ziehen, um sie im Ausatem wieder zu entspannen. Strekken Sie sich während zehn bis 15 Atemzügen kräftig durch, in alle Richtungen wie eine Katze am Morgen, bevor sie den ersten Schritt tut.

Drehen Sie sich langsam auf den Rükken, bringen Ihre Arme hoch zu den Ohren und beginnen mit wechselndem Druck Ihre Ohrmuscheln zu massieren, zu kneten und auszustreichen. Unspezifisch wird über die Reflexpunkte am Ohr Ihr ganzer Organismus stimuliert. Nach der Ohrmassage werden sich Ihre Ohren wohlig warm anfühlen.

»Ellbogenkreise in Rückenlage«
Legen Sie nun Ihre Arme seitlich vom Oberkörper so auf, daß die Handflächen zum Himmel zeigen und die Ellbogen leicht gebeugt sind. Von nun an bestimmt Ihr Atem den Bewegungsrhythmus und nicht umgekehrt. Im Einatmen streichen die abgewinkelten Arme, ohne sie vom Boden abzuheben, hinauf über den Kopf, so daß sich Ihre Fingerspitzen über der Scheitelgegend leicht berühren. Schaffen Sie sich dabei bewußt Platz und Raum im Brustkorb für eine tiefe und volle Atmung. Während des Ausatmens streichen die Arme wieder langsam hinunter, bis die Ellbogen in die Nähe Ihrer Flanken kommen. Mit dem erneuten Einatem wandern die Arme wieder hoch, im Ausatmen kommen sie wieder herunter, langsam und gleichmäßig, synchron zu Ihrem Atem.

»Sanfter Kniefall«
In der Rückenlage winkeln Sie nun die Beine an und schlagen das rechte Bein über das linke. Während Ihres nächsten Ausatemzuges gleiten beide Knie langsam nach rechts zur Seite, halten dort einige Augenblicke, um sich im Einatem wieder aufzurichten. Genießen Sie die sanfte Dehnspannung an Rumpf und Rücken. Nach einigen Wiederholungen wechseln Sie das Bein, geben nun das linke über das rechte Knie und lassen beide Knie zur linken Seite hin fallen.

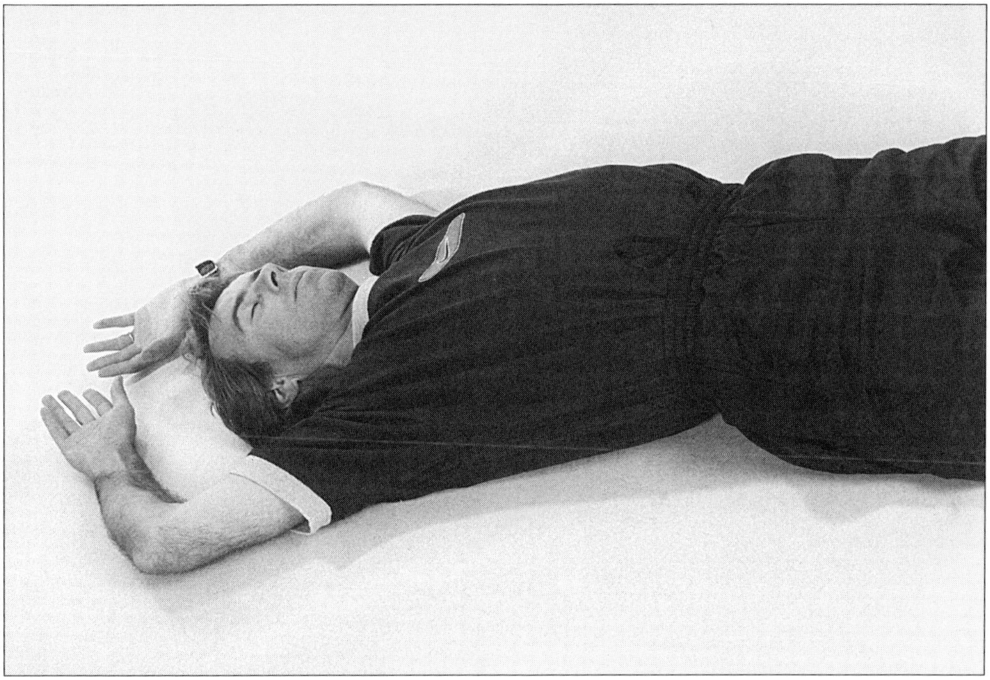

»Ellenbogenkreise in Rückenlage«

»Sanfter Kniefall«

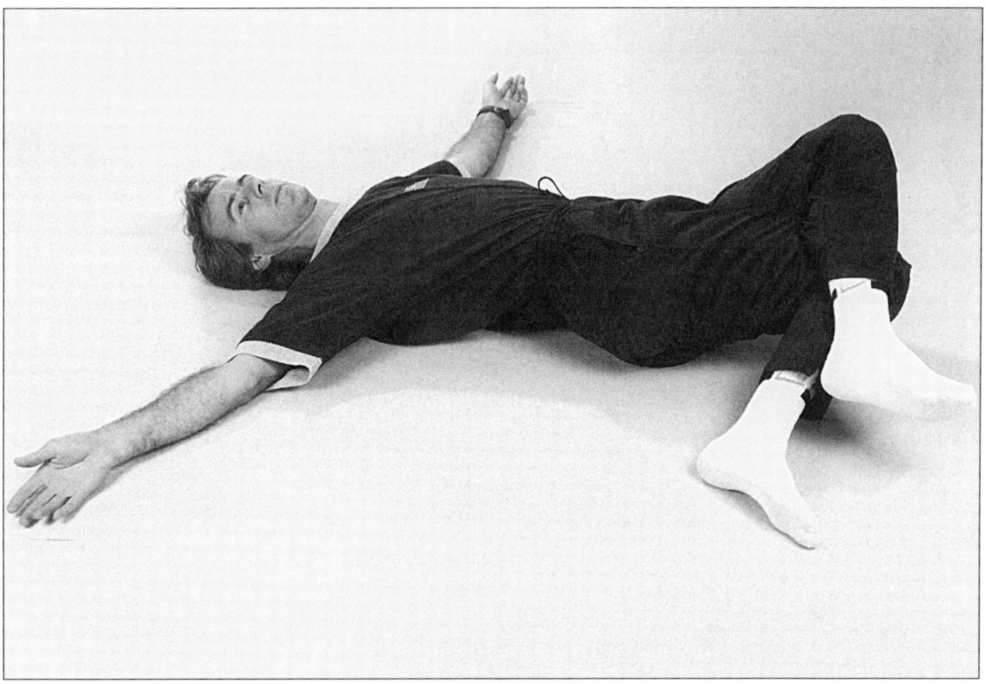

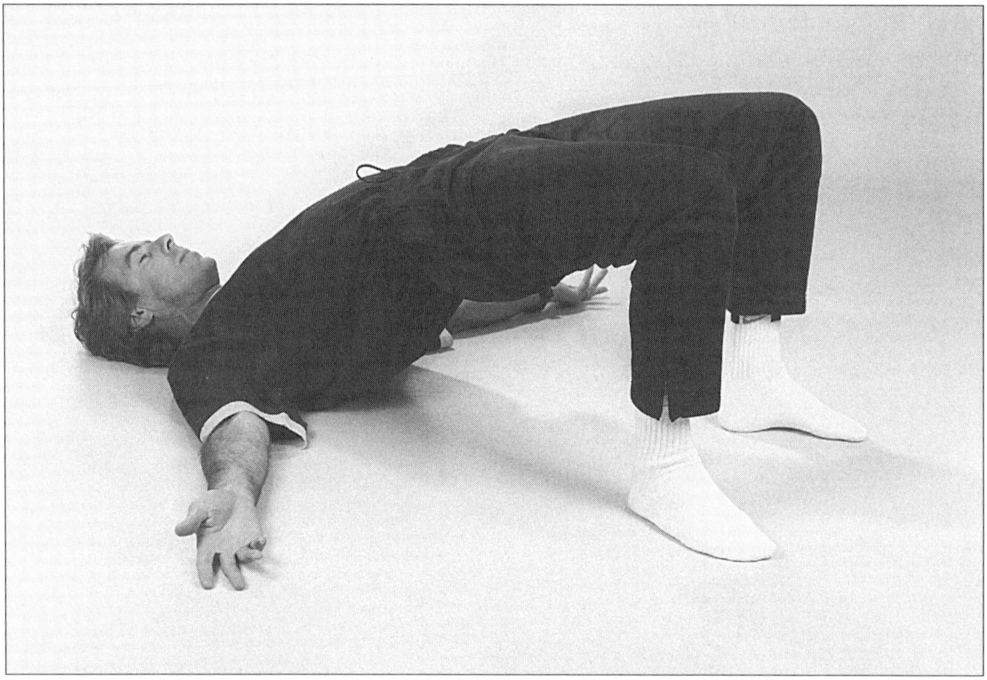

»Wirbelsäulenrolle«

»Kniekreisen mit den Armen«

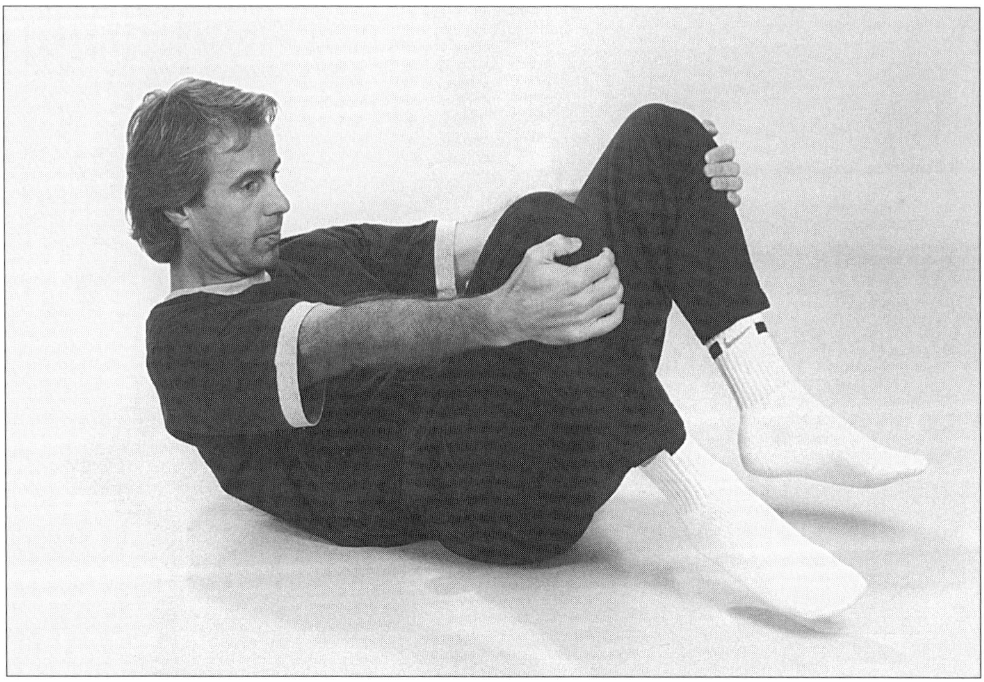

»Wirbelsäulenrolle«
Ihre Knie bleiben angewinkelt und sind hüftbreit voneinander entfernt. Langsam, aber bewußt beginnen Sie im Einatem Wirbel für Wirbel nun vom Boden aufzurollen, bis nur mehr Ihre Schultern und Fußsohlen Bodenkontakt haben. Der folgende Ausatem läßt Sie wieder Wirbel für Wirbel auf den Boden zurückgleiten. Im Einatem rollt die Wirbelsäule auf, im Ausatem senkt sie sich genüßlich ab und mobilisiert sich so selbst.

»Kniekreisen mit den Armen«
Sie fassen sich mit Ihrer rechten Hand unterhalb des rechten Knies und mit der linken unterhalb des linken Knies, um nun mit Hilfe Ihrer Beine beim Einatmen Kopf und Schultern vom Boden wegzuziehen. Öffnen Sie Ihre Knie weit und lassen sich im Ausatem wieder zurücksinken. Sobald der Kopf den Boden berührt, ziehen Sie Ihre Knie weit zum Brustkorb her und schließen sie wiederum. In Ihrem Atemrhythmus beginnt der neue Zyklus.

»Ausatemdiener«
Sie liegen ganz gerade auf Ihrer Matte und versuchen über zwei bis drei tiefe Ausatemzüge Ihre Muskulatur völlig zu entspannen, als letztes Zeichen von möglicher Spannung lassen Sie auch die Zunge im Mundraum los. Der nächste Ausatemzug hebt Ihren Kopf und Ihre Schultern etwas vom Boden ab, aber nur

»Ausatemdiener«

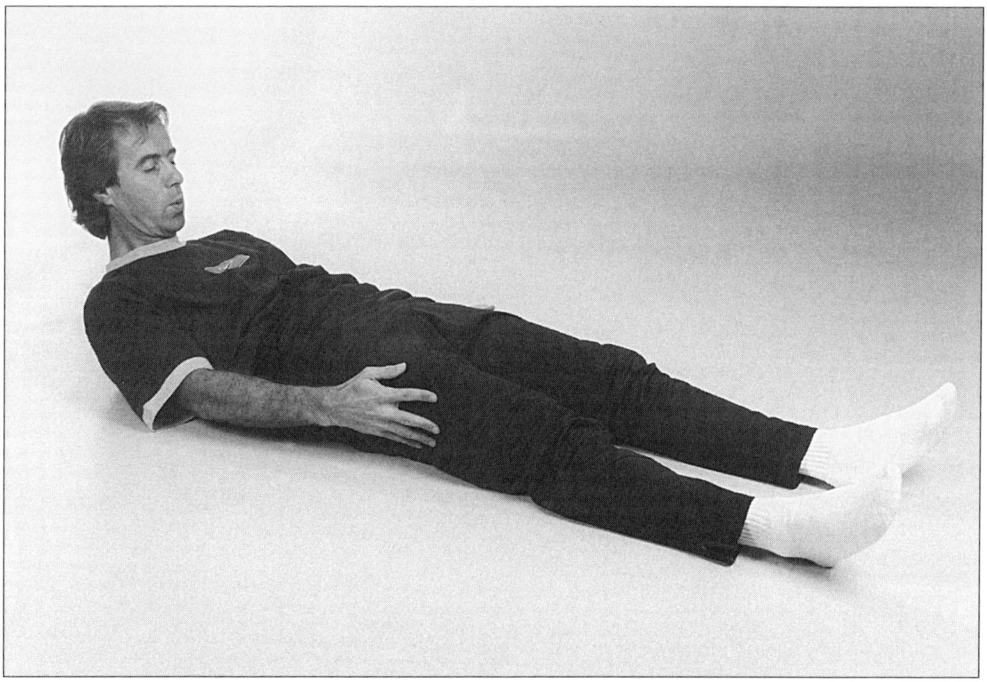

so weit, daß Ihre Hüften und Oberschenkel noch ganz entspannt ruhen. Im Einatem legen Sie sich zurück, um danach wieder Ihre Ausatemluft über Brustkorb und Bauch hinunterzublasen.

»Oberschenkeldehnung hinten – in Rückenlage«

Ihre rechte Hand faßt die linke Fußspitze, und Sie drehen sich nach rechts, bis Sie Ihr Bein seitlich am Boden absetzen können. Ohne die Fußspitze loszulassen, strecken Sie das betreffende Knie eben so weit, daß Sie eine milde Dehnspannung im Oberschenkel an der Hinterseite, in der Kniekehle und eventuell über die Hüfte wahrnehmen. Mit geduldiger Aufmerksamkeit und fließendem Ausatem bleiben Sie über 20 Sekunden oder vier Atemzyklen in dieser Position, bevor Sie auf die andere Seite hinüber wechseln. Die linke Hand faßt Ihre rechte Fußspitze und Sie drehen nach links zur Seite.

»Dehnung der Oberschenkelvorderseite«

Langsam wenden Sie sich in die Bauchlage und legen sich ganz gerade hin, winkeln nun ein Bein ab und ziehen die Ferse mit der diagonalen Hand in Richtung Gesäß, wobei Ihre Knie nahe beieinander bleiben. Spüren Sie, wie sich diesmal eine Dehnspannung über die Hüfte hinunter bis zum Knie aufbaut. Nach vier Atemzyklen wechseln Sie zum anderen Bein.

»Oberschenkeldehnung hinten – in Rückenlage«

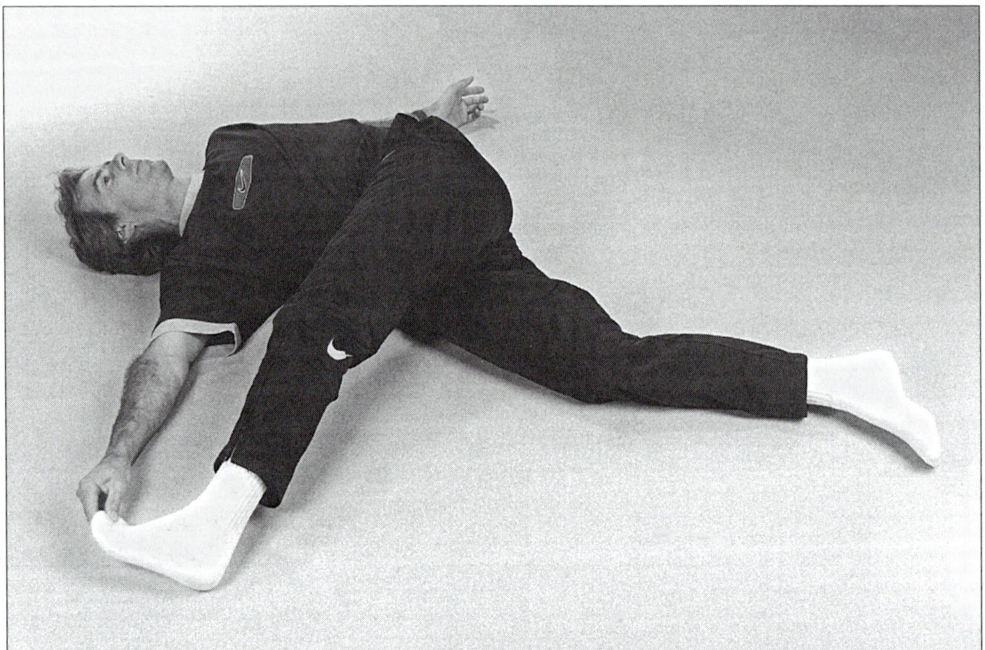

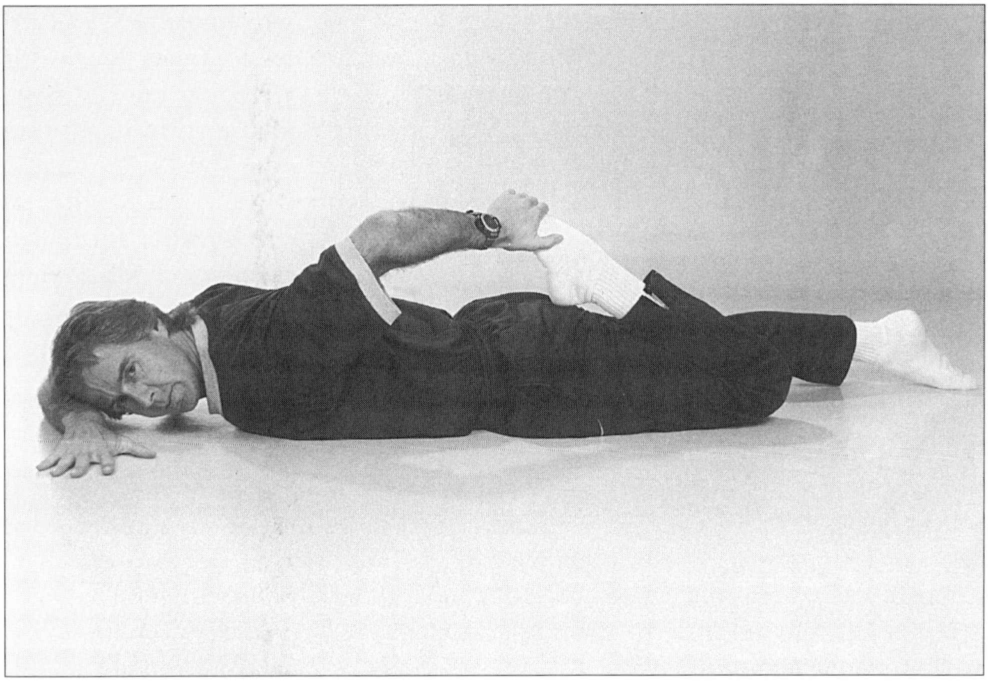

»Dehnung der Oberschenkelvorderseite«

»Flügelschlag eines Albatros« *(siehe nächste Seite)*

»Flügelschlag eines Albatros«
Von der Bauchlage kommen Sie nun über die nächsten Übungen Schritt für Schritt immer weiter in den aufrechten Stand, zunächst jetzt aber nur bis in die Embryoposition, wo Sie im Knien Ihre Stirn sanft am Boden abstützen und Ihre Arme zur Seite hin ausbreiten, als wären es die Flügel eines mächtigen Vogels. Mit dem nächsten Einatemzug beginnen Sie bedächtig, Ihre Arme seitlich zu einem Flügelschlag in Zeitlupe zu heben, um sie im Ausatem wieder am Boden abzusetzen. Der Impuls zum Heben Ihrer Flügel beginnt unter den Schulterblättern und setzt sich kontinuierlich über Schultern, Oberarme, Ellbogen, Unterarme bis zu den Fingerspitzen hin fort. Holen Sie sich dabei mit jedem Einatemzug reichlich Energie in den Körper. *(Bild auf Seite 109)*

»Hüftbeugerdehnung«
Ein weiteres Stück aufwärts geht es in den Kniestand und mit einem großen Schritt des rechten Beines nach vorn. Sie schieben das Becken nach und werden bald eine Dehnungsspannung über Ihrer linken Hüfte, die hinunter bis zum Oberschenkel zieht, erspüren. Entspannen Sie mit jedem Ausatemzug ganz bewußt den Hüftbereich und Ihren Beckenboden. Nach vier gleichmäßigen Atemzyklen wechseln Sie zur anderen Seite.

»Hüftbeugerdehnung«

»Hocke mit Rücksicht«
Sie kommen ein kleines Stück weiter hoch in die Hochstellung, Ihre Knie sind weit geöffnet, die Fersen berühren sich. Stützen Sie nun Ihre Arme schulterbreit vor Ihnen so am Boden ab, daß Sie mit den Ellbogen Ihre Knie leicht nach außen drücken können. Ihr Gewicht wird dabei je zur Hälfte von den Fußspitzen und den Armen getragen. Vielleicht gelingt es Ihnen, Ihren Ausatem zu einem weichen Ausatemseufzer zu gestalten, indem Sie auch Ihren Kopf nicht mehr tragen, sondern locker nach unten hängen lassen, bis Sie kopfüber nach hinten schauen – vier Atemzyklen lang.

»Hocke mit Rücksicht«

»Gutes für die Wade« (siehe nächste Seite)

»Gutes für die Wade«
Nach Auflösung dieser Position greifen Sie mit beiden Armen »einen Schritt« nach vorn und strecken das rechte Bein im Knie soweit durch, daß Sie eine deutliche Spannung in ihrer Wade erspüren. Die Fußspitze zeigt nach vorn zu den Händen, und Ihr zweites Bein ist locker auf der Achillessehne des ersten aufgestützt. Nach vier Atemzyklen wechseln Sie auf das linke Bein. Dosieren Sie die Spannung so, daß Sie ein angenehmes Ziehen verspüren, aber keinen Schmerz. *(Bild auf Seite 111)*

Aus dieser Position erheben Sie sich nun in den Stand, wobei Sie zuerst das Gesäß heben und dabei den Oberkörper nach vorne aushängen lassen. Während eines tiefen Einatemzuges rollen Sie nun sehr langsam Ihre Wirbelsäule auf. Ganz zum Schluß richten Sie Nacken, Hals und Ihren Kopf auf.

»Ein Schluß mit Musik«
Für diesen Abschluß empfiehlt sich eine rhythmische Musik, wie etwa Billy Joels Song »Don't be cruel«. Leben ist Schwingung und Rhythmus. Bei dieser Übung geht es um ein langsames Bewegen aller Körpergelenke im Takt der Musik. Beginnen Sie zuerst nur, die Gelenke an den Zehen zu bewegen, danach allmählich die Sprunggelenke mit einzubeziehen, dann Ihre Kniegelenke, die Hüften und das Becken, ohne aber die vorhergehenden Gelenke zu vergessen, die im Gegenteil ständig mit in Bewegung bleiben. Weiche Bewegungen im vollem Bewegungsumfang und mit vielen Wiederholungen fördern die Bildung der so wichtigen Gelenkschmiere. Nach und nach fügen sich dann auch Ihre Wirbelsäule, die Schultergelenke, Ellbogen, Handgelenke und alle Finger in den Bewegungsfluß ein. Spüren Sie während dieser Übung bei geschlossenen Augen von Gelenk zu Gelenk und achten Sie darauf, keine Ihrer Bewegungsmöglichkeiten zu vergessen. Gegen Ende des rhythmischen Musikstückes laufen alle Bewegungen aus, und Sie pendeln sich ganz von selbst stehend in Ihrer Mitte ein. Reiben Sie Ihre Handflächen kräftig gegeneinander, bis Sie ein deutliches Wärmegefühl spüren, um sich damit Ihr Gesicht, den Hals und Nacken auszustreichen. Mit einem tiefen Einatemzug öffnen Sie Ihre Augen. Die verschiedenen Systeme Ihres Organismus werden über diese Übungsfolge angeregt, und einem erfüllten und bewußten Tag steht nichts mehr im Wege.

Zehn Übungen zur Augengymnastik für Bildschirmarbeiter

1. Wenden Sie sich von Ihrem Bildschirm ab, und suchen Sie sich einen neutralen Hintergrund oder, noch besser, ein Fenster zum Hinausschauen. Entspannen Sie nun Ihren Blick so, daß Sie nichts in Ihrem Blickfeld scharf sehen können.
   Lassen Sie diesen »Blick ins Nichts« nun gegen den Uhrzeigersinn kreisen. Achten Sie auf eine maximale Amplitude Ihrer Bewegung des Augapfels. Ihr Blick schweift langsam und kontinuierlich, ohne zu springen. Zehnmal.

2. Führen Sie dieselbe Übung nun im Uhrzeigersinn durch, aber diesmal mit geschlossenen Augen. Zehnmal.

3. Wandern Sie entlang der Senkrechten in der Mitte des Blickfeldes auf und ab, Zehnmal.

4. Entlang der Waagrechten hin und her. Zehnmal.

5. Teilen Sie Ihr Blickfeld durch eine Diagonale von links oben nach rechts unten. Ihr Blick streicht diese Diagonale entlang. Zehnmal.

6. Ändern Sie die Diagonale nach rechts oben und links unten. Zehnmal.

7. Halten Sie einen Daumen vor Ihre Nasenspitze in einer Entfernung, daß Sie ihn gerade noch scharf sehen können. Wechseln Sie mit Ihrem Blick vom Daumen in die Ferne und wieder zurück zum Daumen. Zehnmal.

8. Schielen Sie leicht auf Ihre Nasenspitze und wechseln Sie zu einem Punkt in der Ferne. Zehnmal.

9. Schließen Sie Ihre Augen und schielen ohne Verkrampfung zum Dritten Auge an der Nasenwurzel hoch. Danach entspannen Sie die Augenmuskulatur wieder für einige Sekunden. Zehnmal.

10. Halten Sie Ihre Augen weiter geschlossen, reiben fest die Handflächen aneinander und legen Sie danach sanft auf die Augenlider, so daß die Wärme gut spürbar wird. Während Sie einige Male tief und entspannt aus- und einatmen, kneten und massieren Sie Ihre Ohren gut durch.

Übungen zur Bewußtseinsgymnastik

Zum Abschluß des Bewegungskapitels sei noch eine Methode erwähnt, die sich über die Jahre in unseren Seminaren und Ausbildungsprogrammen für Sportler gleichermaßen wie für Meditierende bewährt hat und sich unter der Bezeichnung Bewußtseinsgymnastik bei den Teilnehmern einen Namen gemacht hat. Anfangs sind die Übungen überhaupt nicht angenehm, weil man mit ihrer Hilfe erkennen muß, wie ein- und festgefahren man in seinen Mustern ist, und wie schwer es einem fällt, aus alten Mustern auszusteigen und neue zu beleben. Gerade das aber ist enorm wichtig und läßt sich mit dieser Methode wie nebenbei erlernen. Wer in der Lage ist, immer wieder neue Wege konkret oder gedanklich zu gehen, gilt in dieser Gesellschaft als intelligent. Tatsächlich ist die Bewußtseinsgymnastik ein vorwiegend körperliches Bewegungsprogramm, das die Beweglichkeit auf allen Ebenen und damit auch die Intelligenz erhöht. Die amerikanische Therapeutin Jean Houston stellte fest, daß sich mit ihr der Intelligenzquotient in allen Phasen des Lebens deutlich steigern läßt. Offenbar führen die Übungen dazu, daß im Gehirn neue Nervenverbindungen geschlossen werden. Mehr Verbindungen aber bedeuten mehr Möglichkeiten oder höhere Intelligenz.

Darüber hinaus ist es eine ideale Methode, um sich vor wichtigen Herausforderungen und sportlichen Übungen wach zu machen und seine Gehirnhälften zu koordinieren. Dadurch wird die eigene Perspektive weiter, der Überblick nimmt zu, und man kann gefahrloser starten zu wichtigen Besprechungen, anspruchsvollen Arbeiten, Radtouren oder allen möglichen anderen Aktivitäten. Viele, wenn nicht die meisten Unfälle passieren gar nicht aus prinzipieller Unfähigkeit, sondern aus mangelnder Wachheit. Wenn wir mit solch kleinen Übungen unsere Konzentration herausfordern, werden wir von ganz alleine dabei wach.

Ein anderes Problem, das zu vielen weiteren Problemen in allen Lebensbereichen führt, ist die mangelnde Koordination unserer Gehirn- und daraus folgend unserer Körperhälften. Völlig auf die linke Gehirnhälfte eingeschworen, kommen wir meist gar nicht auf die Idee, die Möglichkeiten der rechten mit einzubeziehen, was vor allem in anspruchsvollen Situationen gefährlich werden kann, da die schnelle Erfassung von Zusammenhängen und Mustern, des ganzen Drum und Dran nur in Zusammenarbeit beider Gehirnhemisphären möglich ist. Über die Übungsabläufe der Bewußtseinsgymnastik ist es möglich, die Körperhälften besser zu koordinieren, und es spricht alles dafür, daß das wiederum auf die Gehirnhälften zurückwirkt und deren Koordination fördert. Dadurch werden wir in vieler und vor allem ganzheitlicher Hinsicht aufnahme- und leistungsfähiger.

Wenn man den Bogen heraus hat und die anfänglichen Ungeschicklichkeiten und Widerstände gegen Neues und vor allem Ungewohntes einmal überwunden sind, kann diese Art von Gymnastik viel Spaß machen. Am Anfang werden nur die einfachsten Übungen der Methode problemlos funktionieren, die fortgeschritteneren machen dagegen häufig verblüffende Schwierigkeiten, und es kann dauern, bis »der Groschen fällt«. Dann allerdings machen sie richtig Spaß, vor allem wenn man sie Anfängern in dieser Kunst vorführt.

Symbol für viele dieser Synchronisationsübungen ist die liegende Acht oder Lemniskate, die auch als Unendlichkeitszeichen in der Mathematik bekannt ist. Achten Sie nun darauf, diese so in den Raum vor sich zu »malen«, daß die Diagonale steigend verläuft, also von links unten nach rechts oben, von rechts unten nach links oben. Es hat sich gezeigt, daß die aufsteigende Diagonale sich als wesentlich förderlicher erweist als die absteigende, wahrscheinlich weil der Aufstieg bei uns soviel höher gewichtet wird als jeder Abstieg. Hilfreich kann passende rhythmische Musik diese Übungen unterstützen.

1. Übung

Beginnen Sie im aufrechten Stand Ihre Finger zu einem Körbchen zu schließen, d.h. sie in die evangelische Gebetshaltung zu bringen und strecken dann die beiden Zeigefinger, so daß diese eine Art Spitze formen. Malen Sie nun mit dieser Spitze aus Ihren Zeigefingern eine große liegende Acht in den Raum vor sich. Während Sie wie ein Eisläufer Ihr Gewicht von einem Bein auf das andere verlagern, schwingen die Arme ganz locker. Ihr Blick ist auf die Fingerspitzen gerichtet, denen Sie in jedem Moment auf ihrem Weg der liegenden Acht mit steigender Diagonale folgen, nicht übermäßig schnell, aber zügig und vor allem bewußt.

2. Übung

4. Übung

2. Übung

Der rechte Ellbogen trifft sich mit dem linken Knie vor dem Körper etwa auf Höhe des Bauchnabels. Während sich das Knie nur hebt, dreht und senkt sich der Oberkörper mit dem Ellbogen zum Knie nach vorn. Rhythmisch wechseln Sie jetzt die Position, so daß sich der linke Ellbogen mit dem rechten Knie trifft. Ihre Aufmerksamkeit richtet sich jeweils auf den Treffpunkt. Wiederholen Sie diese Abläufe eine gewisse Zeit, etwa ein Lied (der Begleitmusik) lang.

3. Übung

Da Ihnen die letzte Übung sicher keine weiteren Schwierigkeiten bereitet hat, können Sie beginnen, sie mit einer weiteren Bewegungsfolge zu kombinieren. Dazu bringen Sie schnell und ohne Unterbrechung den rechten Ellbogen zum rechten Knie und den linken zum linken Knie. Auch das ist sehr leicht. Jetzt versuchen Sie aber, zwischen diesen beiden Varianten (Übung 2 und 3) fließend hin und her zu wechseln, ohne den rhythmischen Bewegungsablauf zu unterbrechen. Also rechter Ellbogen zum linken Knie und linker zum rechten Knie und dann etwa rechter Ellbogen zum rechten Knie und linker zum linken – dann wieder linker zum rechten usw. Die Reihenfolge ist natürlich beliebig, wichtig wäre lediglich der fließende Wechsel.

4. Übung

Stellen Sie sich eine Diagonale durch Ihren Körper vor, die durch den rechten Arm und durch das linke Bein gebildet wird. Im Stand führen Sie nun diese Bewegung aus, indem Sie den Arm seitlich schräg nach oben heben und gleichzeitig das diagonale Bein zur Seite hinaus strecken. Im Rhythmus wechseln Sie die Seite, während Ihr Blick, verbunden mit einem Ausatemzug, immer auf den Arm gerichtet ist, der nach oben zeigt. Abwechselnd strecken Sie sich in die jeweilige Diagonale und wechseln im Rhythmus der Musik.

5. Übung

5. Übung

Diese Übung verläuft wie Übung 4, nur beginnen Sie jeweils mit einer Kickbewegung mit dem Fuß vorwärts in die Diagonale, abwechselnd mit dem rechten und dann mit dem linken Bein. Sobald Sie Ihren Rhythmus gefunden haben oder sich dem Ihrer Musik angepaßt haben, lassen Sie auch den jeweiligen diagonalen Arm eine Boxbewegung in die Diagonale ausführen. Aus Ihrer Sicht entsteht dabei ein X.

Wenn Sie das eine Zeitlang gemacht haben, wechseln Sie zu einem sogenannten »Paßkick«, bei dem Arm und Bein derselben Seite in die Diagonale kicken beziehungsweise boxen. Mit etwas gutem Willen und einiger Übung werden Sie es schaffen, zwischen diesen beiden Möglichkeiten hin und her zu wechseln, ohne den fließenden Bewegungsrhythmus zu unterbrechen, der auch hier das Entscheidende ist.

6. Übung

6. Übung (Schuhplatteln)

Im Rhythmus der Musik kommt die rechte Hand vor dem Körper zum linken Knöchel und dann die linke zum rechten Knöchel. Wenn das gut funktioniert und auch der fließende Seitenwechsel kein Problem mehr macht, kann der Schauplatz der Bewegungen hinter den Körper verlegt werden, so daß sich die linke Hand mit der rechten (Achilles-) Ferse trifft und die rechte Hand mit der linken.

7. Übung

Der linke Arm ist senkrecht in die Höhe gestreckt und liegt am Ohr an. Der Daumen klappt nach vorne, und Ihr Blick ist auf den Daumennagel fixiert. Aus dem Oberkörper heraus malen Sie die schon bekannte liegende Acht mit steigender Diagonale in den Raum vor sich. Ansteigende Bewegungen bedeuten einatmen, sinkende Bewegungsabläufe bedeuten ausatmen. Nach 15 bis 20 Achtern oder einem Lied wechseln Sie den Arm.

8. Übung

Sie stellen sich auf ein Bein, das zweite Bein ist angehoben und frei für das Unendlichkeitszeichen, diesmal mit der Fußspitze ausgeführt. Während Sie in Ihrem Gleichgewicht stehen, folgt Ihr Blick der sich bewegenden Fußspitze. Wechseln Sie nach 15 bis 20 Achtern auf das andere Bein. Die Übung wird noch anspruchsvoller, wenn Sie die Arme an den Körper angelegt lassen, sie in die Hosentaschen stecken oder sie auf dem Rücken verschränken.

7. Übung

8. Übung

9. Übung

Genau wie bei der 7. Übung »achtern« Sie mit der einen Fußspitze, drehen sich jetzt aber nach jeder Acht ein kleines Stück auf Ihrer Ferse im Uhrzeigersinn, so daß Sie einen Kreis beschreiben. Den Schwung für die Drehung holen Sie aus dem schwingenden und achternden Bein.

10. Übung

Sie stehen in einer hüftbreiten Grätsche, Ihre Arme sind waagrecht zur Seite gestreckt. Ihr rechter Daumen zeigt zum Himmel, Ihr linker zum Boden. Der Blick richtet sich zum Daumen, der nach oben zeigt. Nun drehen Sie abwechselnd den anderen Daumen zum Himmel und beginnen synchron dazu eine Schaukelbewegung, indem Sie Ihr Gewicht nach rechts beziehungsweise links verlagern, jeweils dorthin, wo der Daumen nach oben zeigt. Somit sind Ihr Gewicht, Ihr Blick und der hochzeigende Daumen auf derselben Seite. Wenn Sie diese Übung einige Zeit durchgeführt haben – vielleicht wieder ein Lied lang –, wechseln Sie fließend mit Ihrem Blick und Gewicht dorthin, wo der Daumen nach unten zeigt. So können Sie mehrfach zwischen diesen beiden Varianten derselben Übung wechseln, und wieder geht es darum, dabei immer in Fluß zu bleiben. Ob wir es glauben oder nicht, so eine einfache Übung kann auf die Dauer dazu verhelfen, auch bei schwierigeren Wechselfällen des Lebens besser in Fluß zu bleiben.

9. Übung

10. Übung

11. Übung
Lassen Sie sich locker vornüber aushängen, die Beine gegrätscht und die Finger der Hände zu einem Körbchen geformt. Ganz weich beginnt sich Ihr Oberkörper mit den Armen in eine Achterschleife einzuschwingen. »Beobachten« Sie nun diese Bewegung hinter den geschlossenen Augenlidern, ganz so, als wären diese offen.

All diese Übungen entfalten ihre volle Wirkung nur durch eine entsprechende Aufmerksamkeit, die jeden Moment der körperlichen Bewegung begleitet. Nicht schnell, aber präzise, nicht lange, aber konzentriert, lauten die Zutaten zum Erfolg bei dieser Unterstufe der Bewußseinsgymnastik, die sich besonders zur Vorbereitung für Radtouren, Spiele wie Tennis oder Golf und dergleichen eignet und natürlich wichtig für die folgende Oberstufe ist.

Oberstufe der Bewußtseinsgymnastik

Bauchstreicheln

Nach obigen Einstiegsübungen sind die Weichen gestellt für anspruchsvollere Erfahrungen im Reich des Aufwachens und der Koordination. Wobei es auch hier noch ganz einfach beginnt. Die jeweiligen Einzelteile der Übungen zeichnen sich überhaupt durch große Einfachheit aus, um so verblüffender sind die sich gewöhnlich ergebenden Probleme, sobald die einfachen Einzelteile kombiniert werden. Hier wird der Satz, daß das Ganze mehr ist als die Summe der Einzelteile erfahr- und sogar spürbar.

Der erste Teil der Übung verlangt, daß man sich genußvoll mit der rechten Hand den Bauch (im Uhrzeigersinn) streichelt, wie Kinder es gerne nach guten Mahlzeiten machen. Nachdem das auf Anhieb gut gelingen wird, hört man wieder auf und beginnt statt dessen, sich mit der flachen linken Hand von oben senkrecht auf den Scheitel zu klopfen, vielleicht mit dem Gedanken, daß leichte Schläge auf den Kopf das Denkvermögen erhöhen mögen. Wichtig ist, daß die

Bewegung geradlinig und wirklich senkrecht von oben nach unten und dann wieder zurück geführt wird.

Das entscheidende ist nun der dritte Schritt mit der Kombination beider Bewegungen, bei dem es darum geht, sich gleichzeitig den Kopf zu klopfen und den Bauch zu streicheln. Hierbei ist besonders darauf zu achten, daß man sich nicht einen Heiligenschein um den Kopf macht oder auf den Bauch klopft, sondern ganz sauber unten mit der Rechten kreisende Bewegungen vollführt und oben mit der linken geradlinig-senkrechte. Wenn diese Übung nach der notwendigen Gewöhnungsbedürftigkeit gelingt, kann man noch die Seiten wechseln und mit der linken (im Uhrzeigersinn) kreisförmig streicheln und sich mit der rechten senkrecht auf den Scheitel klopfen. Ist der erste Teil gelungen, wird auch der zweite glücken und meist in viel kürzerer Zeit. Die Koordinationsfähigkeit ist schon gewachsen. Das aber ist auch dringend notwendig für den nächsten Schritt zu einer noch anspruchsvolleren Übung.

Verflixte Kreise

Diese Übung kann man im Sitzen und im Stehen ausführen, wobei sie anfangs im Stehen leichter fallen mag. Zuerst sucht man sich mit dem linken Fuß einen guten Stand, so daß man auf diesem einen Bein das Gleichgewicht halten kann, dann beginnt man, mit dem rechten Fuß knapp über und parallel zum Boden Kreisbewegungen im Uhrzeigersinn zu machen. Nachdem das sicher und leicht klappt, kann man diesen ersten Teil wieder einstellen und mit dem zweiten beginnen. Dazu werden mit der rechten Hand parallel zum Boden kreisförmige Bewegungen, nun aber gegen den Uhrzeigersinn, gemacht. Auch das wird auf Anhieb gelingen und macht den dritten Schritt möglich, nämlich beide Bewegungen zugleich auszuführen, mit dem rechten Fuß im Uhrzeigersinn und mit der rechten Hand entgegengesetzt. Die anfängliche Verwirrung mag groß sein, und es ist auch nicht leicht zu begreifen, daß zwei Bewegungen, die jede für sich so leicht gehen, so schwer zu kombinieren sind.

Die Schwierigkeit entspricht derjenigen, die beiden Seiten unseres Wesens zur Zusammenarbeit zu bringen. Ähnlich, wie man die linke Körperseite unserem weiblichen Wesensteil, die rechte dem männlichen zuordnen kann, läßt sich der Körperteil oberhalb der Gürtellinie dem männlichen Pol, und der unter der Gürtellinie dem weiblichen zuordnen. Die Aufteilung ist dabei keine absolute, sondern folgt dem archetypischen Symbol des Taiji-Zeichens, wo mitten im männlichen weißen Yang-Feld der schwarze Punkt des weiblichen Yin liegt, wie auch umgekehrt im schwarzen Yin-Feld der weiße Yangpunkt. Entsprechend liegt auf der rechten männlichen Körperseite die archetypisch weibliche rechte Gehirnhälfte und auf der linken weiblichen Körperseite die archetypisch männliche linke Hirnseite. Ähnlich finden wir im oberen männlichen Körperbereich die weiblichen Brüste und unterhalb der Gürtellinie im weiblichen Bereich das männliche Glied.

Je besser es uns auf einer an sich belanglosen spielerischen Ebene, wie sie durch die obige Übung gegeben ist, gelingt, die verschiedenen Ebenen unseres Wesens zusammenzubringen, desto leichter wird es auch bei anspruchsvolleren Gelegenheiten gelingen, den aktiven männlichen Macherpol unseres Wesens mit dem passiven weiblichen Empfindungspol zusammenzubringen.

Wenn dieser Teil der Übung glückt, können Hand und Fuß noch die Richtung tauschen, und wieder wird es Schwierigkeiten geben, aber geringere als zu Beginn. Wechselt man nun überhaupt die Körperseite und läßt die linke Seite üben, wird sie schneller begreifen, was die rechte schon gelernt hat. Es gibt im Körper einen deutlichen Erfahrungstransfer zwischen den beiden Seiten, wie auch zwischen oben und unten. Wie schon die erste Übung der zweiten den Boden bereitet hat, werden die beiden ersten das Bewältigen der zweiten fördern, einfach, weil die Koordinationsfähigkeit bereits deutlich gewachsen ist, und der Organismus zunehmend die Fähigkeit gewinnt, alte Bahnen körperlicher Bewegungsmuster zu verlassen und neue Wege zu wagen.

Was aber im körperlichen Bereich gelingt, färbt sogleich auf den geistig-seelischen ab, weil in unserem wundervollen Organismus alles mit allem zusammenhängt. Das jedenfalls sagen uns die Lehren der verschiedenen Traditionen, und sie beziehen es nicht nur auf den Mikrokosmos unseres Körpers, sondern auch auf den Makrokosmos dieser Welt und letztlich sogar auf das ganze Universum.

Klick-Klack

Nun können Sie sich bereits an eine Koordinationsübung höheren Schwierigkeitsgrades heranwagen. Sie lehnt sich an eine sehr einfache Kinderübung an, und wieder sieht alles zu Beginn auch kinderleicht aus. Und das ist es auch, wenn der Groschen einmal gefallen ist. Man steht mit beiden Füßen nebeneinander, mit geschlossenen Beinen also, und läßt zuerst die linke Körperseite ganz in Ruhe, während die rechte Hand sich über den Kopf steil nach oben hebt. Diese Position bezeichnen wir als »Klick«. Nun führen wir den Arm im Halbkreis herunter an die Hosennaht und nennen den Endpunkt »Klack«. Nachdem dieser banale Klick-Klack-Rhythmus einige Male durchgespielt ist, lassen wir die rechte Seite zur Ruhe kommen und widmen uns der linken mit einer nur geringfügig anspruchsvolleren Übung. Wieder wird die Position der senkrecht über den Kopf erhobenen Hand mit »Klick« bezeichnet. Anschließend wird der Arm wieder im Halbkreis hinunter bewegt, hält aber schon bei 90 Grad, also in der Horizontalen an. Für die linke Seite heißt diese Position bei seitlich ausgestrecktem Arm nun »Klack«. Die anschließende Bewegung führt ganz hinunter zur Hosennaht, die wieder mit »Klick« benannt wird. Links sind nun also drei Stationen im

Wechsel zu durchlaufen, wobei oben und unten »Klick« angesagt ist und in der Mitte »Klack«. Bei dem Versuch die beiden Seiten zu dem gemeinsamen Rhythmus Klick-Klack-Klick-Klack-Klick-Klack usw. zu koordinieren, wird einige Verwirrung anfangs nicht zu vermeiden sein. Man kann sich mit Langsamkeit helfen oder mit dem Versuch, beide Seiten gleichsam automatisch ihr jeweiliges Programm abspulen zu lassen. Sicher ist jedenfalls, daß nach dem anfänglichen Gefühl von »unmöglich« es doch den meisten gelingt, wenn Sie dranbleiben und ein bißchen üben. Die Belohnung ist verblüffend und wahrscheinlich trotz all des Gesagten genauso unerwartet, wie die anfänglichen Schwierigkeiten mit einer so einfach erscheinenden Übung.

Auch hier läßt sich das Spiel durch Programmtausch zwischen den Körperseiten noch erweitern, und wieder wird sich zeigen, daß man nach dem Wechsel nicht wieder bei null anfangen muß, sondern jeder bewältigte Schritt jeden nächsten erleichtert und die Koordination sich zunehmend und merkbar verbessert.

Solche Übungen kosten nur einige Minuten und bringen einen erstaunlichen Effekt. Besonders zu empfehlen sind sie vor wichtigen Ereignissen, wo Koordination im körperlichen und geistigen Bereich von ausschlaggebender Bedeutung ist. Sie sind vor einer längeren Fahrradtour genauso wichtig, wie danach die Dehnungen, die den durch die Anstrengung verkürzten Muskeln wieder ins Gleichgewicht verhelfen. Andererseits können diese Übungen auch vor wichtigen Sitzungen und geistigen Herausforderungen helfen, das eigene Wesen dazu zu bringen, koordiniert mit all seinen Instanzen zusammenzuarbeiten.

Flugzeugversion: Dreieck und Kreis

Während die bisherigen Übungen noch ein Minimum an Bewegungsfreiheit erforderten, kann die Flugzeugversion auf kleinstem Raum sehr effektiv geübt werden. Während die linke Hand ein Dreieck in die Luft zeichnet, malt die rechte einen Kreis. Es ist erstaunlich, welche phantastischen Gebilde sich hier ergeben, bevor erkennbare Kreise und Dreiecke sichtbar werden. Diese Übung ist beliebig variierbar, und darin liegt auch ihr tieferer Sinn und der der ganzen Serie. Es können nicht nur beide Seiten mit Gewinn die Muster tauschen, sondern auch beliebige andere Muster ins Spiel kommen, und Vierecke mit Fünfecken koordiniert werden oder auf der Spitze stehende Vierecke (Rauten) mit normal stehenden. Hier sind der Phantasie keine Grenzen gesetzt.

Der eigentliche Sinn dieser Übungen – abgesehen vom Achtern und Schuhplatteln – liegt nicht darin, Bewegungsmuster, die man bereits kann, immerfort zu wiederholen, sondern sich neue Herausforderungen auszudenken und sie zu bewältigen, wie bei der Flugzeugversion angedeutet. So soll diese Übungsserie hier auch nicht weiter fortgesetzt werden, sondern könnte sinnvollerweise von jedem Übenden in eigener Regie weiter ausgebaut werden. Denn nicht Es-zu-Können ist der Witz, wie wir es sonst gewöhnt sind, sondern der springende Punkt ist das Brechen alter Muster und Einschränkungen und das gleichzeitige Schalten neuer Bahnen (im Gehirn). Der Steigerung der Intelligenz sind keine Grenzen gesetzt, und die eigene Erfindungsgabe kann sich hier beliebig austoben. Kreativität ist ja noch eine etwas andere Form von Intelligenz, die sich nicht nur im Lösen von Problemen beweist, sondern auch im Erfinden neuer phantastischer Schöpfungen. Und natürlich gibt es noch zahllose weitere ähnliche Übungen, um die eigene Intelligenz und natürlich die ebenfalls wichtige und schon viel zu lange ignorierte Körperintelligenz zu steigern.

In unserer in alles Meßbare verliebten Zeit ist es geradezu Mode geworden, die verschiedensten sogenannten Quotienten zu messen und wenn möglich auch zu steigern. Neben dem IQ wird inzwischen auch die emotionale Intelligenz mittels EQ bestimmt, und wer denn Spaß an diesem Spiel hat, könnte mit obigen Übungen den Zuwachs seiner Körperintelligenz messen und vor allem auch trainieren.

II
Säule Entspannung

Entspannung, die dem weiblichen Pol der Wirklichkeit zuzuordnen ist im Gegensatz zur Spannung, die dem männlichen Pol untersteht, hat es in unserer leistungsorientierten Gesellschaft nicht leicht. Dabei ist sie die zweite ergänzende Hälfte in jedem leistungsorientierten System. Spannung und Entspannung sind gleichberechtigte Pole derselben Ebene. In den oberen Etagen der Wirtschaft und im Spitzensport hat sich diese Erkenntnis bereits weitgehend durchgesetzt. Über bewußte Anhebung der Entspannungsfähigkeit ist eine deutliche Steigerung der Leistung herbeizuführen. Diese Tatsache wird in Zukunft wohl vielen Menschen Zugang zu einem neuen höheren Leistungsniveau verschaffen, womit die Entspannung langfristig wieder dem männlichen Pol dient. Lediglich wenn sie den Lebensschwerpunkt in Richtung Kontemplation und Meditation lenkte, käme sie auch langfristig dem weiblichen Bereich zugute. Das aber geschieht nicht selten nach einer ersten Phase, die noch ganz dem Effizienzgedanken dient.

Firmen, die erkennen daß ihre Mitarbeiter das wesentliche Kapital darstellen, werden die allzuoft benutzte »Strohfeuertaktik«, d.h. das kurzfristige Verheizen von Angestellten schon aus Kostengründen einschränken. In den USA, einem Land, dessen Unternehmer sicher nicht für ihr ausgeprägtes soziales Gewissen bekannt sind, fangen immer mehr Firmen an, ihren Mitarbeitern in der Mittagspause Ruheräume zur Verfügung zu stellen, wo diese ein Mittagsschläfchen halten können. Nicht Nächstenliebe ist hier die Motivation der Firmen, sondern die durch Untersuchungen abgesicherte Erfahrung, daß sich so unter dem Strich die Leistungsfähigkeit der Angestellten am Nachmittag drastisch erhöht. Diese Maßnahme zahlt sich also für die Firma aus und natürlich auch für die Mittagsschläfer.

Das *Prinzip der goldenen Mitte* lehrt uns die Tatsache, daß der Mensch auf Dauer Einseitigkeit nicht aushalten kann. Einem Übermaß an Arbeit, Anstrengung, Zeitnot, physischem und psychischem Druck läßt sich auf lange Sicht nicht standhalten. Bei Vernachlässigung eines Poles ist es lediglich eine Frage der Zeit, bis körperliche Symptome das Ungleichgewicht deutlich machen. Daraus resultierende Probleme, von der Schulmedizin unter dem Ausdruck Streßphänomene zusammengefaßt, haben vielerlei Gesichter. Die Liste möglicher Streßsymptome geht von Schlafstörungen, kalten oder feuchten Händen und Füßen, Herzklopfen und Bluthochdruck über zunehmenden Appetit, Nikotin- und Alkoholkonsum, bis hin zu Muskelverspannungen, Verdauungsproblemen und Potenzstörungen. Aber auch die rasch zunehmenden Hörsturz- und Tinnitus-

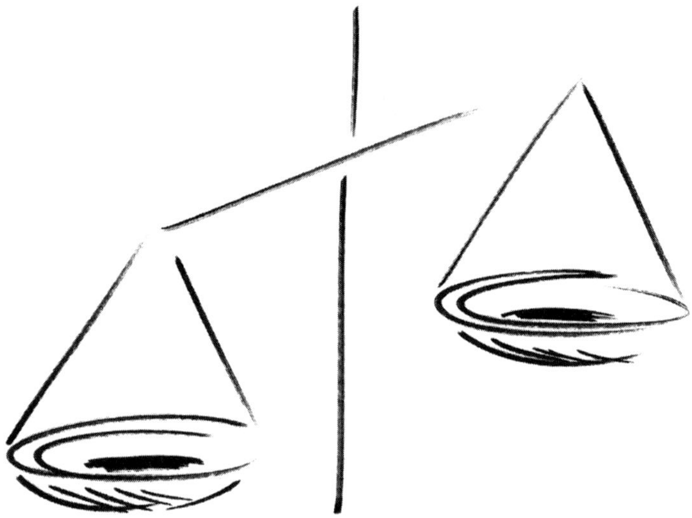

phänomene verraten Menschen, die zuviel um die Ohren haben. Diese Liste ließe sich leider noch beliebig lange fortsetzen.

Gemeinsam haben all diese Erscheinungen, daß bei Untersuchungen der betreffenden Organe meist so gut wie nichts zu finden ist. Für den jeweiligen betroffenen Menschen ist aber deutlich spürbar, daß etwas nicht stimmt, daß er nicht in Harmonie ist. Im deutschsprachigem Raum geben 70 Prozent der Bevölkerung bei Befragung zu Protokoll, daß sie unter Streß leiden. Wir alle sind diesen Stressoren, wie heute die Auslöser von Streßreaktionen genannt werden, ausgesetzt und reagieren je nach Konstitution und Typ in ganz unterschiedlicher Form darauf.

Der **kämpferische Typ,** in der östlichen Tradition dem archetypisch männlichen Yangpol zugeordnet, versucht seine Beschwerden dadurch zu überspielen, daß er sich in noch mehr Arbeit stürzt und sich immer neue Ablenkungen sucht. Bereits auftretende Symptome versucht er so lange wie irgend möglich zu ignorieren. Diese gesellschaftlich sehr anerkannte Gruppe, aus der viele der sogenannten Leistungsträger stammen, neigt dazu, so lange mit notwendigen Behandlungen zu warten, bis die Schäden irreparabel geworden sind. Diesem Muster des Verdrängens entsprechen häufiger Männer als Frauen.

Der **resignierende Typ,** dem archetypisch weiblichen Yin zugeordnet, gibt sich dagegen seinem Leid hin, klagt seine Beschwerden, erwartet Mitgefühl und sucht Schutz und Geborgenheit, was aufgrund eines sich schnell vollziehenden Partnerschafts- und Geschlechtsrollenwechsels immer schwieriger wird. Die von den Betroffenen früh wahrgenommenen Warnsignale des Körpers werden leider von den vor allem schulmedizinischen Ärzten dieser Gesellschaft, solange sie noch keine manifesten und meßbaren Schäden im Körper verursacht haben, als eingebildet oder bestenfalls noch psychosomatisch eingestuft und zumeist mittels Psychopharmaka unterdrückt, so daß letztendlich diese beiden großen Gruppen in einem ähnlichen Dilemma enden.

Eine Untergruppe der ersten Kategorie stellen die **Fortschrittsgläubigen** dar, die überzeugt sind, daß in unserem technisch-medizinischen Zeitalter diese Probleme ohne eigenes Zutun lösbar sind. Sie nehmen Zuflucht zum reichlichen Angebot der Pharmaindustrie. Zu diesem Typ gehören in Deutschland auch zirka vier Millionen Menschen, die bereits von Beruhigungsmitteln, und weitere vier Millionen Menschen, die von Schmerzmitteln abhängig sind. Eine weitaus höhere Anzahl aber flüchtet in gesellschaftlich akzeptierte Suchtgifte wie Alkohol und Nikotin. Unzählige versuchen auch, sich mit Kaffee auf einem annehmbaren Aufmerksamkeitsniveau zu halten.

Der **selbstverantwortliche Typ** fragt nach den Ursachen seiner Spannungsleiden und anderen Symptome, sobald diese zum ersten Mal auftreten. Er nimmt seinen Organismus ernst und achtet auf die Signale seiner Seele. Folglich bekämpft er nicht die Symptome, sondern versucht Einsicht in die Ursachen zu gewinnen und gesteht seinem Körper und seiner Seele die notwendige Erholung und Entspannung zu. Im idealen Fall versucht er obendrein, Entspannung und Regeneration auf natürlichem Wege herbeizuführen.

Wie läßt sich Entspannung auf natürliche Weise erreichen?

Um diese Frage zu beantworten, sind einige grundlegende Kenntnisse der Funktionsweise des Nervensystems hilfreich. Der menschliche Körper besitzt in einer vereinfachten Darstellung zwei große Nervensysteme:

Das **willkürliche Nervensystem,** das – wie der Name schon sagt – unserem Willen und unserer Wahrnehmung unterliegt und zum Beispiel über Impulse unseren Bewegungsapparat steuert.

Das selbsttätige oder **vegetative Nervensystem** ist dagegen nicht willentlich steuerbar, und seine Wirkungen sind nur sehr vermittelt zu spüren. Es regelt Organtätigkeiten wie Atmung, Kreislauf, Verdauung und Stoffwechsel. Dieses unabhängige Nervensystem hat die Aufsicht und Steuerung über den körpereigenen Betrieb. Es teilt sich noch einmal in zwei Fraktionen, eine Sympathikus- und eine Parasympathikushälfte.

Sympathikus	*Parasympathikus*
– beschleunigt Herzfrequenz	– verlangsamt Herzschlag
– beschleunigt Atemfrequenz	– beruhigt Atmung
– aktiviert Schweißdrüsen	– beruhigt Thermoregulation
– steigert Haut- und Muskeldurchblutung	– setzt die entsprechende Durchblutung herab
– erhöht Blutdruck	– senkt Blutdruck
– erweitert Pupillen	– beruhigt Aufmerksamkeit
– hemmt die Verdauung	– verbessert Darmperistaltik
– die Wirkung des Hormons Adrenalin	– die Parasympathikuswirkung (Acetylcholin)
führt zu einem Zustand	führt zu einem Zustand
aufgehellter Psyche und über	der Regeneration, Erholung und
eine Alarmbereitschaft zu einem	angenehmen Müdigkeit in einen
Zustand der Aktivität	**Zustand der Ruhe**

Da diese Systeme immer mehr oder weniger in Aktion sind, wobei aber eines jeweils den Ton angibt, muß unser Bestreben Richtung *vegetatives Gleichgewicht* gehen. Menschen, die sich in diesem *nervlichen* Gleichgewicht befinden, berichten von einer Kraft im weitesten Sinne, die Harmonie, Ruhe, Leistungswillen, Leistungsfähigkeit und Ausgeglichenheit zur Folge hat. Andererseits haben aber Ungleichgewicht und Disharmonie keine Kraft und hinterlassen ihre Spuren, die sich körperlich und seelisch in einer endlosen Liste von Symptomen manifestieren.

In einer geschäftigen Welt soll der Körper immer einwandfrei funktionieren. Viele moderne Zeitgenossen verwechseln ihren Organismus mit einer Maschine, die bei Bedarf, wenn sie nicht mehr problemlos rund läuft, einfach nur wieder repariert werden muß. Dabei fällt aber auf, daß die allermeisten Menschen – was ihren eigenen Organismus angeht – nicht einmal die grundlegendsten Regeln beachten, die wir im Umgang mit Maschinen als notwendig erkannt haben. Einen überhitzten Motor lassen wir selbstverständlich abkühlen, unseren überhitzten Verstand und unser überdrehtes Vegetativum treiben wir dagegen immer weiter in die Selbstüberforderung.

Geschichtlich gesehen war Streß für den Menschen lebenswichtig, lebenserhaltend und häufig auch lebensrettend, denn eine Streßreaktion war und ist eine Notschaltung des Körpers, mit der dieser drohenden Gefahren begegnen kann, bis hin zu Kampf- oder Fluchtreaktionen. In beiden Fällen wird die losgetretene Aktivierungslawine körperliche und emotionale Auswirkungen haben, und die oben angesprochenen Sympathikusreaktionen werden deutlich spürbar, während die Wirkungen des Parasympathikus sogleich abgeschaltet oder doch weitgehend zurückgenommen werden. Wenn wir moderne Menschen auf diese Kriterien hin untersuchen, finden wir, daß sehr viele in einem Zustand der Dauererregung leben.

Diese Notschaltung war aber in den Jahrmillionen der Evolution, in denen sich diese Möglichkeiten entwickelt haben, nicht als Dauerlösung, sondern eben für Notfälle gedacht. Das andauernde Leben auf dem Niveau des Notfalls mit seinen entsprechenden Überlebensprogrammen überfordert aber den Organismus erheblich, was er in der Unzahl schon angedeuteter Symptome zum Ausdruck bringt.

Entwicklungsgeschichtlich sind wir modernen Menschen aus den Jägern und Sammlern der Frühzeit hervorgegangen und unterscheiden uns in unseren körperlichen Reaktionsmöglichkeiten noch immer nicht wesentlich von diesen. Die Gefahrensituationen haben sich zwar scheinbar völlig verändert, aber bei genauerer Betrachtung sind sie im Prinzip doch ziemlich ähnlich geblieben. Wir unterliegen den entsprechenden vegetativen Reaktionen noch genauso wie damals. Der Urmensch, der auf ein Raubtier traf und sich in Sekundenbruchteilen zu Kampf oder Flucht entscheiden mußte, erlebte denselben Adrenalinstoß wie ein moderner Zeitgenosse, der – in seinem Auto sitzend – einen riskanten Überholvorgang gerade noch einmal überlebt hat. Ein wesentlicher Unterschied folgt allerdings anschließend. Während nämlich in der Frühzeit auf den Streß eine körperliche Aktion folgte, verharrt der entsprechend »Gestreßte« heute zumeist bewegungslos im Auto, am Schreibtisch oder vor dem Fernsehgerät. Da die ausgeschütteten Streßhormone Adrenalin und Noradrenalin nun nicht in Bewegungsaktionen verbraucht werden, kreisen sie weiter im System und belasten dieses langfristig.

Unser Organismus unterscheidet nicht zwischen einer körperlichen oder einer emotionalen Gefahrensituation und reagiert immer mit Mobilisierung aller Kräfte. Wenn der zweite Teil, die auf den Streß eigentlich notwendig folgende Aktivität immer öfter ausfällt, werden die Betroffenen in eine angespannte, hochexplosive Grundstimmung geraten, bei der Fehlleistungen vorprogrammiert sind. Symptome, wie etwa ständiger Bluthochdruck, verspannte Muskeln, Hartnäkkigkeit, machen sich breit.

Der Ausweg aus diesem Teufelskreis führt über die zentrale Säule unserer Gesundheit, das Bewußtsein. Moderne Menschen müssen erst wieder lernen, wie weit sie sich von einem natürlichen Leben entfernt haben und daß sie sich tatsächlich ihre Gesundheit durch geeignete Maßnahmen verdienen müssen.

Gesundbleiben ist heute eine Aufgabe und kein selbstverständliches Geschenk. Nur wer die Konsequenzen zieht und notwendige Maßnahmen auch umsetzt, kann damit rechnen, aus einmal eingefahrenen Teufelskreisen erfolgreich auszubrechen.

Meditation als Weg zu Entspannung und Erkenntnis

Natürlich gehen die Möglichkeiten der Meditation weit über die körperliche und seelische Entspannung hinaus, wie uns die verschiedenen Traditionen der Völker belegen. Entspannung ist sozusagen die Vorstufe und Voraussetzung für tiefergehende Meditationen. Die für den westlichen Menschen wohl einfachste Form der Meditation ist die »Reise nach Innen« auf den Flügeln seiner Gedanken. Das ist zugleich auch einer der schnellsten Wege in die Entspannung.

Während das Gesellschafts- und Wirtschaftsmodell des Westens seinen Siegeszug im Osten antrat, kam gleichsam im Gegenzug eine Fülle östlicher Meditationspraktiken zu uns. Im Austausch für die ausgesandten Entwicklungshelfer in Sachen Technik kamen Gurus aus dem Osten, die uns ihre Lebensphilosophie und eine lange Reihe von Meditationstechniken brachten. Daß unsere westliche Gesellschaft, so wie sie Technik exportierte, auch nur (Meditations-)Technik importieren wollte, ist weniger verwunderlich.

Nach westlichem Weltverständnis ist mit der richtigen Technik alles zu bewältigen. Diese dem Osten an sich völlig fremde, rein funktionale Haltung kann der *Medi*tation, der es um die Mitte des ganzen Menschen geht, letztlich nie gerecht werden, obwohl natürlich eine konsequent betriebene Meditationspraxis ganz von selbst mit der Zeit auch die Lebenseinstellung beeinflussen wird.

Trotz der großen Erfolge im Westen hat der beeindruckende Fortschritt die Menschen kaum glücklicher und zufriedener gemacht. Der modernen Glücksforschung, die die Menschen verschiedenster Kulturen und Gesellschaft auf ihr Gefühl von Glücklichsein hin untersuchte, fiel schnell auf, daß die Höhe des erreichten Bruttosozialproduktes keinesfalls mit dem erreichten Glücksniveau korrelierte, sondern diesem eher umgekehrt proportional war. In einem Land wie Deutschland fühlen sich demnach die Menschen eher weniger glücklich als die Bewohner deutlich weniger entwickelter Länder. So wuchs allmählich, selbst bei Verfechtern der Fortschrittsideologie, ein Gefühl, daß dem äußerlich so perfekten System etwas Wesentliches fehlte. Spitzenvertreter der Industrie erkennen inzwischen, daß die Aufgaben der Zukunft mit vernünftigen, hochintelligenten, aber staubtrockenen Analytikern alleine nicht zu bewältigen sind. Das dürfte einer der Gründe sein, warum die Industriemanager zunehmend zu psychologischer Selbsterfahrung und Meditation tendieren, um wieder zu lernen, was jedes Kind noch kann: Phantasieren und träumen, Visionen entwickeln und dem Augenblick gerecht werden und ihn nicht zuletzt genießen. Das alles ist aber auch dem Meditieren nahe und mittels geführter Meditationen für jeden leicht erreichbar.

Selbst die großen Durchbrüche und herausragenden Leistungen derjenigen, die den Fortschritt mächtig vorangetrieben haben, entstammen oft und wesentlich nicht der männlich gepolten linken Gehirnhälfte mit ihren Analysen, sondern der eher weiblich orientierten rechten, die auf Intuition und ganzheitliches Erfassen von Mustern ausgerichtet ist. *Den Seinen gibt's der Herr im Schlaf,* sagt das Sprichwort, und ganz offensichtlich bedient Er sich dabei nicht des komplizierten Umweges über den Intellekt.

Die alte Medizin vertraute sehr weitgehend auf den Tempelschlaf, bei dem Asklepios oder Chiron, die Götter der Heilung, den Heilsuchenden im Traum erschienen und mitteilten, was ihnen zum Heil(sein) fehlte. Die antike Medizin verfügte sehr sicher über diesen Zugang zu den inneren (Traum)Bildern. Allein damit konnte sie in grundsätzlichen Lebensfragen oft weitgehend helfen.

Vom französischen Kardinal Richelieu ist bekannt, daß er sich vor allen wichtigen Entscheidungen eine Stunde *aufs Ohr legte.* Er verschloß es damit gegenüber der äußeren Welt und ihren Argumenten und hörte nach innen auf die Stimme des »großen Vorgesetzten«. Auch der Volksmund weiß davon, wie nützlich es ist, wichtige Entscheidungen noch einmal zu überschlafen.

Die moderne wissenschaftliche Forschung kann inzwischen sogar belegen, wie wichtig innere Bilder und Stimmen für uns sind. In Schlaflabors läßt sich experimentell zeigen, wie schnell wir bei einer Unterdrückung der nächtlichen Traumbilder seelisch erkranken. Nach einigen solchen Nächten der Unterdrückung stellen sich tagsüber bei offenen Augen Traumbilder ein, die sonst niemand wahrnehmen kann. Aus psychiatrischer Sicht erfüllt das bereits den Tatbestand einer optischen Halluzination, was psychoseverdächtig ist. Beginnen die Versuchspersonen Stimmen zu hören, spricht man von akustischen Halluzinationen, die ebenfalls zum psychiatrischem Terrain gehören.

Die inneren Bilder der Nacht sind also notwendig, um unser seelisches Leben im Gleichgewicht zu halten, ob wir sie nun bewußt erleben oder nicht. Daß so viele heutige Menschen ihre nächtlichen Träume nicht mehr erinnern, zeigt, wie weit wir uns von unserer weiblichen Seite mit ihren Seelenbildern entfernt haben. Einer so überwiegend von männlichen Werten dominierten Welt erscheint das »Fehlen« von Träumen aber kaum noch der Rede wert, weil sie übersieht, wie sehr damit auch unsere Kreativität bedroht ist. Ein Mensch einer archaischen Welt dagegen wäre ohne Erinnerung an seine Träume in einer unerträglichen Situation, denn er wäre abgeschnitten von den Visionen, die allein seinem Leben Sinn geben können. Wir dagegen haben uns so daran gewöhnt, ohne Visionen auszukommen, daß wir schon gar nicht mehr merken, wenn uns der Sinn verlorengeht.

So sind es sowohl die Erfahrungen archaischer Kulturen als auch moderne Forschungen, die uns die Macht und Notwendigkeit innerer Bilder und damit der weiblichen Seite zeigen. Das in den letzten Jahrzehnten immer deutlicher zunehmende Interesse an Meditation und spiritueller Philosophie bietet die Chance, hier wieder aufzuholen und zu einem ganzheitlichen Leben zu gelangen.

Was will Meditation?

Meditation zielt in letzter Konsequenz auf die Mitte. Schon das Wort *Medi*tation birgt diesen Anspruch in sich. Wie im Wort *Medi*zin steckt die lateinische Wurzel *med,*[1] messen, ermessen, das rechte Maß finden, darin, die wiederum eng mit dem Begriff der Mitte verbunden ist. Die Mitte im Mandala[2] verdeutlicht dieses Ziel aller Entwicklung am klarsten. Der *Mittel*punkt hat zwar keine Ausdehnung, enthält aber doch alles, alles kommt aus ihm und alles kehrt in ihn zurück. So ist er auch Ausdruck der Einheit in unserer polaren Welt. Wer sich auf den Entwicklungsweg macht, steuert auf dieses Ziel zu.

Hier mag schon deutlich werden, daß Meditation im Gegensatz zu einem im Westen verbreiteten Mißverständnis nicht schön und angenehm sein muß, sondern alles einschließt, was einem auf dem Weg zur Mitte begegnen kann. Wer sich auf diesen Weg begibt, muß grundsätzlich damit rechnen, allem zu begegnen. Da die Mitte auch Symbol der Einheit ist, wird ihm auf diesem Pfad auch alles zur Aufgabe, was der Erkenntnis der Einheit im Wege steht. In der Praxis wird letzteres naturgemäß viel mit eigenen Schattenseiten zu tun haben. Dabei ist es ziemlich egal, nach welcher Methode man meditiert. In der Mitte ist alles bewußt und gleich existenzberechtigt. Hier findet die Welt der Polarität, in der alles seinen Gegensatz braucht, ihr Ende.

Es gibt viele Wege zur einen Mitte und viele Methoden, die uns diesem Ziel näherbringen. Erleuchtungserlebnisse werden aus allen Kulturen und Traditionen berichtet und mit vielfältigen Namen umschrieben. Sie können einem nicht nur beim Meditieren, sondern auch bei alltäglichen Beschäftigungen widerfahren. Das letzte Ziel praktisch aller Traditionen ist es, diesen Zustand so zu stabilisieren, daß er auch im Alltag erhalten bleibt. Würde man versuchen, aus der großen Zahl überlieferter, auf Befreiung zielender Techniken die besten Elemente herauszufiltern, um sie zu einer besonders wirksamen Methode zusammenzufügen, findet sich wenig Verbindendes. Die Methoden sind vollkommen unterschiedlich, lediglich die Ergebnisse zeigen verblüffende Übereinstimmungen. Ob die Befreiung oder Erleuchtung durch harte Disziplin oder eher durch das Gegenteil, ob durch zum äußersten getriebene Bewußtheit oder durch spielerische

1 Aus dieser Wurzel stammen sowohl *mederi,* was *heilen* bedeutet und *meditari,* was ursprünglich geistig abmessen heißt und woraus sich das Wort Meditation entwickelt hat. Interessant ist, daß beides Passivformen sind als Hinweis auf das Geschehenlassen, das bei der Meditation soviel wichtiger ist als aktives Tun.

2 Mandalas sind jene kreisrunden Strukturen, die es in jeder Kultur gibt und die bei uns etwa in den Rosenfenstern der Gotik auftauchen. Sie stellen das Grundmuster des menschlichen Entwicklungsweges dar und zeigen in ihrer Mitte so auch Herkunft und Ziel des Menschen gleichermaßen. Für nähere Informationen siehe: Ruediger Dahlke, »Mandalas der Welt« und »Arbeitsbuch zur Mandala-Therapie«.

Selbstvergessenheit gefördert wird, ob vollkommene Konzentration sie möglich macht oder totale Entspannung, immer beschreiben die Befreiten ihren Zustand als ein völliges Einverstandensein und als die Befreiung von jedwedem Widerstand. Sie sind im Augenblick angekommen und haben an nichts etwas auszusetzen. So wird die Abwesenheit von Widerstand zur treffendsten und verbindlichsten Definition der Erleuchtungserfahrung. Einverstanden sein und Eintauchen in den Augenblick sind ihre Kennzeichen.

Wenn wir aber die Erleuchtungserfahrung als frei von jedem Widerstand beschreiben, ist die Umkehrung sehr erleuchtend für uns. Das heißt nämlich, daß im Widerstand lebt, wer nicht erleuchtet ist. Tatsächlich verbringen wir unser Leben weitestgehend im Widerstand mit dem Augenblick. In Gedanken hängen wir an verflossenen Möglichkeiten der Vergangenheit oder klammern uns mit unseren Hoffnungen und Befürchtungen an die Zukunft. Dieser Widerstand mit dem Augenblick ist es auch, der unser Leben so anstrengend und ermüdend macht. Viele Eltern kennen diese Erfahrung, wenn sie, erledigt von einem anstrengenden, weil im Widerstand verbrachten Tag, am Abend versuchen, die »Kleinen« ins Bett zu bringen. Oft wird dieses an sich so einfache Ritual zum Problem, weil die Kinder gar nicht besonders müde sind, wenn sie nämlich den Tag – selbstvergessen und im Augenblick versunken – *spielend* verbracht haben.

Widerstand als zentrales Lebenshindernis und Thema der Meditation

Da letzte Freiheit vom Widerstand das Ziel aller Meditationen ist, ist es auch im Vorfeld und auf dem Weg sinnvoll, den Widerstand mit den äußeren und inneren Bedingungen möglichst niedrig zu halten. Wo es gelingt, ihn von Beginn an weitestgehend auszuschalten, ist schon viel erreicht und die Lösung nicht mehr fern. Wenn das Ziel einmal erreicht ist, wird beim Zurückschauen klar, daß es eigentlich ganz leicht gewesen wäre.

Einfache Sprachspiele können die immer existierende Nähe zum Ziel veranschaulichen: Viele Menschen wären glücklich, wenn sie alles bekommen, was sie wollen. Die Lösung ist (sprachlich) einfach: Sie bräuchten nur alles zu wollen, was sie bekommen, und schon wäre ihr Glück nicht mehr aufzuhalten. Das Problem ist, daß man das meist erst hinterher verstehen kann. Wir müssen das Leben vorwärts leben und verstehen es dann bestenfalls im Rückblick. Einige Zenmeister sollen sich im Moment ihrer Befreiung vor Lachen geschüttelt haben, als sie erkennen konnten, wie einfach alles die ganze Zeit über gewesen wäre.

Praktisch folgt daraus, daß man sich vor dem Meditieren alle Ablenkungsmöglichkeiten, die einen mit Sicherheit in den Widerstand treiben, wie etwa ein läutendes Telefon, vom Hals schaffen sollte. Je besser die äußeren Bedingungen, desto weniger Probleme lassen sich auf sie projizieren. Je weniger wir aber Verantwortung auf das Außen schieben können, desto sicherer werden wir diese bei uns selbst entdecken, wo sie letztlich auch immer hingehört. Irgendwann läßt sich dann überall, auch auf dem Bahnhof, einem geschäftigen Marktplatz oder im Stau auf der Autobahn meditieren. Für den Beginn sind das jedoch natürlich keine idealen Orte und Zeiten.

Die beiden grundsätzlichen Richtungen der Meditation

Wenn ein Weg an sich schwer genug ist, lohnt es sich, ihn sich durch grundsätzlich richtige Entscheidungen von Anfang an so leicht wie möglich zu machen. Thaddäus Golas sagte, der Erleuchtung sei es egal, wie man sie erlange, und alles spricht dafür, daß er recht hat. Insofern liegt es nahe, sich eine Art von Meditation auszusuchen, die zum eigenen Wesen paßt.

So wunderbar Zazen- oder Vipassana-Meditation[3] ist – für westliche Menschen stellt sie hohe und für den Anfang oft zu hohe Anforderungen, was natürlich nicht heißt, daß man nicht später zu solchen Methoden wechseln kann. Nach den in Jahrtausenden im Osten bewährten Vorstellungen des Yogasystems ist es erst einmal gar nicht möglich zu meditieren, weil die Voraussetzungen bei weitem zu schwierig sind. Meditation stellt in diesem System definitionsgemäß einen sehr weit fortgeschrittenen Bewußtseinszustand dar. Der Buddhismus dagegen bezeichnet schon jedes bewußte Bemühen auf dem Weg als Meditation. Insofern ist die buddhistische Auffassung für den westlichen Beginner viel angenehmer.

Schon die Grundforderung nach Gedankenfreiheit, die die meisten östlichen Meditationsrichtungen gemeinsam haben, überfordert erheblich, da es praktisch unmöglich ist, auch nur eine Minute ohne Gedanken zu sein. Das kann sich jeder in einem einminütigen Meditationsversuch klarmachen. Zumindest denkt man dabei, man solle eigentlich nichts denken, was ja auch schon ein Gedanke ist.

Da es so extrem schwierig ist, gar keine Gedanken zu haben, hat man Systeme entwickelt, die aus dem Dilemma hinausführen sollten, etwa die Mantren-Meditation. Statt gar keinen nimmt man sich dabei nur einen einzigen Gedanken vor, etwa einen Klang wie die (östliche) Ursilbe OM. Nun versucht man ganz bei diesem einen Laut zu bleiben, aber auch das ist noch sehr schwer. Leicht läßt sich dieses Meditationssystem erproben, indem man versucht, eine kurze Zeit, etwa drei Minuten, bei seinem Lieblingsgedanken zu bleiben. Und sogar dabei wird aller Wahrscheinlichkeit nach noch eine Fülle anderer und damit störender Gedanken dazwischenkommen.

3 Siehe hierzu das Buch von Rosemary und Steve Weisman, »Der Weg der Achtsamkeit«.

Noch etwas leichter wird das Ganze, wenn man eine Folge von Gedanken nimmt. Eine gute Übung ist hier der Versuch, ein einziges Vaterunser zu beten, ohne gedanklich abzuschweifen. Aber selbst das wird leider immer noch scheitern, und kann uns zeigen, wie hoch dieser Anspruch ist, wirklich im Augenblick zu bleiben ohne sich ablenken zu lassen.

Sobald wir also etwas, wie in diesem Fall die Gedanken selbst, als störend betrachten, kommen wir damit sofort in den Widerstandsbereich. Da aber Widerstand der größte Feind der Meditation ist, sollten wir ihn umgehen. Nun haben die obigen Überlegungen gezeigt, daß wir Gedanken einfach nicht vermeiden können. Folglich bleibt nur ein Weg: Statt sie auszuschließen, müßten wir die Gedanken im Gegenteil in die Meditation einbinden. Dieser Weg führt direkt zur geführten Meditation, die innere Bilder und damit genau jene Gedankenbilder, die andere Systeme so vergeblich loszuwerden versuchen, für ihren Fortschritt nutzt.

Geführte Meditation

Diese Art der Meditation kann auf eine ähnlich lange Tradition wie ihre auf Gedankenfreiheit zielenden Verwandten zurückblicken und ist durchaus kein Kunstprodukt der neueren Esoterikszene. Schon in den verschiedenen Mysterientraditionen der Antike, aber auch des frühen Ägyptens führten die Hierophanten die Einzuweihenden mittels geführter Reisen in deren eigene Bilderwelt und bereiteten die notwendigen Entwicklungsschritte in den inneren Seelenlandschaften vor. Überall dort, wo sogenannte Einweihungssarkophage eine Rolle spielten, machten die neu aufgenommenen Schüler, die sogenannten Neophyten, ihre eigenen Bilderreisen. Letztlich war auch der bereits eingangs erwähnte Tempelschlaf auf die inneren Bilder angewiesen.

Aller Wahrscheinlichkeit nach waren Reisen nach innen in alten Zeiten ähnlich selbstverständlich wie die heutigen nach außen. In kaum einer Zeit dürften die Menschen soviel nach außen und so wenig nach innen gereist sein wie in unserer modernen. Die wenigen äußeren Reisen waren früher noch häufig Pilgerreisen, die das innere Erleben weit über das äußere stellten. Dieser so vertraute Umgang mit Reisen in die inneren Räume der Seele mit ihren Bildern und Symbolen war sicherlich der wesentliche Grund, warum die Menschen der Antike ohne Psychotherapeuten im heutigen Sinne auskommen konnten. Sie lebten noch aus einem lebendigen Zugang zu ihren eigenen Märchen und Mythen.

Während moderne Menschen von Film- und Fernsehbildern geradezu überschwemmt werden, hatten die Menschen der Antike nur wenige gut vertraute Bilder, die in direktem Zusammenhang zu ihrem Leben standen. Das Theater war damals noch ein Ereignis und vermittelte Seelenerfahrungen nicht zur Ablenkung, sondern im Gegenteil, um sie in Bezug zum eigenen Leben zu bringen. Insofern ist es auch nicht verwunderlich, daß das antike Theater thematisch eng mit der Religion verbunden war und als Teil der Medizin galt. Es war als heilsam bekannt, sich auf die solcherart ausgelösten Seelenbilder einzulassen. So ist es kein Zufall, daß die analytischen Psychotherapierichtungen der Freudschen und mehr noch der Jungschen Schule so viele Anleihen beim Mythos nahmen, und daß immer mehr Therapien aus dem Dunstkreis der Humanistischen Psychologie sich der Arbeit mit inneren Bildern bedienen.

Die Zeitspanne, wo die inneren Bilder gering geschätzt wurden, ist insgesamt – gemessen an der Geschichte der Menschheit – nur eine sehr kurze Episode. Für Plato und seine Zeit war es eine Selbstverständlichkeit, daß hinter jedem Ding eine Idee stand, aber auch Goethe begriff die Welt des Geschaffenen noch unwidersprochen als ein Gleichnis. Und selbst noch der Generation unserer Großeltern waren Märchen so wichtig, daß sie in der Kindheit eine beherrschende Rolle spielten. Daß folgende Generationen diese zentrale Seelennahrung der Kindheit fast gestrichen haben, bleibt ein eigenartiger Ausrutscher.

So besehen sind geführte Meditationen unserem westlichen Verständnis nahe und leicht zugänglich. Ziemlich sicher haben die meisten Menschen in ihrer Kinderzeit schon eine Fülle solcher Reisen mit einigem Spaß gemacht und können an diese alten Erfahrungen gut anschließen, wenn sie das Land der Phantasie auf diese spielerische Art wiederbeleben.

Eine ideale Verbindung der inneren Bilder mit unserem Thema Gesundheit ergibt sich, wenn man heilsame Vorstellungen mit inneren Organen verbindet. So kann man wundervoll in die benutzten Muskeln lächeln, was viele Übungen sehr vertieft und befruchtet. Man denkt einfach an die betroffenen Muskelpartien und zugleich an ein Lächeln.

In besonders heilsamer Weise läßt sich diese Übung auf den Herzmuskel übertragen. Wer beim Laufen oder Wandern in meditativer Weise seinem Herzen zulächelt, wird diesem einen unschätzbaren Dienst erweisen. Selbst noch nach außen wird diese Haltung des inneren Lächelns abfärben und andere anstecken, so daß sie einem lächelnd und offen begegnen. Freundlichkeit ist ja bekanntlich ein Bumerang, der immer wieder zu einem zurückkommt.

So ist es nicht verwunderlich, daß das innere Lächeln in vielen Meditationssystemen gelehrt wird, wie etwa im Tao Yoga von Mantak Chia. Aber auch in vielen unserer eigenen geführten Meditationen spielt es eine wichtige Rolle und kann den Einstieg und den Fortschritt gleichermaßen erleichtern und vertiefen.

Tatsächlich gab es zu allen Zeiten Herzensmeditationen, wie etwa das Herzensgebet der Ostkirche. In einfachster Weise kann man im Sinne einer Mantra-Meditation in seinem lächelnden Herzen Gedanken wiederholen und wird so beim Sitzen oder Laufen, beim Gehen oder Radfahren verschiedene, sich traumhaft ergänzende Aspekte inneren Wachstums vereinigen. Über den Synergieeffekt führt das zu noch viel besseren Ergebnissen, als wenn man die Einzelkomponenten nacheinander übt, denn das Ganze ist mehr als die Summe seiner Teile.

Die Wichtigkeit der Erfahrung

Wie alle Meditationsarten leben auch geführte Reisen von der Erfahrung und dem direkten persönlichen Erlebnis und nicht vom theoretischen Wissen über sie. Die praktische Erfahrung ist allerdings leicht zu machen, man braucht keine Initiation dazu, keinen Lehrer und nicht einmal ein Seminar, denn man kann alles Notwendige zum Einstieg gut über Tonträger (CDs oder Kassetten) bekommen. Ein Buch wie »Reisen nach Innen – geführte Meditationen auf dem Weg zu sich selbst«[4] kann mit seinen beiden Begleitkassetten sowohl den praktischen Einstieg als auch alles notwendige Wissen im Umfeld vermitteln. Zudem bietet es eine Vielzahl von verschiedenen Meditationen für alle möglichen Anlässe.

Mit den entsprechenden Tonträgern läßt sich dieser Weg von Anfang an ganz allein gehen. Man kann sich aber auch geführte Meditationen gegenseitig vorsprechen, indem man zum Beispiel die entsprechenden Vorlagen aus »Reisen nach Innen« verwendet, selbst welche erfindet, oder sich sogar in eigener Regie Kassetten herstellt. Eine sehr geeignete Hintergrundmusik ist »Wege nach Innen«[5] von Bruce Werber und Claudia Fried, die extra für diesen Zweck aufgenommen wurde. Auf den ersten Blick mag es eigenartig anmuten, sich für so ein uraltes Thema wie Meditation moderner Tonträgertechniken zu bedienen. Aber es ist wohl auch kein Zufall, daß wir heute diese Möglichkeiten haben.

Durch häufiges Wiederholen ein und derselben Kassette gelingt es vor allem bei Meditationen, die um ein Problem wie etwa ein Krankheitsbild kreisen, mit der Zeit immer tiefer zum Wesen der Thematik vorzudringen. Im Gegensatz zu den themenfreien, auf die Leere zielenden Meditationen ist die geführte Meditation wundervoll geeignet, auch Schwierigkeiten auf meditativem Weg anzugehen. Als Therapie für Rückenschmerzen etwa ist Zen-Meditation weniger geeignet, weil sich durch das aufrechte Sitzen das Problem eher verstärken würde. Bei der geführten Meditation aber kann sich die oder der Betroffene einfach flach auf den Rücken legen, eine Position, in der so ziemlich jeder gut entspannen kann, und sich den Themen des eigenen Rückens auf der inneren Bilderebene widmen.

Die Auswahl der Themen ist prinzipiell unbegrenzt, auch wenn fertige geführte Meditationen nur für die häufigeren Themenbereiche zur Verfügung stehen. Besonders wenn es um Krankheitsbilder geht, die meditativ angegangen

4 Ruediger Dahlke »Reisen nach Innen – geführte Meditationen auf dem Weg zu sich selbst«.

5 Bruce Werber und Claudia Fried, Bauer Verlag, Freiburg.

werden sollen, ist es naheliegend, die geführte Reise einen Monat lang jeden Tag zu erleben. Steter Tropfen höhlt auch hier den Stein beziehungsweise die Abwehr aus. Krankheitsbilder entstehen ja auch nicht über Nacht. So braucht es auch einige Zeit, bis sie die in ihnen verborgenen Botschaften und Geheimnisse im Sinne von »Krankheit als Symbol« preisgeben. Ein Monat beziehungsweise Mondzyklus hat sich in der Praxis bewährt, um auf eine tiefere Erkenntnisstufe vorzudringen und auch auf eine Ebene, wo die therapeutische Arbeit mit den Bildern eine gute Wirksamkeit erreicht. Tatsächlich ist es gut möglich, auf der Bilderebene auch Probleme zu lösen beziehungsweise Schäden zu reparieren. Der US-amerikanische Arzt Carl Simonton konnte belegen, daß sich die Überlebenszeit von Krebspatienten, die zusätzlich auf der Bilderebene ihren Krebs bekämpfen, mehr als verdoppeln läßt. Generell ist es sinnvoll, einem Krankheitsgeschehen, das sich ja doch jeden Tag seine Aufmerksamkeit erzwingt, lieber freiwillig täglich eine halbe Stunde zu schenken. Wenn man ihm und seinen Beschwerden ungezwungen, freiwillig und bewußt zuhört, wird es einen dafür häufig in der übrigen Zeit um so mehr in Ruhe lassen. So wäre diese halbe Stunde pro Tag sogar unter zeitökonomischen Gesichtspunkten bestens investiert.

Natürlich haben solche Meditationen gleichsam etwas Erzwungenes, da Not(wendigkeit) ihre Haupttriebfeder ist. Viel schöner ist es, geführte Meditationen schon lange im Vorfeld von Krankheitsbildern einzusetzen, und tatsächlich sind wenige Wege so gut zu echter Vorbeugung geeignet.

Die Wirkung von Meditation und auch die der geführten Meditationen reicht selbstverständlich weit über das Thema Krankheit hinaus. Vielleicht ist der große Vorteil der geführten Meditation, daß sie sich konkret einsetzen läßt, um bestimmte Ziele zu erreichen, auch ihr zugleich größter Nachteil, denn sie ist naturgemäß mehr als andere Meditationen dem schnöden Zweckdenken zugänglich. Wer aber diesen Fallstrick durchschaut, kann selbstverständlich auch auf diesem Weg der inneren Reisen tiefe Erfahrungen zweckfreier Selbsterkenntnis und Bewußtseinsentwicklung machen.

Zum einfachen Entspannen ist diese Technik jedenfalls optimal geeignet, da sie – die richtige Anleitung vorausgesetzt – anstrengungs- und mühelos und wie nebenbei schon recht bald in tiefe Entspannungszustände führen kann. Nicht wenige Menschen schlafen dabei – sogar auf Stühlen sitzend – spontan ein, was einerseits die gute Entspannungswirkung unterstreicht, andererseits auf ein Schlafdefizit hinweist. Dieses ist bei Menschen, die mit dem Wecker leben, nicht selten. Immerhin verkürzt jedes Aufstehen mit dem Wecker die natürlich notwendige Regeneration durch den Schlaf mutwillig. Hier kann eine Kassette gute Abhilfe leisten, wenn man sie so lange im Liegen anhört, bis man ganz wach ist und dabei bleiben kann. Je nach Ausmaß des Schlafdefizites kann das allerdings bis zu einem ganzen Tag kosten, der so verschlafen wird. Allerdings lohnt der anschließende Wachheitszugewinn die Mühe allemal.

Außerdem sind geführte Meditationen eine ideale Vorbereitung für und somit auch ein guter Einstieg in andere Meditationstechniken, da sie keinerlei Voraussetzungen stellen. Liegen kann praktisch jeder. Wer aber im Liegen schon eine gewisse Entspannungstiefe erreicht, wird diese danach auch leichter im Sitzen finden. Wer andererseits im Chaos der inneren Bilder und Gedanken für eine gewisse Ordnung und Orientierung gesorgt hat, findet leichter in die bilderfreien Techniken hinein, weil er nicht mehr so unter (innerem Bilder-)Druck steht. All die unbewältigten Probleme drücken uns, und sie sind es auch, die den Stoff liefern für die Fülle jener Gedanken, die andere Meditationen stören. Wenn dieser Druck vorher auf bewußte Weise abgelassen wurde, findet der Meditierende leichter zu Ruhe und innerem Frieden.

Voraussetzungen und Anforderungen

Sie sind denkbar gering. Jeder Mensch kann sie gefahrlos erlernen, sofern er nicht unter schweren seelischen Störungen im Sinne von Psychosen oder sogenannten Borderlinezuständen leidet. Selbst in solchen Fällen können die Bilderreisen noch Sinn haben, dann allerdings nur im Zusammenhang mit einer entsprechenden Psychotherapie. Viele Psychotherapien, wie etwa die von uns bevorzugte Reinkarnationstherapie,[6] stützen sich ganz zentral auf die inneren Bilder.

Es ist praktisch unmöglich, eine geführte Meditation nicht zu können, da jeder Mensch sich Gedanken macht und in Bildern denkt. Bei dem Wort *Berg* denkt jeder automatisch und sofort an einen Berg, jeder an einen anderen, entsprechend den Mustern von Bergen, die er in sich gespeichert hat. Selbst wenn man aufgefordert würde, einmal nicht an einen Berg zu denken, würde trotzdem einer auftauchen. Es ist in diesem Fall ganz unmöglich, sich diesem inneren Bild zu verweigern. Jeder kann innere Bilder wahrnehmen, und es gelingt ganz automatisch und von Kindheit an.

Dieses Beispiel verdeutlicht, daß für die Welt der Bilder, wie für die ganze weibliche Seite der Wirklichkeit andere Gesetze gelten als für die männliche Welt unseres Intellektes. Verneinungen wie auch andere Abstraktionen haben im Bereich der Bilder keine Chance, sie werden einfach übergangen. Wir können gar nicht umhin, Worte in Bilder umzuwandeln und erfüllen damit schon die wesentlichste Voraussetzung für die geführte Meditation.

Falls diese eigentlich selbstverständliche und von Anfang des Lebens an vertraute Welt wider Erwarten doch Schwierigkeiten machen sollte, liegt es mit großer Wahrscheinlichkeit am eigenen Anspruch. So ist es möglich, daß man zu realistische oder zu plastische Bilder erwartet, wo einfache und immer vorhandene

6 Informationen: Heil-Kunde-Zentrum Johanniskirchen.

Vorstellungen genügen würden. Mit der Zeit und entsprechender Übung werden die Bilder ganz von selbst farbiger, plastischer und deutlicher.

So wie es einige Zeit gedauert hat, den natürlichen Zugang zur Bilderwelt zu verschütten, wird es auch wieder etwas dauern, ihn sich nun neuerlich zu erschließen. Von frühester Kindheit an können alle Menschen träumen, phantasieren und sich in den inneren Welten zurechtfinden. Mit Schulbeginn beginnen dann Lehrer diese Fähigkeiten zu torpedieren mit Kommandos wie *Träum nicht! Spiel nicht! Spinn nicht herum! Schlaf nicht! Phantasier nicht, sag die Wahrheit!* und, besonders wichtig, *Konzentrier dich endlich!* So lernen Kinder Schritt für Schritt, alles angeblich Unwichtige und Phantasievolle zu unterdrücken und sich auf das als wichtig und wesentlich Hingestellte zu beschränken und zu konzentrieren. Das ist für ein Kind ein schwerer Schritt, denn er eliminiert das typisch Kindliche und Phantastische aus dem Leben und läßt nur die dürren, farblosen Produkte der Vernunft übrig. Je schneller die Botschaft aufgenommen wird, daß ab jetzt nur noch das Rationale und Funktionale zählt, desto rascher treten die kreativen, von Bildern und Phantasien getragenen Bereiche zurück.

Im Erwachsenenalter, wenn der Intellekt längst die unangefochtene Alleinherrschaft erobert hat, plötzlich wieder Zugang zu den inneren Bildern zu suchen, wird verständlicherweise auf Schwierigkeiten insbesondere von seiten des Intellekts stoßen, der inzwischen einiges zu verlieren hat. Mit Hilfe seines über Jahre kultivierten Anspruchs an Kompliziertheit wird er gegen so einfache Dinge wie Seelenbilder argumentieren. Das Problem ist also gar nicht die Kompliziertheit der Meditation, sondern gerade im Gegenteil ihre Einfachheit und die Leichtigkeit des Zugangs.

Ein zweites, ebenso einfaches Problem liegt darin, daß es bei den geführten Meditationen jeweils darum geht, den ersten auftauchenden Gedanken wahr- und wichtig zu nehmen. Auf den ersten aufgetauchten Berg kommt es an. Ihn wahrzunehmen ist an sich leicht, aber für den auf verschiedenste Alternativen geschulten Intellekt ergibt sich hier manchmal ein Problem. Viele Möglichkeiten der Auswahl geben ihm beziehungsweise dem dahinterstehenden Ego das Gefühl von Freiheit und die Macht, Entscheidungen zu treffen. So kann er das zuerst auftauchende Bild einfach ignorieren und warten, bis sich eine Fülle von Alternativen einstellt. Dann entsteht eine Beliebigkeit der Bilder und ihre Brisanz und Wichtigkeit gehen verloren. Nun wird es dem Intellekt natürlich auch leichter, sie weniger wichtig zu nehmen. Die Auswahl unter verschiedenen Bilderalternativen ist für den Intellekt zwar befriedigend, weil er so alles unter der gewohnten Kontrolle behält, für den Meditierenden verliert die Erfahrung damit aber an Bedeutung und Sinn.

Grundsätzlich kann man dem Ego, das hinter dem Intellekt steckt, diese Antihaltung nicht einmal übelnehmen, denn es hat wirklich alles zu verlieren. Schließlich zielt Meditation ihrem Wesen nach auf die Mitte und damit auf die Befreiung von der Polarität, was zugleich auf die Befreiung von der Tyrannei des Ego hinausläuft.

Wer anfängt, seinen ersten Eindrücken und Eingebungen zu vertrauen, wird erleben, wie treffend der erste Eindruck ist. Aber auch das Ego muß nicht gleich um seine Existenz fürchten, denn bei den geführten Meditationen wird sein Stellvertreter, der Intellekt, anfangs noch eine größere Rolle spielen als beispielsweise in den nächtlichen Träumen. Er wird für längere Zeit beobachtender Zeuge bleiben. Anfangs entspricht auch der Aufbau der meisten geführten Meditationen noch durchaus seiner Logik.

Da auch die äußeren Anforderungen ausgesprochen minimal sind, bleiben wenig Gründe gegen diese Form von Meditation. Daß im Bereich von äußerer Haltung und Sitztechnik keinerlei körperliche Anforderungen bestehen, wurde schon erwähnt. Hart ausgedrückt, kann ein Mensch, solange er bei Bewußtsein ist, auch meditieren im Sinne dieser Technik. Selbst bei Schmerzen ist das noch möglich. Allerdings ist es günstig, wenn bereits Vorerfahrungen bestehen.

Möglichkeiten der inneren Bilderebenen

Diese gehen noch wesentlich weiter, als das bei der Krankheitsbilder-Meditation schon angeklungen ist. All die Grenzen, die uns und damit weitgehend auch unserem Intellekt durch die äußere Realität gesteckt sind, haben in der inneren Welt der Bilder keine oder nur eine sehr geringe Macht. Alles was denkbar ist, kann hier auch Gestalt annehmen, von Phantasiewesen bis zu Erfindungen fernster Zukunft.

Die Möglichkeit, Dinge bildliche Gestalt annehmen zu lassen, die es in der realen Welt nicht oder noch nicht gibt, ist nicht nur für therapeutische Bereiche interessant, sondern auch für alle möglichen anderen. Zukunftsplanungen werden so viel leichter und besser vorstellbar, aber auch neue Möglichkeiten lassen sich einfacher und wirksamer erproben. Sportliche Bewegungsabläufe schleifen sich auf den inneren Ebenen viel besser ein, wodurch sich nicht nur die Leistungen verbessern, sondern auch ganz neue Qualitäten entwickeln lassen.

Darüber hinaus lassen sich mit Hilfe der inneren Bilder sämtliche Zukunftsszenarien betrachten. Bevor man sein Haus an einem bestimmten Ort baut, ja, bevor man den Bauplatz überhaupt kauft, kann man auf der inneren Bilderebene eingehend anschauen, ob dieser Ort überhaupt geeignet ist und ob er auch von seiner Schwingung den Bedürfnissen der Familie entspricht. Ähnliches gilt natürlich auch für eine Mietwohnung oder das Ziel einer Urlaubsreise.

Auf der inneren Bilderebene kann man sich problemlos der besten vorstellbaren Therapiemethoden bedienen, und zwar schon lange, bevor diese in der äußeren Wirklichkeit erfunden werden. So gibt es hier bereits eine Fülle von absolut nebenwirkungsfreien Krebstherapien; jeder Patient kann sich seine eigenen nach Belieben zurechtdenken. Aus der Welt der Märchen und Mythen sind uns diese vielfältigen Möglichkeiten der inneren Bilderwelten seit Kindheitstagen vertraut. Insofern ist es auch leicht, zu ihnen zurückzufinden.

Vor allem sind die inneren Bilder ein ideales Mittel zur Psychotherapie und können so helfen, Ordnung in der Seelenwelt zu schaffen und für Orientierung zu sorgen. Da der Umgang mit ihnen so einfach ist, lassen sich erste psychotherapeutische Schritte auch gut in eigener Regie machen. Auf dem Weg zur Mitte können die inneren Bilder helfen, Schutt zu beseitigen und unverarbeitete Traumata zu verarbeiten, sie können mit Ängsten aussöhnen und den Hintergrund aller möglichen Probleme erhellen.

Wenn diese Möglichkeiten ausgeschöpft sind, ist der Weg zum eigentlichen Ziel der Meditation, der Mitte des Mandalas, auf wunderbare Weise vorbereitet und kann leichter und befriedigender erlebt werden.

Die Verbindung von inneren und äußeren Reisen

Erfreulicherweise lassen sich äußere und innere Reisen wunderbar verbinden, und eigentlich geschieht das natürlich immer schon nebenbei. Wer eine Weltreise macht, hofft dadurch reicher an inneren Bildern zu werden und diese auch mit nach Hause zu bringen. Daß heute moderne Menschen den inneren Bildern kaum mehr trauen und lieber jede Menge äußere Bilder machen, um nach der Rückkehr zu Hause etwas vorweisen zu können, ist wohl eher ein schlechtes Zeichen. Dabei wäre nichts leichter, als beides zu verbinden. Auf sogenannten Gesundheits-Kreuzfahrten konnten wir reichlich Erfahrungen sammeln, die zeigen, daß sich innere meditative Bilderreisen wundervoll mit Besuchen alter Kulturstätten verbinden lassen. Die inneren Bilder bereichern die im Außen gemachten Erfahrungen und diese befruchten ihrerseits wiederum die Entstehung innerer Vorstellungen.

Aber auch die kleinen Reisen, wie etwa Waldläufe, lassen sich in idealer Weise mit inneren Erfahrungen vertiefen und erweitern. Wer locker und entspannt im Sauerstoffgleichgewicht durch einen lichten Wald läuft, kann sich dabei mit den Bäumen in Verbindung setzen und sich vorstellen, wie er mit dem Sauerstoff, den sie ihm schenken, auch ihre Kraft und Erfahrung, ihre Vitalität und ihren Gleichmut einatmet. Jeder Waldlauf wird so zu einer Reise durch die Zeit, denn die Bäume waren in der Regel vor uns da und werden uns überdauern, und vor allem sind sie in jedem Moment mit uns verbunden, atmen sie doch Kohlendioxid, unser Abgas ein, um ihre Körper daraus zu bauen, während wir ihr Abgas, den Sauerstoff einatmen, um uns mit Energie zu versorgen. Neben der sowieso bestehenden objektiven Verbundenheit mit der Natur kann sich auf diesem Weg auch Bewußtsein für dieses Zusammenspiel ergeben.

Es ist sogar möglich, sich entsprechende meditative Themen für einen Lauf vorzunehmen, die man dann sozusagen mit auf den Weg nimmt und laufend ganz nebenbei tiefer sinken läßt. Wer es einmal ausprobiert, wird schnell erleben, wie leicht ihm auf diese Weise wertvolle Gedanken und Visionen sozusagen im Vorbeigehen zufliegen. Auch dieses Geschenk will allerdings verdient sein, und es ist nötig, zuerst einmal mit Genuß im Sauerstoffgleichgewicht eines harmonischen Laufes anzukommen, was in der Regel nach zwei bis drei Wochen geschafft ist.

Empfehlungen zu aktiven und passiven Entspannungsmaßnahmen

Eine andere Methode der Entspannung, die sich auch gut mit der geführten Meditation kombinieren läßt, ist die **progressive Muskelrelaxation nach Jacobsen,** bei der der Reihe nach alle Körperregionen bis zum äußersten angespannt werden, um sich dann um so tiefer in die auf die bewußte Höchstspannung folgende Entspannung fallen zu lassen.

Auch die **Musikentspannung** ist eine wundervolle Möglichkeit loszulassen. Jeder kennt den wohltuenden Effekt, den Musik und Rhythmus auf den menschlichen Organismus haben. Die aufmunternde, ja sogar aufpeitschende Wirkung von Rock und Pop, die beruhigende Wirkung von guter Meditationsmusik oder auch die harmonisierende Kraft von Sonaten und Symphonien aus dem Bereich der Klassik ist leicht im persönlichen Erleben nachzuvollziehen. Während der aus dem schwarzen Rhythm and Blues stammende Rock 'n' Roll vor allem mit dem Becken den weiblichen Pol aktiviert und eine starke körperliche Betonung hat, zielt gute Meditationsmusik auf die Synchronisation beider Gehirnhälften. Klassik spricht den ganzen Menschen an, allerdings auch mit einer Betonung im seelisch-geistigen Bereich.

Da unser Organismus ein System von vielfältigen Schwingungen und Rhythmen ist, können ihn von außen kommende Rhythmen und Frequenzen zum Mitschwingen bringen. Jeder kennt den Effekt des Mitwippens bei entsprechender Musik, mit der man in Resonanz geht. Musik hat auch die Eigenschaft, unser Gehirn in seiner Arbeitsweise so zu beeinflussen, daß darüber der gesamte Organismus auf Aktivität oder Entspannung gepolt wird. Bei richtiger Musikwahl sinkt die Gehirnaktivität, die über das sogenannte EEG meßbar ist und im normalen Tagesbewußtsein bei ca. 13 bis 30 Hertz liegt, auf eine Bandbreite zwischen acht bis zwölf Hertz, den sogenannten Alpha-Zustand, oder sogar noch tiefer. Jede Absenkung in solche Bereiche bringt neben anderen erwünschten Wirkungen körperliche Regeneration und mentale Entspannung mit sich und wird auch subjektiv als Beruhigung wahrgenommen. Sobald die Phase des aktiven Zuhörens zu Ende ist, beginnt eine Zeit des Lauschens und damit das zeitlose, nicht mehr vom Verstand kontrollierte Eintauchen in die Entspannung. Das Hören entsprechender, solche Wirkungen fördernder Musik, am besten über Kopfhörer, schützt vor äußeren Störungen, verbessert die Qualität und bringt auf leichte und genußvolle Art und Weise in einen in sich geschlossenen Klangraum, in dem im Idealfall Zeit und Raum ihre gewohnten Begrenzungen verlieren und letztlich auf eine besondere Art aufhören.

Solche Entspannungsphänomene lassen sich heute sogar technisch noch über sogenannte *Mind-machines* verstärken, wobei diese sehr gewöhnungsbedürftig sind, und ihre anfangs verblüffenden Entspannungseffekte sich in den meisten Fällen bald erschöpfen. Längerfristiger und deutlich tiefer geht die Wirkung von Klangwiegen,[7] wo der ganze Körper in einer Art Holzwiege, die außen mit Saiten bespannt ist, liegt und in Schwingungen versetzt wird von einem Therapeuten, der die Saiten und die ganze Wiege sanft zum Schwingen bringt.

Wasserentspannung

Eine wundervolle Entspannungsmöglichkeit bietet auch körperwarmes Thermalwasser. In vielen Seminaren[8] hat sich gezeigt, daß ein durch entsprechende Atemtechniken oder mittels Schwimmflügeln gut stabilisierter Körper in Wasser, das genau seine Außentemperatur hat, sehr bald das Gefühl für seine Grenzen aufgeben kann und zu einer tiefgehenden Entspannung gelangt. Wird dieser Effekt noch durch Unterwassermusik gefördert und von in der Wasserarbeit geschulten Begleitern unterstützt, kann sich ein umfassender und mit kaum einer anderen Methode vergleichbarer Entspannungseffekt ergeben.

Sogar Bewegungstraining kann im Wasser Vorteile haben und deutlich entspannender sein als an Land, da die Belastung der Gelenke minimal ist und für viele Menschen eine natürliche Freude im Wasser hinzukommt, die wohl damit zu tun hat, daß auch wir Menschen, wie alles Leben, aus dem Wasser kommen, nämlich aus dem körperwarmen Fruchtwasser, in dem wir uns neun Monate auf dieses Leben vorbereiten konnten.

Der Schlaf

Die erste und naheliegendste Möglichkeit zur Entspannung bietet uns der Schlaf. Er ist in seiner Wirkung wohl einmalig und unerreicht. Da wir aber in einer Zeit mit unnatürlicher Reizüberflutung leben, zeigt auch der Schlaf als natürliches

7 Im Heil-Kunde-Zentrum Johanniskirchen nutzen wir eine solche Klangwiege, um die Erfahrung tiefer Musikentspannung zu vermitteln, was wiederum andere Arten der Entspannung befruchtet.

8 Informationen über das Heil-Kunde-Zentrum Johanniskirchen oder Garden Terme in Montegrotto/Italien.

Mittel der Entspannung seine Grenzen. Vielfach haben wir es geschafft, mit künstlichen Mitteln die Nacht zum Tage zu machen, oder mittels Wecker die Zeit der Regeneration abzubrechen, bevor sie natürlicherweise beendet wäre. Folglich ist auch der Schlaf längst nicht mehr das, was er einmal war. So betrachtet ist der Wecker eine sehr negative Erfindung des archetypisch »männlichen Pols«, nimmt er doch dem weiblichen Teil unseres Wesens systematisch mit der Zeit auch die Möglichkeit zu ausreichender Regeneration.

Tatsächlich haben wir es soweit getrieben, inzwischen kollektiv die übergeordneten Zeitqualitäten zu ignorieren und unsere Schlafrhythmen beliebig zu verschieben. Wir verlängern konsequent die aktive wache Zeit bis tief in die Nacht hinein und beenden den Schlaf in der Regel relativ zu früh, aber doch schon mitten in der hellen Zeit des Tages. Kaum jemand lebt noch mit dem Sonnenrhythmus, auf den unser ganzer Organismus in den Jahrmillionen der Evolution geeicht wurde.

Regenerationsdefizite durch zu wenig Schlaf, Schlaf zu falschen Zeiten und die Tatsache, daß Schlaf, je nötiger wir ihn eigentlich bräuchten, die Tendenz entwickelt, immer oberflächlicher und seichter zu werden, führen immer mehr Menschen auf die Suche nach ergänzenden Möglichkeiten. Eine Mehrheit greift in dieser Situation zu Pillen, die allerdings keinen gesunden Schlaf bringen, sondern eher eine chemisch bewirkte »Bewußtlosigkeit«, die nur sehr unsensible Menschen mit natürlichem Schlaf verwechseln können.

Alle natürlichen und damit sinnvollen Regenerationsformen sind Teil des weiblichen Pols oder besitzen einen hohen Anteil an diesem. Am Beispiel Schlaf lassen sich deutlich einige dieser Zusammenhänge erklären. Schwierig bis unmöglich gestaltet sich die Situation, wenn wir uns mit der männlichen »Machermentalität« diesem Thema nähern. Das aktive »Machen« stößt hier an seine Grenzen, ohne »Geschehenlassen« kommt nichts und jedenfalls kein Schlaf. Meditation, Regeneration und Schlaf haben gemeinsam, daß wir sie nicht *machen* können, aber die Rahmenbedingungen lassen sich so gut und günstig gestalten, daß sie mit hoher Wahrscheinlichkeit *geschehen* können.

Beispielsweise läßt sich während des Tages mit viel Bewegung an der frischen Luft für eine angenehme körperliche Müdigkeit sorgen, so daß sich nach einem frühen und vor allem leichten Abendessen in einem angemessenen und bequemen Bett in einer beruhigenden Schlafzimmeratmosphäre die Wahrscheinlichkeit eines guten gesunden Schlafes deutlich erhöht. Das notwendige geduldige Warten auf das Eintreffen eines gewünschten Effektes mag mit ein Grund sein für die eher negative Bewertung dieser Inhalte. Wenn östliche Philosophien von der »Kunst des Nichtstuns« sprechen, ist wohl dieser bewußte Umgang mit dem regenerativen Pol gemeint und nicht, wie im Westen oft irrtümlich angenommen, platte Faulheit. Unsere kollektiven Schwierigkeiten mit dem Geschehenlassen werden gerade beim Einschlafen deutlich. Andererseits könnte uns die Notwendigkeit, wieder einschlafen und loslassen zu lernen, auch zurück zur Entspannung im allgemeinen führen, ganz abgesehen von der guten Möglichkeit, mit geführten Meditationen den Schlaf wiederzufinden.[9]

Qi Gong und Taiji

Sehr tiefgehende Formen der Entspannung in Bewegung bieten die östlichen Methoden des Taiji und Qi Gong. Bei ihren fließenden, vom eigenen Körperrhythmus getragenen Bewegungsmustern ist die Bewußtheit der entscheidende Punkt. Materiell orientierte Menschen, die nach dem leistungsorientierten Motto »viel hilft viel« an diese Übungen herangehen, übersehen häufig deren wesentlichen meditativen Anteil. Hier liegt ein großer, vom Westen heute erst im Ansatz verstandener Schatz. Daß bereits eine Reihe von Leistungsportlern mit großem Erfolg auf der Qi-Gong-Spur üben, könnte uns Hinweis und Anreiz zugleich sein. Eine sehr schöne Form, in das System des Qi Gong hineinzufinden, bietet das Buch »Auf den Schwingen des Drachen«,[10] da es mit einer beigefügten CD gleich eine Übungsanleitung mitliefert, die sofortiges und von Anfang an genußvolles Üben erlaubt.

Für das Taiji, das im Westen anfangs fälschlicherweise Schattenboxen genannt wurde, gibt es inzwischen auch bei uns eine Fülle von guten Anleitungen. Diesbezüglich sei vor allem auf die Bücher des seit langem im Westen lebenden Ehepaares Kobayashi und des chinesischen Taiji-Meisters Al Huang hingewiesen. Das Mißverständnis mit dem Schattenboxen beruht wohl darauf, daß Taiji die Grundform der östlichen Kampfkunst darstellt. Allerdings handelt es sich hier um eine Kampfkunst, die nicht mit westlichen Kampftechniken, wie dem Boxen, zu verwechseln ist, da es gerade nicht einseitig auf den männlichen Pol setzt, sondern, wie in seinem Symbol schon deutlich ausgedrückt, beide Pole der Wirklichkeit miteinander versöhnt. Die Kraft wird hier durch den ruhigen Fluß der Energie gelenkt. Alle Aktivität geschieht aus der beruhigten Mitte, und das ganze Gewicht liegt in der jeweiligen Bewegung und im Augenblick und gerade nicht bei einem etwaigen zukünftigen Sieg. Der Weg ist das Ziel, weiß der Osten. Daß dabei dann gerade auch besonders leicht Siege abfallen, wird sozusagen billigend in Kauf genommen, aber es ist nicht das unbedingte Ziel des Taiji Quan.

9 Siehe hierzu die geführten Meditationen »Schlafprobleme«.

10 Nikolaus Klein »Auf den Schwingen des Drachen«.

Anti-Streß-Gymnastik

Hierbei handelt es sich um eine Bewegungstechnik, die mehrere Elemente des weiblichen Pols auf den Ebenen Muskulatur und Bewegungsapparat, Atmung und Vorstellungskraft zu einem gemeinsamen Ziel vereint. Da sowohl körperliche wie emotionale Belastungen zu einer signifikanten Zunahme der Muskelspannung führen, empfiehlt sich auf der Körperebene die Technik der Dehnung. Prinzipiell lassen sich alle Dehnungsübungen, die wir in der Bewegungssäule vorgestellt haben, dazu verwenden und diese auch mit eigenen Übungen ergänzen. Auf der Atemebene ist der Ausatem jeweils mit Entspannung und Loslassen verbunden, wie der sprichwörtliche Ausatemseufzer zeigt. Im Ausatem werden wir natürlicherweise weicher, können deshalb besser dehnen und auch Abstand zu etwaigen Problemen gewinnen. Der Körper reagiert häufig unbewußt mit einem Ausatemseufzer, wenn sich das Ende einer Spannungszeit abzeichnet. Auf der Mentalebene nehmen wir uns die bewußte Aufmerksamkeit im Augenblick mit der Vorstellung, wie sich Spannungen im Körper und seelische Blockaden lösen.

Konkret ist folgender Übungsverlauf empfehlenswert:
In der auf der Abbildung beschriebenen Position halten Sie die Dehnung während dreier kurzer Einatemzüge, die Sie mit genüßlichen Ausatemseufzern verbinden. Ohne das Bein loszulassen, drücken Sie anschließend Ihre Fußspitze mit halber Kraft gegen die Hände, die aber nicht nachgeben. Währenddessen atmen Sie drei ganz normale Atemzüge. Jetzt geben Sie den Druck des Beines wieder auf und wiederholen noch einmal den ersten Teil. Somit entsteht eine »Drei-Drei-Drei-Übung« mit einer harmonischen Abfolge von drei tiefen Ausatemseufzern, drei normalen Atemzügen und wieder drei Entspannungsseufzern.

Die rechte Gehirnhälfte, u. a. für Kreativität und Visionen zuständig, sorgt für begleitende Unterstützung mit Vorstellungen von einem angespannten Organismus, der sich in einem wohltuenden Feld entspannen und alle Härten lösen kann. Über zehn bis 15 Minuten, während Sie verschiedene Dehnpositionen einnehmen, ergibt sich ein Zustand vertiefter Regeneration. Der Effekt verstärkt sich mit der Wahl entsprechender Begleitmusik[11] und kann durch abschließendes Wechselduschen noch vertieft werden.

11 Empfehlenswert z. B. »Wege nach Innen« von Bruce Werber und Claudia Fried, Bauer Verlag, Freiburg.

Sauna, Tepidarium und andere Wärmeanwendungen

Seit zirka 1930 ist die sogenannte »finnische Sauna« im deutschsprachigem Raum bekannt. Kenntnisse um die wohltuende und sogar heilende Wirkung von Wärmeanwendungen sind aber noch viel älter. Heiße Quellen wurden zu Ritualplätzen, und viele geschichtliche Überlieferungen zeugen von einer hochentwickelten Badekultur. Im Römischen Weltreich trafen sich Bürger, Feldherren und Reisende gleichermaßen in eigens dafür errichteten Wärmehäusern, sogenannten Tepidarien. Das **Tepidarium** stand im Mittelpunkt des kulturellen und politischen Lebens, ein Platz, wo man aktuelle Neuigkeiten erfuhr, Besprechungen abhielt, aber auch gleichzeitig ein Platz der Reinigung und der Entspannung. Wohl sehr ähnlich präsentiert sich auch der *Hamam,* die türkische Version der Wärmeanwendung in feuchtwarmer Atmosphäre.

Der gewünschte Effekt der Entspannung und tiefen Regeneration sowie die Unterstützung des vegetativen Gleichgewichts ist nur möglich, wenn die Anwender sich an bestimmte Regeln halten und gleichsam den Saunagang zum Ritual werden lassen. Durch die hohe Umgebungstemperatur wird dem im Saunaraum liegenden Menschen Wärme zugeführt. Die Folge ist eine Erhöhung der Körpertemperatur und einsetzende Schweißproduktion. Ein Teil des Schweißes verdunstet auf der Hautoberfläche und sorgt somit für Kühlung. Die Thermoregulation des Organismus ist gefordert, muß sie doch die Körperkerntemperatur in jedem Fall bei 30 Grad Celsius halten.

Für ein gesundes Schwitzen ist es unbedingt nötig, gut abgetrocknet in die Sauna zu kommen, denn nur eine trockene Hautoberfläche ermöglicht ein langsames Ansteigen der Körpertemperatur, ansonsten ist die Kreislaufbelastung unsinnig hoch. Nach einem Wärmebad von acht bis zwölf Minuten, wobei die letzten zwei Minuten im Sitzen zu verbringen sind, ist der aktive Teil zu Ende. Diese erste Hälfte steht ganz im Zeichen der Sympathikuswirkung des Nervensystems mit all den bereits beschriebenen Vorgängen. Gegebenenfalls, aber nicht unbedingt zwingend, kann ein sogenannter Aufguß den Abschluß bilden. Der Aufguß dient der Befeuchtung des Atemapparates. Es ist ausreichend, zwei bis drei Kellen mit frischem Wasser auf den Steinen zu verdampfen.

Leider wurde speziell der Aufguß immer mehr zu einer Demonstration von Härte, Durchhaltevermögen und Selbstbestätigung. Aktionen mit zwei und sogar drei Aufgüssen hintereinander, das Hinauszögern und Warten, bis der oder die erste »schlapp« macht, belasten das Herz-Kreislauf-System schwer und bergen unnütze Gefahren. So wird eine an sich gute Methode zu grobem Unfug, der Blutdruckspitzen von über 200 heraufbeschwören kann.

Nach dem Verlassen der Sauna beginnt die Abkühlphase mit einem Frischluftaufenthalt über einige Minuten, der besser im Gehen und nicht im Stehen durchgeführt wird. Beim anschließenden Kühlen mit Wasser gilt die Grundregel, vom

Lauwarmen zum Kalten und eventuell sehr Kalten. Als im wahrsten Sinne des Wortes Todsünde ist es zu betrachten, wenn Menschen kopfüber ins Kaltwasserbecken springen. Große Blutmengen in der Haut werden schockartig über das venöse System zum Herzen zurückgepreßt und belasten es schwer. Dabei kann der systolische Blutdruck (der erste von den beiden Werten) auf über 250 ansteigen. Besonders unerwachsene, unmännliche Männer wollen damit ihre Männlichkeit unter Beweis stellen, zeigen aber nur die typische Dummheit Halbstarker. Einige Saunatote sind auf dieses Fehlverhalten zurückzuführen.

Richtig genutzte Kaltwasseranwendungen sind kurz und so einzurichten, daß dabei nie der Atem stockt. Der Moment des stockenden Atems zeigt an, daß jemand zu schnell unterwegs ist. Gutes Trockenfrottieren des Körpers und das Trinken von reichlich Flüssigkeit, am besten von körperwarmem Wasser, leiten die zweite Hälfte jeder Saunaanwendung ein. Der Gewichtsverlust in der Sauna ist ein reiner Wasserverlust, der nach einer Anwendung wieder auszugleichen ist. Als Mittel zur Gewichtsreduktion ist die Sauna völlig ungeeignet. Der Versuch, den verlorenen Wasseranteil nicht wieder auszugleichen, kann lebensgefährlich werden, in jedem Fall ist er ungesund.

Andererseits bietet die Sauna sogar eine wundervolle Möglichkeit, die Wasserreserven des Körpers zu überarbeiten im Sinne von Reinigung und Ergänzung. Selbstverständlich ist es hier naheliegend, wirklich gutes Wasser nachzufüllen. Dabei geht es weniger um dessen Inhaltsstoffe (von Mineralwasser ist eher abzuraten) als um seinen energetischen Zustand.[12]

Unterstützt durch das Abkühlen ändert sich die Reaktionslage im vegetativen Nervensystem unseres Organismus, und der »Gegenspieler« des Sympathikus, der Parasympathikus gewinnt an Einfluß. Häufig muß am Ende der Saunagänge auch mittels ansteigender Fußbäder oder Wechselduschen für warme Füße gesorgt werden. Dann steht einer tiefen Regenerationszeit nichts mehr im Wege. Jeder Saunagang erfordert eine Ruhezeit von mindestens 45 Minuten, die kaum je eingehalten wird. Ein bis zwei der eben beschriebenen Zyklen sind ein hervorragender Ausgleich zu einem ereignisreichen Tag und liefern einen wertvollen Beitrag zu einem vegetativen Gleichgewicht. Eine Massage kann das Geschehen abrunden. Ein- bis zweimal pro Woche können solch entspannende Saunabesuche der Gesundheit merklich auf die Sprünge helfen.

Ähnliche Abläufe finden sich auch im **Dampfbad,** wobei trotz der niedrigeren Temperatur von ca. 50 Grad eine stärkere Belastung für den Organismus entsteht, da es zu einer stärkeren Erwärmung des Körpers aufgrund der fehlenden Verdunstungskälte kommt.

12 Siehe hierzu Urs Honauer, »Wasser – die geheimnisvolle Energie für Gesundheit und Wohlbefinden«.

In jeder Hinsicht äußerst empfehlenswert ist der weibliche Gegenpol zur finnischen Sauna, die milde Wärmeanwendung in einem **Tepidarium,** wo die wohltuende Wirkung bereits bei Körpertemperatur, also 37°, erreicht wird. Um 45° geschieht die Ausscheidung von Stoffwechselschlacken am leichtesten, um 55° wird die Immunabwehr am besten gestärkt. Das Tepidarium ist eine Lauwarm-Kammer (lat. *tepidus* = lauwarm), wobei die Strahlungswärme von Wänden, Fußböden und Bänken abstrahlt und den Körper langsam durchdringt. Durch die angenehm lange Wirkzeit der Wärme, je nach persönlichem Wohlgefühl von einer halben Stunde in den von 45° bis 55° temperierten Räumen bis zu mehreren Stunden im Körpertemperaturraum, lassen sich Gesundheitswirkungen wie mit kaum einer anderen Wärmeanwendung erzielen. Die Tepidariumanwendung bietet vor allem ideale Bedingungen für den streß- und rheumageplagten Organismus des modernen Menschen und wird wohl erst in Zukunft ihren Siegeszug antreten. Überall dort, wo tiefe Regeneration auf natürliche Art gefragt ist, wird man bald wohl auch ein Tepidarium finden. Im Spitzensport wird der heute noch kaum genutzte Effekt der Wärmekammer in Zukunft mit Sicherheit einen wertvollen Beitrag zur schnelleren und besseren Regeneration bei körperlichen Ausnahmebelastungen leisten.

Viele der für das Tepidarium angeführten Vorteile gelten mit Einschränkungen für die **Schwitzgrotten,** wie sie in manchen Thermalbädern existieren. Bei Temperaturen knapp über 50° kann man länger verweilen als in der Sauna, die Entspannungseffekte sind ähnlich wie auch die der Entschlackung, wobei die Herz-Kreislauf-Belastung deutlich geringer ist und das ganze Erleben dadurch angenehmer wird. Am besten wäre es, sich mit viel Feingefühl für den eigenen Organismus durch die zunehmenden Bäder-Varianten zu baden, die im Rahmen der Wellness-Welle die besseren Hotels erobern, und das für sich Beste herauszufinden nach dem Bibelwort: »Alles versuchet und das Beste behaltet.«

Eine ziemlich neue Entwicklung im Saunabereich, die erst durch einen drastischen Preissturz in jüngster Zeit aktuell geworden ist, stellt die **Infrarot-Kabine** dar. Sie ist sowohl für den medizinischen als auch für den Fitneßbereich ein großer Gewinn, denn sie kombiniert die Vorteile verschiedener Ansätze in einem einzigen. Der Durchwärmungseffekt geht hier wirklich durch und durch und dringt bis zu vier Zentimeter in die Tiefe, d.h. das Gewebe erwärmt sich, nicht nur die oberflächliche Haut. Die Infrarotwärmestrahlung entspricht weitestgehend der Strahlungswärme der Sonne, was die ausgesprochen gute Verträglichkeit erklären mag. Die erreichte Raumtemperatur ist dabei weniger wichtig, sie liegt unter 60 Grad.

Die tiefgehende Durchwärmung, die z.B. alle wesentlichen Muskelpartien des Skelettbereichs einschließt, macht die Anwendung nach sportlichen Betätigungen besonders angenehm und ist sogar der eines Entmüdungsbades überlegen. Selbst vor dem Sport kommt sie als schnelle Aufwärmung der Muskulatur in Frage, wobei sie Dehnungen nicht wirklich ersetzt. Verschiedene wissenschaftliche Studien wiesen nach, daß der abgesonderte Schweiß eine große Anzahl an Schlacken und Schadstoffen enthält; d.h. man kann hier wirklich von gezielter Entgiftung sprechen. Im Rahmen von längeren Anwendungen, die über eine halbe Stunde hinausgehen, kann man damit auch eine sogenannte Hyperthermie erzeugen, eine Art künstliches Fieber, was häufig zu deutlichen Besserungen bei rheumatischen Krankheitsbildern, aber auch bei Allergien und sogar bei Krebserkrankungen führt. Solche extremeren Anwendungen sollten natürlich im Zusammenhang mit einer überwachten Therapie angegangen werden.

Die Infrarotsauna kann aber durch ihre Steigerung der Abwehrkraft auch in einem Übergangsbereich der Medizin durchaus privat gut genutzt werden, um Erkältungen vorzubeugen oder sie abzufangen. Für eine Entschlackung der Haut und ihres Unterhautfettgewebes, wie sie besonders von Frauen, die sich mit Phänomenen wie der sogenannten Cellulitis herumschlagen, angestrebt wird, reicht schon die tägliche halbstündige Benutzung bei geringeren Temperaturen.

Die Infrarotkabine hat darüber hinaus den Vorteil, nur minimalen Raum zu beanspruchen (es gibt sie als Einzel- und Doppelkabine). Der Energieverbrauch ist äußerst sparsam, auch die Aufheizzeit entfällt. Die Preise der rein medizinischen Geräte (z.B. nach Ardenne) waren bisher allerdings zu hoch, um sie für den Privatbereich attraktiv zu machen. Durch Serienproduktion liegen sie nun aber im Bereich einer guten Sauna.[13]

Das persönliche Entspannungsfeld in der Wärme

Wunderbar lassen sich Tepidarien und Schwitzgrotten auch zu geführten Meditationen nutzen, da die sanfte Wärme die Entspannung und das Loslassen unterstützt, der Kreislauf gar nicht belastet und der Stoffwechsel nur milde angeregt wird. In der hochgeheizten Sauna ist Meditieren höchstens sehr Geübten möglich. In Finnland spielen sich viele Aspekte des Lebens in der Sauna ab, und sogar Kinder sind hier schon in der Hitze geboren worden.

Ähnlich vorteilhaft ist Dehnen im Tepidarium, da die Gewebe in der Wärme leichter nachgeben und sich diese archetypisch weibliche Umgebung auch ideal eignet, um loszulassen. Eine Dehnungsreise durch den ganzen Körper wie sie im Kapitel »Kleine Entdeckungsreise«, S. 102 ff., beschrieben wurde, ist sehr angenehm in solch einem Wärmeraum zu durchleben. Außerdem macht es mehr Spaß, einen warmen geschmeidigen Körper zu dehnen und zu spüren als einen kalten, der alle Energie selbst aufbringen muß. Die äußere Wärme ist hier also eine willkommene Unterstützung.

13 Info und Bezug siehe Anhang »Vitatherm«.

Schließlich läßt sich zu all dem auch noch die passende Musik hinzufügen. So kann man sich je nach persönlichem Geschmack ein wunderbares Entspannungsfeld aufbauen, das vielen Ebenen der seelischen und körperlichen Existenz gerecht wird.

Ein weiterer unterstützender Faktor kann der richtige Duft sein. Die Möglichkeiten von Aromatherapie und Räucherungen[14] lassen hier der persönlichen Note jede Wahl. Ein besonderer Hochgenuß ist eine Aromamassage[15] in dieser warmen geborgenen Umgebung. So können selbst weniger beliebte Übungen wie Dehnen zu einem der positiven Höhepunkte des Tages werden.

Häufige Fehler beim Wärmebaden

- Saunieren mit vollem Magen,
- Saunieren bei akuten fiebrigen Infektionen,
- nasses Eintreten in den Saunaraum,
- längeres aufrechtes Sitzen im Saunaraum läßt große Blutmengen versacken und birgt Kollapsgefahr,
- zu hohe Luftfeuchtigkeit im Saunaraum (sollte unter 10 % liegen),
- unvorbereitetes Springen ins Tauchbecken birgt Lebensgefahr,
- zu viele Saunagänge ohne Einhaltung der Ruhezeiten,
- Gewichtsverlust durch Saunieren, der nicht durch Wasser- oder Teetrinken ausgeglichen wird.

14 Susanne Fischer-Rizzi: »Botschaft an den Himmel«.

15 Susanne Fischer-Rizzi: »Aroma-Massage«.

III
Säule Ernährung

Die Diätetik war mit Sicherheit eine sehr frühe, wenn nicht die früheste Disziplin der Medizin. Das Wort Diät geht auf das Griechische *díaita* zurück, was soviel wie Lebensart, geregelte Lebensweise und Lebenseinteilung bedeutete und damit andeutet, wieviel weiterfassend Diät früher gemeint war. Wahrscheinlich stand die Ernährungslehre überhaupt am Anfang aller Medizin, denn wohl schon von Anfang an war den Menschen der Zusammenhang zwischen Nahrung und Wohlbefinden klar. Daß minderwertige Ernährung sie schwächte und krank werden ließ, müssen bereits die ersten Menschen bemerkt haben. Insofern dürfte die Sorge um gute Nahrung so alt sein wie die Menschheit selbst, ganz abgesehen davon, daß das Hungergefühl eine der Urempfindungen des Menschen ist und früher in diesbezüglich noch schwierigeren Zeiten eine viel beherrschendere Rolle gespielt haben dürfte als heute. Selbst Tiere sind relativ »diätbewußt« und machen kaum Fehler, jedenfalls solange wir Menschen sie artgerecht leben lassen.

Wahrscheinlich war die erfolgreiche Bekämpfung des Hungerns zusammen mit der wachsenden Hygiene der entscheidende Faktor bei der eindrucksvollen Verlängerung unserer menschlichen Lebenserwartung. Allerdings ist das Pendel vom Hungern heute weit in den Gegenpol zur Über- und Fehlernährung umgeschwungen und wird nun zum Lebenszeit begrenzenden Faktor. Dabei ist die Vorstellung, sich gesund essen zu können und über gutes Essen Glück und Erfüllung zu finden einer der ältesten Träume der Menschen, der bis in die Phantasien vom Schlaraffenland hineinreicht. Heute sind wir von unseren Möglichkeiten nahe daran, das Schlaraffenland zu verwirklichen. Wenn wir einige einfache und natürliche Gesetzmäßigkeiten wieder beachten, könnten wir uns gesund, fit und glücklich futtern.

Um aber dort hinzukommen, müssen wir uns gleich zu Beginn erst einmal einen gewissen Schock zumuten. Wo ein generelles Umdenken vonnöten ist, liegen in der Regel auch generelle Fehler zugrunde. Beim Essen ist das leider in erheblichem Ausmaß der Fall, weil wir begonnen haben, uns von unserer menschlichen Art und biologischen Bestimmung zu entfernen. Insofern ist bis zum Gesundessen aus Spaß für viele ein weiter, wenn auch nicht schwieriger Weg zu gehen beziehungsweise zu essen. Die Hauptschwierigkeit liegt in den eingefahrenen Gewohnheiten, die zu hinterfragen nicht nur, aber auch im Ernährungsbereich eine ziemliche Herausforderung darstellt.

Artgerechte Ernährung

Die Ernährung zeigt uns vielleicht am deutlichsten, daß wir uns in biologischer Hinsicht noch nicht so sehr weit vom Tierreich fortentwickelt haben. Beobachten wir Tiere in ihrer natürlichen Umwelt und Lebensweise, können wir im Hinblick auf sinnvolle Ernährung einiges von ihnen lernen. »Sich zu ernähren wie ein Schwein« wäre für viele Menschen tatsächlich ein ziemlicher Fortschritt, der die Lebensqualität drastisch erhöhen würde, insbesondere wenn wir an ein Wildschwein denken und nicht an die bedauernswerte Abart des Hausschweines, das dem Menschen auch in seinen aufgezwungenen Ernährungsgewohnheiten ähnlich geworden ist. Der österreichische Verhaltensforscher und Nobelpreisträger Konrad Lorenz sprach sogar von einer »Verhausschweinung« des Menschen, was er allerdings nicht nur auf die Ernährung, sondern auch auf den Bewegungsmangel infolge des dauernden Eingesperrtseins in zu enge »Käfige« bezog. Kinder rennen täglich einige Kilometer, bis sie dann in der Grundschule regelrecht fest*gesetzt* werden. Aber nicht nur, was den Bewegungsmangel, sondern auch was die Ernährung angeht, nähern wir uns im Laufe des Lebens immer mehr unseren Hausschweinen. Von ihren wilden Vorfahren könnten wir dagegen noch einiges lernen.

Ein Wildschwein schnüffelt grunzend an allem, bevor es davon frißt. Würden wir das auch konsequent tun, könnten wir die meisten der notdürftig geschönten Supermarktprodukte gar nicht mehr über die Lippen bringen. In sehr frühen Zeiten verließen sich auch die Menschen auf ihren guten Riecher, auf den bis heute unser enorm großes Riechhirn hinweist. Es gäbe gute Gründe, diesem mächtigen Riechhirn auch heute noch mehr zu vertrauen und wieder Aufgaben zuzuerkennen.

In ihrem Verdauungstrakt sind sich Schweine und Menschen recht ähnlich, und erstere verköstigen sich überwiegend vegetarisch. Das Wildschwein ist zwar ein Allesfresser, ernährt sich aber doch weitgehend vegetarisch. Wenn es zwischen Wurzeln, Knollen und Eicheln auch einmal einen Käfer erwischt, wird es ihn nicht verschmähen. Ähnlich dürften wir beim Obst auch ruhig einmal einen Wurm mitessen, Fleischorgien aber, die Gemüse und Getreide zu Beilagen herabstufen, sind auch unserer Gesundheit abträglich. Vegetarier sind nachweislich gesünder und viel weniger krebsgefährdet als ihre fleisch(fr)essenden Kollegen.[1] Zu essen wie ein Wildschwein wäre für uns also tatsächlich von Vorteil und nicht das einzige, was wir von unseren tierischen Verwandten lernen könnten.

So ist etwa nicht bekannt, daß sich Wildtiere – mit der verständlichen Ausnahme einiger Winterschläfer – ein ähnliches Übergewicht zumuten wie Men-

1 Verschiedene größere Studien kommen übereinstimmend zu diesem Schluß, z. B. auch die des ganz schulmedizinisch orientierten deutschen Krebsforschungsinstitutes in Heidelberg.

schen. Offenbar können sie besser einschätzen, was ihnen bekommt. Sogar bei notwendiger Nahrungsenthaltung sind sie uns voraus. Im Krankheitsfall verzichten sie manchmal für lange Zeit auf Nahrung, so daß alle Körperkräfte der Regeneration zufließen können. Mit bewußtem Fasten hat sich der Mensch erst allmählich wieder zu diesem sinnvollen Verhaltensmuster zurück- beziehungsweise emporentwickelt. Während fast alle Tiere zu dieser einfachen und bewährten »Diätmaßnahme« Zuflucht nehmen, sind es noch immer vergleichsweise wenige Menschen, die diesen Schritt schaffen.

Nun ist mit solchen Bemerkungen die Frage Vegetarismus oder Fleischkonsum sicher nicht ausreichend zu klären. Wahrscheinlich ist sie gar nicht abschließend zu entscheiden, denn zu viele Komponenten spielen in das Thema hinein. Außerdem kann es auch keine allgemeinverbindlichen Antworten geben, weil individuelle Faktoren vom Bewußtseinsstand bis zur unterschiedlichen Arbeitsweise mit hineinspielen. Sicherlich ist Fleischkonsum nicht an sich schlecht, für Tiger und Löwen etwa ist er einfach konkurrenzlos zu empfehlen. Nähern wir uns dem Thema von rein medizinischen Standpunkten, spricht bei Menschen allerdings vieles für eine ganz überwiegend vegetarische Vollwerternährung, ergänzt durch etwas Fisch und Fleisch. Betrachten wir etwa unser Gebiß, überwiegen die Mahlzähne bei weitem die Schneide- und Eckzähne. An letzteren – Überreste der Reißzähne räuberischer Vorfahren – läßt sich deutlich eine Tendenz zu friedlicher Ernährungsweise ablesen. Wäre es unsere Bestimmung, uns nach Art von Raubtieren zu versorgen, hätten wir auch deren Gebiß. Unseres weist uns dagegen mit seinen mahlenden Mühlenzähnen (lat. *Mola*(ren) = Mühle) als überwiegenden Pflanzen-, ja Körner(fr)esser aus.

Ähnliches läßt sich vom Darm sagen, der bei uns viel zu lang für einen Fleisch(fr)esser ist. Vergleicht man die Körperlänge im Verhältnis zur Darmlänge, so rangieren wir weit näher bei den Vegetariern als bei den Raubtieren. Allerdings muß man fair messen und auch beim Menschen nur die Wirbelsäule oder bei den Tieren auch die Hinterbeine hinzunehmen. Unter dem Strich kommt bei solchen Erhebungen kein reiner, aber doch ein überwiegender Vegetarier heraus. Wir sind also von der Schöpfung deutlich harmloser gedacht, als wir uns heute geben.

Bis in die jüngste Zeit war dann auch Fleisch etwas Besonderes auf dem Speisezettel. In frühester Vergangenheit konnten die Menschen es nur schwer erjagen und dann die große Menge nicht gut konservieren, und so stand es wohl auch zu Anfang eher selten zur Verfügung. Noch bis in dieses Jahrhundert galt Fleisch auf dem Land als ausgesprochenes Festtagsgericht, das während der Woche kaum serviert wurde. In dem Maße, wie wir es uns leisten konnten, machten wir dann jeden Tag ernährungsmäßig zu einem Festtag und begannen jene Fleischmast, die heute in den Industrienationen für das große Heer der Rheumatiker und Gichtpatienten sorgt und die Krankenkassen schwer belastet. Die entsprechenden Mitglieder bleiben ohne wirkliche Umstellung in Ernährungs-, Bewegungs- und seelischer Hinsicht Dauerpatienten. Daß sie die Kassen aus Sehnsucht auf bessere Zeiten schon einmal Gesundheitskassen nennen, ändert allein leider noch wenig. In den letzten 50 Jahren ist in den deutschsprachigen Ländern der Fleischkonsum um über 500 Prozent gestiegen. Das aber entspricht nicht unserer Art und schadet unserer Gesundheit. Hier ist allerdings darauf zu achten, daß nicht generell Fleisch mit Eiweiß gleichgesetzt wird. Wenn heute von Eiweißmast gesprochen wird, ist in der Regel die allgemeine Fleischmast gemeint, die auch zahlenmäßig sehr eindrucksvoll zu Buche schlägt.

Unsere Ernährungsgewohnheiten haben ganz generell in den letzten Jahrzehnten dramatische Veränderungen durchgemacht, aber nirgends so deutlich wie beim Anstieg des Fleischkonsums, nämlich um 90 Prozent vom Ende der fünfziger bis Ende der achtziger Jahre. Das allerdings ist nur die Spitze des Eisbergs, denn über die Jahrhunderte haben wir bereits einen enormen Anstieg in diesem Punkt. In den letzten drei Jahrzehnten ist gleichzeitig auch der Anteil der ballaststoffreichen Kost um 30 Prozent zurückgegangen, der von Fett um zehn Prozent, der von Süßigkeiten um 30 und der von Obst, vor allem Zitrusfrüchten, um fast 80 Prozent gestiegen.

Der Anstieg des Verbrauchs an Zitrusfrüchten könnte hier durchaus einen positiven Trend markieren, allerdings wird sich später unter dem Aspekt der thermischen Auswirkungen der Lebensmittel zeigen, daß auch dieser eher ambivalent einzustufen ist.

Daß Vegetarier trotz aller Untersuchungen, die ihren biologisch sinnvolleren Ernährungsstil bestätigen, ein so schlechtes Image in der Bevölkerung haben, dürfte an der Angst der Mehrheit vor jedem Umdenken liegen, aber auch an der teilweise überzogenen Selbstdarstellung der Vegetarier, die sich gern nicht nur als die gesünderen, sondern auch als die besseren Menschen geben. Oft wird der Vegetarismus von seinen Anhängern sogar in grotesker Weise als Hinweis auf fortgeschrittene geistige Entwicklungsstufen stilisiert. Wer die Straßenseite wechseln muß, weil ein Metzgerladen kommt, dessen Ausdünstung die eigene sensible Schwingungsebene schädigt, wer glaubt, spirituell schon so weit entwickelt zu sein, daß er kein Fleisch mehr verträgt, weist sich eher als verwirrt, wenn nicht geschädigt aus. Als Allesfresser, der der Mensch nun einmal ursprünglich ist, muß ein gesunder Mensch überschaubare Mengen Fleisch vertragen. Ist das nicht mehr der Fall, muß man wohl von einem Symptom ausgehen. Allerdings sitzt dessen Ursache meist nicht im Darm, sondern im Bewußtsein. Was man einmal gekonnt hat und nun nicht mehr kann, ist außerdem kein Zeichen eines Fortschritts. Andernfalls wäre es ja auch ein Fortschritt, wenn man von den im Gymnasium erlernten Fremdsprachen kein Wort mehr sprechen kann. Damit würde sich auch niemand brüsten. Sich den zumeist sowieso irrigen Glauben, daß man kein Fleisch mehr vertrage, hoch anzurechnen, ist auch nicht viel intelligenter.

Zu all den recht eindeutigen gesundheitlichen Argumenten für ein überwiegend vegetarisches Leben kommt natürlich noch eine Reihe ethischer Erwägungen. Immerhin waren auch viele Heilige, allen voran Franziskus von Assisi, Vegetarier. Aber gerade bei ihm sollten wir nicht vergessen, daß auch er anders angefangen hat, als er noch ein Lebemann und Genießer war. Ganz unzweifelhaft ist die strikt vegetarische Lebensweise nicht nur für Menschen, sondern erst recht für die (ansonsten verspeisten) Tiere von Vorteil. Daß wir Weihnachten, das höchste Fest des Christentums, das sich ja als Religion der Liebe versteht, zu einem Schlachtfest für Geflügel gemacht haben, ist sicherlich bedenkenswert und wohl nicht im Sinne des Heilands, dessen Geburt mit Freßorgien und Konsumräuschen gefeiert wird.

Würden wir noch verbunden mit der Natur leben, würde uns die Entscheidung *natür*lich leichter fallen. Wer öfter in die großen braunen Augen eines Kälbchens schaut, wird sein Fleisch anders bewerten als jener, der es nur in Scheibenform kennt. Wer Enten- und Gänsefamilien im Teich vor seinem Haus schwimmen sieht, wird sie zu Weihnachten nicht unbedingt braten wollen.

An Kindern können wir noch häufig erleben, wie zartfühlend unsere Seele eigentlich ist, bevor wir sie recht brutal abhärten. Es auch noch Erziehung zu nennen, wenn wir ein sensibles Kind endlich über Fischstäbchen und Hühnerwürfel (neudeutsch *Chicken-nuggets*) zum widerwilligen Verzehr dieser Tiere bewegt haben, ist zumindest eine Geschmacksfrage. Kleine Kinder sind oft durchaus entsetzt über den Gedanken, ein Tier zu verspeisen, abgesehen davon, daß es vielen anfangs auch gar nicht schmeckt, weil ihr Geschmackssensorium noch natürlicher ist.

Eine ehrliche Variante für unentschlossene Erwachsene ist es, nur das zu essen, was sie von Anfang bis Ende zubereiten können. Wer, nachdem er ein Kalb erschossen und dessen brechendem Blick standgehalten hat oder auch nur ein Huhn eigenhändig geköpft und dessen kopfloses minutenlanges Gezappel ertragen hat, es danach ausnehmen, braten und mit Genuß verspeisen mag, kann sich immerhin ehrlich nennen. Den meisten Menschen in unseren Gesellschaften würde wohl schon der bloße Besuch in einem modernen Schlachthof zuviel Ehrlichkeit ins Leben bringen, von Ausflügen auf fast ausnahmslos tierquälerisch organisierte Hühnerfarmen ganz abgesehen. Unsere Unehrlichkeit besteht darin, daß wir solche Grausamkeiten durch unsere Lebensart nötig machen, aber nicht dazu stehen. Als die Medizinstudenten unseres Semesters eine Exkursion zum Großschlachthof machen mußten, blieb die Mensa für einige Tage auf ihren Fleischmenüs sitzen, nach einer Woche ging man aber bereits wieder zur gefühl- und geschmackloseren Tagesordnung über.

Bei all diesen Überlegungen sollten wir uns trotz der mitschwingenden Emotionen und bei aller Tierliebe hüten, andere Menschen in ihren Ernährungsgewohnheiten zu bewerten. Wenn jeder für sich versucht, seiner Seele zu entsprechen und seinem Anspruch an Ehrlichkeit gerecht zu werden, ist uns allen letztlich am meisten gedient. Erfahrungsgemäß wird nicht fanatisches Beschimpfen Andersdenkender und -essender etwas ändern, sondern nur das eigene Beispiel, wenn es in anderen Seelen jenen Bereich anrührt, der wachsen will und immer entwicklungsbereit ist.

Lebens- oder Nahrungsmittel?

Hinter solchen ethischen Überlegungen mögen jene zurückstehen, die sich der Qualität der Nahrung annehmen. Trotzdem ist hier wohl der Ansatzpunkt, an dem immer mehr Menschen allmählich bereit sind umzudenken. Immerhin vergeht praktisch keine Woche ohne eine neue Hiobsbotschaft aus der Nahrungsmittelindustrie, und ein Skandal jagt den nächsten, wobei wir sicher noch davon ausgehen müssen, daß jeweils nur die Spitze des Eisbergs überhaupt entdeckt wird.

Wollen wir vollwertig leben, müssen wir auch so essen. Fleischnahrung ist aber mit wenigen Ausnahmen auf einem eher minderwertigen Niveau angesiedelt. Das helle Kalbfleisch, das perverserweise hierzulande am meisten geschätzt wird, muß von blutarmen, gequälten Kälbern stammen, denn gesunde Kälber haben nun einmal gut durchblutetes, rotes Fleisch. Aber auch anderes Fleisch aus der sowohl tier- als auch menschenunwürdigen Massentierhaltung befindet sich in einem erbärmlichen Zustand. Die oft über weite Strecken unter grausamen Bedingungen verfrachteten Tiere sterben nach langer Todesangst in einem Panikzustand, der ihr Fleisch mit Streßhormonen anreichert, die die Konsumenten notgedrungen mitessen. Hinzu kommen noch jene Hormon- und Antibiotikamengen, die geschäftsbewußte Züchter den bedauernswerten Kreaturen vorher eingeflößt haben, um ihr Wachstum unter »sicheren Bedingungen« zu beschleunigen.

Bedenkt man noch die Gefahren durch Seuchen wie BSE, deren Ursprung darin zu suchen ist, daß man aus Profitgier pflanzenfressenden Tieren wie Rindern Schafmehl zu fressen gab, der Schweinepest oder die Dioxinverseuchung des Tierfutters, ist es wenig ratsam, einfach weiterzuessen wie bisher. Da es aber im Augenblick gar nicht denkbar ist, für die Millionen Fleischesser gesundes Fleisch zu »produzieren«, bleibt sowieso nur eine unfanatische, überwiegend vegetarische Alternative. Würden die Fleischesser insgesamt deutlich weniger und sie wiederum weniger Fleisch essen, gäbe es durchaus andere, gesündere Möglichkeiten, wie sie etwa von Initiativen wie der Schweißfurth-Stiftung schon verwirklicht werden.

Ein weiteres Argument gegen den massenweisen Fleischkonsum aus Massentierhaltung sind die ökologischen Begleiterscheinungen. Es ist schon verrückt, wieviel hochwertiges pflanzliches Sojaeiweiß im Augenblick an Schweine verfüttert wird, um es in minderwertiges Schweineeiweiß zu verwandeln. Zur »Produktion« von einem Kilogramm Fleisch brauchen wir zudem die x-fache Menge an Wasser im Vergleich zu einem Kilogramm Brot. Bei jedem Sprung von einer Ebene zur nächsten muß ungefähr die zehnfache Energiemenge verbraucht werden. Um ein Kilogramm Rinderfleisch aus pflanzlicher Nahrung herzustellen, braucht man zehnmal soviel pflanzliche Energie. Würde man versuchen, ein Kilogramm Löwenfleisch herzustellen, bräuchte man dafür auch wieder ungefähr die zehnfache Energiemenge an Rinderfleisch. Aber so verrückt sind wir ja noch nicht, daß wir das Fleisch von Fleischfressern essen!

Ein weiteres Problem liegt darin, daß weltweit riesige Rinderherden, die die Basis für das Schnell-Futter in einschlägigen Fast-food-Restaurants liefern, beachtliche Teile der Erde kahlfressen und in ihren Därmen enorme Mengen Methangas produzieren, das den globalen Treibhauseffekt verstärkt. Für diese Herden werden obendrein die letzten Reste jener Urwälder geopfert, die Ökologen auch als grüne Lungen der Erde bezeichnen. Berechnet man all die Folgekosten aus dieser Art von Tierhaltung, müßte ein einziger Hamburger über 300.– DM kosten. Auch unter solchen Gesichtspunkten hat eine vorwiegend vegetarische Lebensweise also einige Vorteile zu bieten.

Wer je den Übergang von der Fleisch- zur Pflanzennahrung in ihren körperlichen und vor allem seelischen Auswirkungen erlebt hat, kann auch die alte Erkenntnis nachvollziehen, daß es, solange wir Schlachthöfe haben, auch Schlachtfelder geben wird. Daß der Mensch ist, was er ißt, mag auf den ersten Blick sehr überzogen klingen, wer diesbezüglich persönliche Erfahrungen gemacht hat, wird aber doch bemerken, daß zumindest die Tendenz stimmt.

Jeder Stahlarbeiter weiß aus Erfahrung, daß der Hochofen nur dann zu seiner wirklichen Leistung und damit Bestimmung kommt, wenn er mit den richtigen Materialien gefüttert wird. Der Autofahrer kommt auf gar keine andere Idee, als seinem Wagen nur die besten Mineralölprodukte zuzuführen. Würde er statt vorgesehenem Super- nur noch normales Benzin tanken, würde er negative Auswirkungen auf die Leistung erwarten. Der sportliche Wagen würde wohl noch fahren, aber unter seinen Möglichkeiten bleiben. Wenn wir, die wir unseren Autos an den Tankstellen nur die besten Produkte zukommen lassen, uns bewußt machen, was wir uns zum persönlichen Verzehr an diesen Autotempeln kaufen, müßten wir verzweifeln. Wo für Autos ausschließlich erste Wahl angeboten wird, ist für Menschen nur minderwertigste Nahrung zu haben, von *Lebens*mitteln keine Spur. Es ist kein Wunder, daß Untersuchungen zeigen, daß wir so weit hinter unseren Möglichkeiten zurückbleiben. Die Art, wie wir essen, reicht zum Überleben (für eine gewisse Zeit), mit (bewußtem) Leben hat das wenig zu tun.

Wenn man Versuchstiere mit der Nahrung eines durchschnittlichen Amerikaners oder Mitteleuropäers füttert, reduziert man damit deren Lebenserwartung nicht nur um 30 Prozent, sondern auch die Qualität ihres Lebens. Diese Tiere verenden dann weit vor der Zeit ähnlich elend wie die meisten Menschen an ganz vergleichbaren Zivilisationssymptomen. Füttert man diese Tiere dagegen mit einer kargen, vollwertigen, artgerechten Kost, erhöht sich ihre Lebenserwartung um 25 Prozent, und die Lebensqualität nimmt ebenfalls drastisch zu. Noch weiter erhöhen läßt sich das Lebensalter durch freiwillige Phasen völliger Nahrungsenthaltung, weshalb bewußte Hundebesitzer ihren Lieblingen zu deren Bestem vereinzelte Fastentage zumuten.

Alles spricht dafür, daß diese Ergebnisse auf Menschen übertragbar sind, und die Frage drängt sich auf, warum die Hundebesitzer mit sich selbst nicht ähnlich verfahren. Alle möglichen Studien über Langlebigkeit kommen zu ähnlichen Schlüssen: die Hundertjährigen auf dieser Welt sind fast ausnahmslos arme Leute, die sich zeitlebens karg ernährt haben. Die meisten Menschen unserer Gesellschaft, die uralt werden wollen, allerdings ohne dabei alt zu wirken, träumen davon, durch irgendwelche Nahrungszusätze Langlebigkeit zu erreichen. Dabei wäre es soviel einfacher und billiger, vieles einfach wegzulassen, jedenfalls die Fleischberge, und das wenige, was wir wirklich brauchen, in einem guten, d. h. vollwertigen Zustand zu uns zu nehmen.

Die Machergesellschaft sucht aber natürlich ihr Heil in der Gegenrichtung; man versucht Gesundheit zu produzieren und schluckt gern eine Fülle von Verjüngungs- und Durchblutungspillen, die alle eines gemeinsam haben: sie nützen, aber nur ihren Herstellern. Paul Watzlawik hat das Prinzip treffend charakterisiert: Immer mehr vom selben! Die Lösung aber liegt auf dem Gegenpol: Wir müßten allmählich einmal wagen, etwas wirklich Neues, qualitativ anderes zu versuchen, müßten umdenken und unser Heil in der Gegenrichtung suchen. Produziert ist genug, aufhören und geschehen lassen könnte die Lösung sein.

Tatsächlich geht die Art, wie das Fleisch, das wir verspeisen, herangezüchtet wird, viel mehr in seine Qualität mit ein, als sich die meisten modernen Menschen klarmachen. Über die Hormone bekommen wir die Stimmungen der Tiere mit, wobei spirituelle Menschen auch davon ausgehen würden, daß wir mit dem Essen der Nahrung ganz allgemein für alles mitverantwortlich sind, was zu ihrer Produktion notwendig war.

Ähnlich bekommen wir bei den pflanzlichen Nahrungsmitteln all die Rückstände der Pflanzenschutz- und Unkrautvertilgungsmittel mit, denen die modernen Nahrungspflanzen ausgesetzt sind. Aber auch, was die Pflanze zu sich nimmt, geht auf uns über und damit auch all der Kunstdünger.

Noch problematischer sind die modernen Verfahren zur besseren Haltbarmachung und Ertragssteigerung, denen wir ausführlicher bei der Betrachtung der einzelnen Nahrungsanteile begegnen werden. Durch sie werden aus Lebensmitteln Nahrungsmittel, die nicht mehr wirklich sättigen und die Bedürfnisse unseres Organismus auch nicht mehr wirklich befriedigen. Eine moderne Erdbeere hat nach Angaben des Ernährungsforschers Bodo Kuklinski (Rostock) um 67 Prozent weniger Vitamine als ihre Vorgängerin vor 15 Jahren. Die Lösung kann hier nun aber nicht im Versuch liegen, sich die fehlenden Vitamine aus der Apotheke zu holen, denn es fehlen ja gar nicht nur die Vitamine, sondern mit Sicherheit auch eine Fülle von Spurenelementen und Mineralien, sogenannten Nahrungsergänzungsmitteln. Kenner der Situation gehen davon aus, daß es an die 30 000 solcher Stoffe geben wird, wovon wir bislang nur einen geringen Teil überhaupt kennen. Sie alle künstlich zu produzieren und dann für viel Geld einzunehmen, ist erstens noch längst nicht möglich, und wenn es dann möglich sein wird, wohl für die meisten nicht erschwinglich. Viel einfacher und langfristig billiger ist es, statt auf moderne billige Nahrungsmittel hereinzufallen, wieder auf altbewährte Lebensmittel zurückzugreifen, die all diese lebenswichtigen Dinge noch natürlicherweise enthalten.

Wenn man schon Nahrungsmittelergänzungen erwägt, was bei besonderen Situationen, wie etwa langer Krankheit, durchaus Sinn hat, hat es sich bewährt, auch das auf natürlicher Grundlage zu tun. In Mikroalgen haben wir zum Beispiel eine verblüffende Kombination von lebenswichtigen Stoffen, die obendrein noch die Entschlackung fördern.[2] Eine andere gute Variante sind die von den Bienen auf wunderbare Weise zusammengetragenen Mineralienschätze wie Pollen, Gelee royale und Propolis.[3]

Fleisch ist ein besonders heikler Punkt, dabei aber nur ein Unteraspekt der Eiweißsituation. Wenn wir allerdings diesen Punkt für uns geklärt haben, was die Quantität und die Qualität angeht, haben wir das schwierigste bereits geschafft. Dann stellt die Umstellung von raffinierten auf naturbelassene Kohlenhydrate und Fette nur noch eine vergleichsweise geringe Anforderung dar.

2 Information siehe Anhang unter »Life Light«.

3 Information und Bezug siehe Anhang unter »Matricell-Kur«.

Praktischer Ernährungsteil

Denjenigen, die sich durch diese Vorbemerkungen wachgerüttelt fühlen oder schon seit geraumer Zeit das Gefühl haben, etwas ändern zu wollen in ihren Eßgewohnheiten oder sich durch entsprechenden Leidensdruck zu Umstellungen genötigt sehen, wollen wir ein einfaches und leicht praktikables Modell vorstellen.

Die Pyramide unserer Ernährung

Um den jetzigen Zustand der Ernährungslehre verstehen zu können, ist es notwendig, einen kleinen Ausflug in die Geschichte zu machen. Viele der (leider) noch immer herrschenden Meinungen und Ansichten haben in längst überholten Denkweisen ihren Ursprung. Die westliche Ernährungslehre teilte die Nahrung in drei Hauptbestandteile ein und interessierte sich vor allem für deren Brennwert. Letzteres ist deshalb verständlich, weil sie in der Zeit des Ersten und Zweiten Weltkrieges, also einer Situation weitverbreiteten Hungerns, entstanden ist. Über die Bestimmung von Brennwerten konnten die sogenannten Kalorien festgelegt werden, um Rationsmengen für die kämpfenden Soldaten und das oft noch stärker hungernde Volk, aber auch für die Kriegsgefangenen zu bestimmen. Ob diese Ration nun aus Brot, Dosenfleisch oder aus Schokolade bestand, galt als ziemlich belanglos. Vorrangig war, überhaupt etwas zu essen zu haben. Die zunehmend prekäre Situation des Krieges zwang dazu, die Rationen immer weiter einzuschränken. Diese »alte Ernährungslehre« wurde nach und nach abgelöst von einer »neueren«. Die Medizin fand allmählich heraus, daß es durchaus nicht ganz egal war, in welcher Form man seine Kalorienmenge abdeckte, und es entwickelten sich Empfehlungen bezüglich der grundsätzlichen Aufteilung des Essens.

Nachdem der Hunger in den Industrienationen besiegt war, wurden die noch von hungrigen Wissenschaftlern festgelegten hohen Fett- und Eiweißanteile deutlich herabgesetzt. Heute geht die Schulmedizin davon aus, daß sich die aufgenommene Kalorienmenge wie folgt zusammensetzen solle:

Kohlenhydrate etwa 60 Prozent
Fette etwa 20 bis 25 Prozent
Proteine etwa 15 bis 20 Prozent

Diese Aufteilung geht auch durchaus konform mit den in der Einleitung erwähnten Anlagen des Menschen, was sein Gebiß und seine Darmbeschaffenheit betrifft, und wird heute mit leichten Abweichungen von den meisten Ernährungsschulen akzeptiert. Sie soll auch unsere Basis bilden.

Sollte jemandem der Fettanteil von 20 bis 25 Prozent hoch erscheinen, ist zu bedenken, daß sich der tatsächliche Fettanteil in der gutbürgerlichen deutsch-österreichischen Küche tatsächlich im Augenblick auf 40 bis 60 Prozent (!!!) beläuft. Denn nicht der sichtbare Speckrand macht den Löwenanteil aus, sondern vielmehr der riesengroße Anteil an sogenannten versteckten Fetten. Vom Ketchup angefangen über legierte Saucen, Wurstwaren bis hin zu fritierten Speisen und Mehlspeisen; ja sogar bei Süßigkeiten ist der Anteil an nicht sichtbaren und noch dazu gesättigten und damit unvorteilhaften Fetten enorm.

Die drei Hauptbestandteile

Kohlenhydrate

Von Pflanzen durch die Synthese von Kohlendioxid und Wasser unter Verbrauch von Sonnenenergie gebildet, lassen sie sich in zwei große Gruppen einteilen, die kurzkettigen und die langkettigen Zucker. Hierher gehören alle Getreideprodukte wie Brot, Reis, Nudeln, aber auch Kartoffeln und Mehlspeisen, Torten, Zucker, Schokolade, jene Süßigkeiten also, die rasch Energie zur Verfügung stellen. Je kurzkettiger die Zuckermoleküle sind, desto rascher können sie verstoffwechselt werden, und desto schneller steht die Energie zur Verfügung. Zur Aufschließung der langkettigen Zuckermoleküle, wie etwa der Stärke der Kartoffeln, braucht der Organismus länger, und sie wären deshalb die wesentlich gesündere Kohlenhydratquelle. Der rasche Blutzuckeranstieg durch kurzkettige raffinierte Zucker ist es vor allem, der zur Übergewichtsbildung beiträgt, wie wir später noch zeigen werden. Bei einer vollwertigen Ernährung wären beim Kohlenhydratanteil zirka zehn Prozent an kurzkettigen Zuckern (gewonnen aus Zuckerrüben und Rohrzucker und verarbeitet zu Süßigkeiten) zu tolerieren, der überwiegende Teil sollte aus komplexen Kohlenhydraten bestehen, wie sie sich im Getreide, aber auch in Nudeln, Kartoffeln, Keimen, Gemüsen und Nüssen finden. Daß Kohlenhydrate dick machen und zu meiden sind, ist also in dieser Pauschalisierung durchaus falsch, es gilt auch hier zu unterscheiden. Komplexe, möglichst naturbelassene Kohlenhydrate sollten unsere Hauptenergiequelle sein.

Fette

Sie können tierischer und pflanzlicher Art sein und bestehen chemisch aus einem dreiwertigen Alkohol, dem Glycerin, und drei höheren Fettsäuren, den sogenannten Triglyceriden. Ihre Energie ist ergiebig und hält lange vor. Fette haben einen doppelt so hohen Brennwert wie Kohlenhydrate und Proteine. Die große Energiemenge, die sie dem Körper zuführen, wird bei Nichtverbrauch in Form der heute so ungeliebten Energiedepots beziehungsweise Fettpolster im Körper abgelagert. Aber auch Fett, das heute einer pauschalen Verteufelung ausgesetzt ist, ist besser als sein Ruf, beziehungsweise Fett ist nicht gleich Fett. Unser Organismus braucht je nach Geschlecht und Konstitution zwischen 15 und 20 Prozent Fett zur Isolierung und Einbettung unserer inneren Organe. Die Hälfte des Körperfettes wird direkt unter der Haut gebraucht, vor allem, um uns gegen Temperaturschwankungen zu schützen. Aber auch für die Verdauung ist Fett wichtig, denn all die sogenannten fettlöslichen Vitamine könnten wir sonst gar nicht aufnehmen. Bekannt ist die Zugabe von etwas Sahne zum Karottensaft, damit man das wertvolle Provitamin A aus den Karotten überhaupt aufnehmen kann. Aber auch ein so wertvoller Stoff kann natürlich im Übermaß zum Problem werden.

Selbst beim Gewichtsproblem sollten wir aber nicht aus den Augen verlieren, daß Schweine mit Kohlenhydraten wie Kartoffeln und nicht mit Fett gemästet werden. Wenn die Fette heute von den drei Nahrungsbestandteilen mit Abstand den schlechtesten Ruf genießen, sollten wir uns klarmachen, daß das früher genau umgekehrt war. Die Menschen ließen früher, wenn sie weit von ihrer Höhle entfernt ein Mammut erlegt hatten, das Muskelfleisch zurück, um nur das wertvollere Fett mitzunehmen. Ihnen ging es noch vor allem um den Brennwert. Mit Fett konnten sie nicht nur ihre Höhle erleuchten, sondern auch den eigenen Stoffwechsel anheizen. Sie müssen bald herausgefunden haben, daß der Transport des Muskelfleisches kaum lohnte, weil sie beim anstrengenden Schleppen schon fast wieder verbrannten, was sie anschließend essend gewinnen konnten.

Früher gab es in den Gefängnissen nur Brot und Wasser. Damit konnte der Gefangene zwar überleben, aber mit dem Entzug von Fett war ihm jeder Genuß genommen, und er mußte das trockene Brot hinunterwürgen. Heute ist das Fett durch das Übermaß an eigenem Körperfett, das viele mit sich herumschleppen, in einen unverdient schlechten Ruf gekommen. In der Analogie entspräche das etwa der Situation, wenn plötzlich der Weltmarkt mit Gold überschwemmt würde, und jeder einen Überfluß daran hätte. Dann käme dieses weiche, gelbe Metall wahrscheinlich allmählich in einen Ruf, der schlechter als der des Eisens wäre. Schließlich kann man aus ihm einfach keine verläßlichen Werkzeuge machen und seine Bedeutung im Schmuckbereich hätte es längst an knappere und damit kostbarere Metalle, wie vielleicht Silber verloren.

Für unsere Ernährung essentiell sind die gleichnamigen Fettsäuren, die sich vor allem in der pflanzlichen Nahrung finden. Ähnlich wie beim Eiweiß ist das Fett vor allem deshalb so in Verruf gekommen, weil man in den reicher werdenden Zeiten zuviel von seiner tierischen Variante zu sich nahm. Dieses Fett ist grundsätzlich minderwertiger, weil es fast ausschließlich aus gesättigten Fettsäuren besteht, zudem werden diese beim Braten und Kochen durch die Hitze endgültig ruiniert. Wir könnten heute auf einiges an tierischem und inzwischen auch undefinierbarem Fett verzichten, das sich versteckt in allen möglichen, vor allem in Fertiggerichten verbirgt, weil es billig ist und die Dinge gut rutschen läßt. Wertvoll und für unsere Gesundheit unverzichtbar aber sind die hochwertigen pflanzlichen Fette, die reich an ungesättigten (essentiellen) Fettsäuren wie Linol- und Linolensäure sind, wie etwa die Öle aus Sonnenblumenkernen, Mais, Disteln oder Weizen. Aber auch von den tierischen Fetten ist die Butter vielen zu Recht unverzichtbar und der Margarine vorzuziehen, selbst wenn diese pflanzlichen Ursprungs ist. Da aber Margarine bei ihrer Herstellung drastisch erhitzt wird, sind ihre ehedem ungesättigten Fettsäuren, bis sie im Verkaufsbehältnis ankommen, zumeist komplett gesättigt und damit der Butter unterlegen. Auch vom Geschmack her schneidet die Butter bei den meisten Menschen deutlich besser ab.

Der Geschmack aber ist eine nicht zu unterschätzende Komponente bei der Ernährung. Er sollte zwar nicht allein bestimmen, aber auch nicht außer acht gelassen werden. Daß Olivenöl weniger hochungesättigte Fettsäuren enthält als Leinöl, ist eine Tatsache, daß es aber zum Mozarella einfach viel besser schmeckt auch. Wenn es kalt gepreßt ist und nicht etwa bei der Verarbeitung erhitzt wird, braucht man darauf sicher nicht zu verzichten.

Ein anderes heikles Kapitel im Fettbereich ist das Cholesterin, das unserer Meinung nach zu Unrecht verteufelt wird. Ein hohes Cholesterin ist zwar ein schlechtes Zeichen für die Gesamtsituation des Organismus, aber die Bekämpfung eines Zeichens ist ungeschickt und in diesem Fall auch ungesund. Cholesterin ist Bestandteil unserer Nervenscheiden, der Zellmembran, die Basis unserer Geschlechtshormone und der Gallensäuren, ohne die es keine Fettverdauung gäbe. Außerdem ist es eines der wichtigsten Reparaturmaterialien des Körpers. Deshalb ist seine Erhöhung im Blut auch ein schlechtes Zeichen, denn sie spricht für eine Kampfsituation des Körpers.[4] Sein Verbandsmaterial sollte man in solcher Situation dem Organismus aber nicht chemisch entreißen, denn damit verschlechtert man seine Lage nur noch weiter.

Eiweiß oder Protein

Während Kohlenhydrate und Fette sozusagen in Standardformen auftreten und bei allen Menschen und in allen Körpern identisch sind, sorgen die Proteine für unsere Individualität. Sie stecken hinter unseren individuellen Körperformen, und da sie alle Grenzflächen aufbauen, sind sie für unser typisches und einzigartiges Gesicht ebenso wie auch für die noch individuelleren Hautmuster, etwa die Fingerabdrücke, verantwortlich. Ihr zum Teil sehr individueller Aufbau aus den einzelnen Aminosäuren wird über den genetischen Code der DNS gesteuert,

4 Eine ausführlichere Darstellung des Cholesterinproblems findet sich in dem Taschenbuch »Verdauungsprobleme« von Robert Hößl und Ruediger Dahlke.

der für alle Lebewesen dieses Planeten identisch, aber eben auch in der Lage ist, die Individualität des Lebens zu sichern.

Eiweiß ist für die Selbsterhaltung des Organismus, den Zellstoffwechsel und die Zellerneuerung unverzichtbar notwendig und kann vom Körper in tierischer und pflanzlicher Form aufgenommen werden. Die Meinung, wonach tierisches Eiweiß für den Menschen höherwertig sei, ist längst widerlegt und nicht mehr aufrechtzuerhalten, auch wenn einige unverbesserliche Schulmediziner nach wie vor davon überzeugt sind. Zwar gibt es sogenannte essentielle Aminosäuren, die der Körper nicht selbst herstellen kann, aber auch diese lassen sich über eine ausgewogene pflanzliche Kost ausreichend aufnehmen und sind in dieser sogar eher vertreten als in der tierischen Kost.

Da das Eiweiß heute einen dermaßen schlechten Ruf in der »Gesundlebeszene« hat, lohnt es sich, den Gründen nachzugehen. Aus dem (Leistungs-)Sport, der früher dem Mißverständnis aufsaß, daß viel Muskeleiweiß viel Muskeln aufbaut, wußte man, daß das kurzfristig zwar einige Erfolge brachte, langfristig aber zu schweren Schäden führte. Besonders im Bereich der Schwerathletik wurden von vielen ehemeligen Ostblockathleten wahre Fleischberge vertilgt, aber schon als Dreißigjährige bezahlten diese Athleten diese Kost überdurchschnittlich häufig mit Krankheitsbildern wie Rheuma, Gicht, Nierensteinleiden und vor allem Arteriosklerose. Tatsächlich war es aber gar nicht nur das Übermaß an Eiweiß, das diese Schäden verursachte, sondern das Fleisch, das Purine enthält und viel wertloses Fett neben all den Problemstoffen, die durch seine Produktion unter den bereits geschilderten unwürdigen Bedingungen zusätzlich entstehen.

Da der Mensch – wie schon betont – biologisch gesehen ein Allesfresser ist, ist für unsere Versorgung eine Mischung aus überwiegend pflanzlichem und in geringen Mengen auch tierischem Eiweiß zu empfehlen. Das muß nicht unbedingt Fisch und Fleisch bedeuten, wobei in kleineren Mengen gesundheitlich nichts gegen diese beiden Eiweißquellen spricht, sofern die Qualität in Ordnung ist. Aber natürlich sind auch die Milchprodukte und Eier eine tierische Eiweißquelle. Unter den pflanzlichen Quellen sind besonders die Hülsenfrüchte zu nennen, die relativ viel Eiweiß enthalten. In einer Kultur wie der indischen, die über Jahrtausende ausschließlich vegetarisch lebte, waren Hülsenfrüchte von daher immer sehr angesehen. Der relativ hohe Eiweißanteil der Hülsenfrüchte macht diese zu einer idealen Eiweißquelle. Wichtig ist dabei aber sorgfältiges Kauen, sonst tritt die bekannte Volksweisheit »Jedes Böhnchen macht sein Tönchen« in Kraft. Linsen enthalten bei weniger als einem Prozent Fettanteil über 20 Prozent Eiweiß. Eine Trennkost im strengen Sinne ist mit ihnen deshalb nicht durchzuführen.

Aber auch Gemüse und besonders Getreide wie Reis, Hirse, Weizen, Grünkern, Hafer und Mais enthalten, wenn auch nicht viele, so doch hochwertige Proteine und gehören auch aus dieser Perspektive in den Mittelpunkt unserer Ernährung. Sie haben in der Vergangenheit ganze Kulturen gut genährt. Unsere modernen Eiweißprobleme sind also viel eher Fleischprobleme. Zuviel pflanzliches Eiweiß kann man nur schwerlich essen. Bei tierischem Eiweiß ist man dagegen schnell über der vertretbaren Grenze, was den Organismus schon deshalb belastet, weil er Kohlenhydrate und Fette bis zu den Grundstoffen Wasser und Kohlendioxid verbrennen kann, während Eiweiß sich nur bis zum relativ viel größeren Harnstoffmolekül abbauen läßt, dessen Entsorgung eine einwandfreie Nierenfunktion voraussetzt.

In ein gängiges und leicht zu merkendes Modell übertragen sieht die empfehlenswerte Aufteilung wie folgt aus.

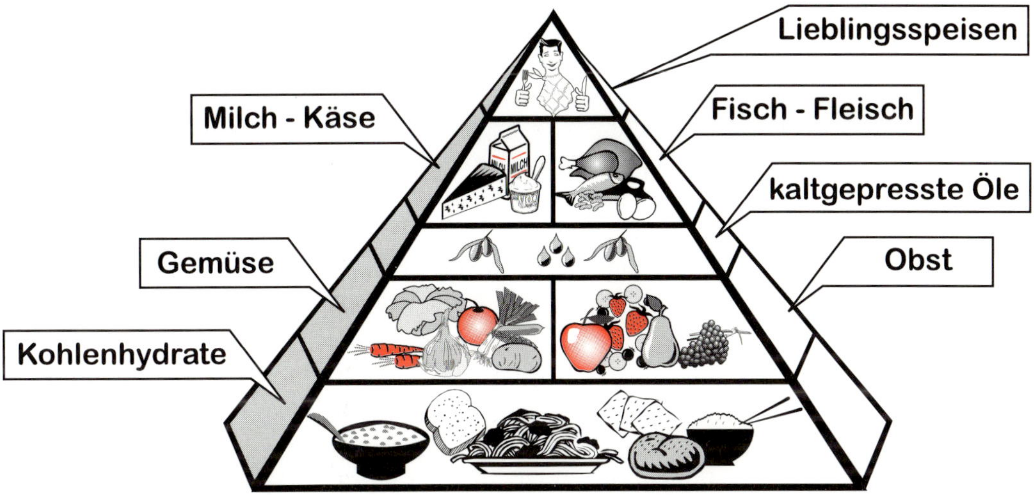

Der weitaus überwiegende Anteil wird von verschiedenen Getreidesorten und all ihren Folgeprodukten eingenommen. Darüber reiht sich Obst und Gemüse in roher, gedämpfter und gekochter Form. Wesentlich weniger Platz ist für Fisch und Fleisch sowie Milch und alle daraus entstehenden Produkte wie Käse reserviert. In der Spitze findet sich ein Freiraum, der mit ruhigem Gewissen mit all dem auszufüllen ist, was in der übrigen Pyramide nicht Platz gefunden hat. Gesunde Ernährung heißt nicht Verzicht auf wohlschmeckende »Lieblingsspeisen«, wohl aber ihre Einordnung in eine stimmige Gesamtbilanz!

Unserer ganzen Art entspricht es, über Einzelaktionen die große Linie zu vergessen. Besonders deutlich wird diese Unart in der Politik. Während besonders Diktaturen, aber auch andere Systeme ihre Hauptstädte prachtvoll ausbauen, lassen sie nur zu oft das übrige Land verrotten. So ähnlich gehen aber die allermeisten Menschen auch mit sich selbst um. So sorgen sie sich enorm, daß sie in den Festtagen zwischen Weihnachten und Neujahr zunehmen könnten und versuchen sich schweren Herzens und unter Wehklagen an der Ernährungsvernunft zu orientieren. Dabei wäre es viel wichtiger, darauf zu achten, *was* sie zwischen Neujahr und Weihnachten zu sich nehmen. Wenn das und damit die große Linie stimmt, dürften sie in der vergleichsweise kurzen festlichen Zeit der Rauhnächte durchaus – im Sinne der Pyramidenspitze – einige Tabus brechen.

Vergleicht man die Pyramide mit dem durchschnittlichen deutschen Ernährungsverhalten, wird ersichtlich, daß dies weit vom Sollwert abweicht. Aus Geschmacksgründen und Gewohnheit haben wir das Schwergewicht deutlich zu einer Fett- und Eiweißmast verschoben. Viele haben die Pyramide überhaupt umgedreht und auf den Kopf gestellt. Überholte Ansichten, daß »nur Fleisch viel Kraft gibt« oder daß »Kartoffeln und andere Kohlenhydrate dick machen«, führen nicht selten zu einer Reduktion der (lebens)wichtigen Basis auf Beilagenniveau. 100 Gramm Pellkartoffeln enthalten dabei nicht einmal ein halbes Gramm Fett, wohingegen 100 Gramm Kartoffelchips bereits um die 40 Gramm Fett enthalten. Industrielle Fertigprodukte sind aber nicht nur bei diesem Beispiel eine bedenkliche Gefahrenquelle.

Jede Hochkultur seit Menschengedenken hatte ihren Nahrungsschwerpunkt auf einer Getreidesorte. In Ägypten war es der Weizen, in Asien der Reis, in Südamerika der Mais, bei den Germanen der Hafer. Das (Voll-)Getreide wurde im ganzen Korn, in gequetschter, geschroteter oder gemahlener Form roh, gekocht oder gebacken zur täglichen Nahrungsgrundlage. Gemischt mit Gemüse, Nüssen oder Früchten entstand so eine (bio)logisch sinnvolle Basiskost. Fleisch stand nur selten zur Verfügung, denn es verdarb leicht und war schwierig zu konservieren.

Diese Art der Ernährung mag aus heutiger Zeit betrachtet wenig reizvoll und noch weniger abwechslungsreich erscheinen. Vielleicht bestand aber in der damaligen Zeit nicht die Notwendigkeit, über das Essen Abwechslung ins Leben zu holen und so für die Kompensation täglicher Monotonie, fehlender Erfolgserlebnisse oder mangelnder Zuwendung zu sorgen. Vom Standpunkt der gesunden Ernährung aus fehlte mit hoher Wahrscheinlichkeit an der Basis weniger als heute. Damals dürfte der Nahrungsmangel an sich der einschränkende Faktor schlechthin gewesen sein, so daß der Hunger die entscheidende Rolle spielte. Hinzu kam möglicherweise ein Mangel an Vitaminen in der kalten Jahreszeit. Ein weiterer Grund für die geringe Lebenserwartung lag zudem in der hohen Säuglings- und Kindersterblichkeit, dem absoluten Mangel an Hygiene und in der – in unserem Sinne – nicht vorhandenen medizinischen Betreuung, wo schon – aus heutiger Sicht – harmlose Krankheitsbilder zum Tod führten. Den großen Durchbruch – was die Lebenserwartung angeht – brachten jedenfalls erst die Versorgung mit ausreichender Nahrung und die Erkenntnisse bezüglich der Hygiene. Aus dieser frühen Zeit, wo die Qualität der Nahrungsmittel noch in Ordnung war, aber die Quantität das Problem darstellte, dürfte unsere bis heute bestehende Fixierung auf die großen Mengen stammen. Heute haben wir das

Mengenproblem jedenfalls in den Industriegesellschaften längst gelöst, uns dafür aber ein in seinen Auswirkungen unübersehbares Qualitätsproblem eingehandelt.

Alle bedeutenden Ernährungsspezialisten waren und sind sich einig, daß, je be- und verarbeiteter, je industrieller, entfremdeter und »verschnörkelter« unser Essen wird, die Menschen den Mangel an Qualität am eigenen Leib um so leidvoller erleben.

Die Art unserer jetzigen Ernährung ist geradezu antibiotisch, d. h. gegen das Leben gerichtet. Dabei sehen wir heute wahrscheinlich erst die Spitze des Eisbergs, der viel gewaltiger sein dürfte, als wir es uns ausmalen können. Wenn die jährlichen volkswirtschaftlichen Schäden aus der Fehlernährung in Deutschland tatsächlich oberhalb von 100 Milliarden DM liegen, wie uns immer wieder über das Fernsehen mitgeteilt wird, kann man sich ausmalen, wieviel menschliches Leid dahinter verborgen liegt. Wahrscheinlich wird es auch weiterhin zu einer zunehmenden Polarisierung und Frontenbildung zwischen der Fast-food- und Dosengesellschaft einerseits und auf der anderen Seite denjenigen kommen, die nach einer menschenwürdigen und gesunden Ernährung streben und versuchen, diese für sich und die Gesellschaft durchzusetzen.

Die Quintessenz könnte lauten: Eine Symbiose der Ernährung früherer Zeiten auf einer gesunden vollwertigen Getreidebasis mit den heutigen Möglichkeiten, was eine ausreichende, aber nicht übertriebene Menge angeht. Dies kann aber bei Erwachsenen nur durch Einsicht, im Kindesalter durch Aufklärung und die Vorbildwirkung der Eltern geschehen, oder aber durch Leid und dadurch erzwungene Ernährungsumstellungen. Da es glücklicherweise nicht zu erwarten ist, daß die wirtschaftliche Situation unsere Gesellschaft wieder zu einer natürlich-kargen Ernährungsweise zurückzwingt, werden wir vielmehr mit viel Bewußtheit aus der Fülle des Angebotes das für uns Wertvolle herausfiltern müssen oder über den Weg des Leidens lernen. Die Alternative lautet »Krankheit als Weg« oder freiwillige Einsicht.

Der Ruf nach Vollwertigkeit

Die Pyramide der Ernährung, auch wenn sie prinzipiell stimmig ist, behandelt doch nur die quantitative Zusammensetzung, die einzelnen Anteile, aus denen unser Essen bestehen sollte, und bildet somit eine Basis, auf der aufgebaut werden kann. Wir haben aber eben nicht nur die Quantität der einzelnen Anteile zu beachten, sondern uns auch um die Qualität zu sorgen. Dabei geht es natürlich nicht um Exklusivität und Preis, sondern um die (bio)logische Qualität.

Große Ernährungslehrer sprachen von der »Lebendigkeit der Nahrung« und erkannten einen großen Unterschied zwischen Dosenobst und Frischobst, zwischen lange gekochtem Gemüse und frischem oder jedenfalls schonend zubereitetem. Die Vitamine und Vitalstoffe waren die ersten Bausteine einer lebendigen Ernährung, die entdeckt wurden und die nachweislich bei langem Kochen, aber auch langer Lagerung und schonungsloser Zerkleinerung zerstört werden. Diese Zusatzstoffe und Biokatalysatoren, die der Körper dringend benötigt, aber nicht selbst herstellen kann, und die nicht überall zu finden sind, werden zunehmend erforscht, und heute kennen wir bereits eine lange Reihe von Stoffen, die unter dem Sammelbegriff »Vitalstoffe« firmieren und Vitamine, Mineralstoffe, Spurenelemente, Enzyme, Coenzyme und Aromastoffe umfassen. Man schätzt ihre Zahl auf mehrere Tausend, und bis heute ist nur ein Bruchteil davon bekannt.

Die Wissenschaft kennt inzwischen die Hitzeempfindlichkeit vieler dieser Stoffe, weswegen schonende Garverfahren entwickelt wurden. Immer mehr kommt man auch darauf, daß sie vorwiegend in bestimmten noch unerforschten Gruppen und natürlichen Zusammenhängen ihre volle biologische Wirksamkeit erreichen. Synthetisch herstellbar ist nur ein verschwindend kleiner Teil davon, und es ist noch durchaus ungeklärt und sogar höchst unwahrscheinlich, ob die synthetischen Stoffe die natürlichen vollwertig ersetzen können. Die aus den USA kommende Tendenz jedenfalls, zu jeder Mahlzeit Dutzende von Zusatzstoffen hinzuzufügen, markiert offensichtlich den falschen Weg. Statt die Nahrung zuerst aller wesentlichen Stoffe zu berauben und diese anschließend teuer und unvollständig wieder hinzuzufügen, wäre es offenbar naheliegend, von Anfang an auf vollwertige Nahrungsmittel zu setzen, zumal wir gar keine Chance haben, wirklich alle zerstörten Vitalstoffe nachträglich wieder hinzuzufügen, weil wir sie noch gar nicht alle kennen.

Für einen mündigen, vernünftigen Menschen müßte also die logische Schlußfolgerung angesichts vager, sich oft widersprechender Informationen lauten, diese so wichtigen Stoffe (denn darüber sind sich alle einig) in einer ursprünglichen, natürlichen Form aufzunehmen. Aus diesen Überlegungen leitet sich die Forderung nach einer so wenig wie möglich und nur so viel wie unbedingt nötig industriell bearbeiteten Nahrung ab. Das aber ist zugleich die Forderung nach einer vollwertigen Naturküche. Der Vollwerternährungspionier Werner Kollath faßte die Richtlinien einer vollwertigen Ernährung und die Kompromisse, die wir dabei eingehen können, folgendermaßen zusammen: »Laßt die Nahrung so natürlich wie möglich, verändert nur so viel wie nötig!«

Ernährungstodsünden

In den modernen Leistungsgesellschaften geht es längst nicht mehr um die Frage, ob das Essen von der Kalorienseite her ausreichend zum Überleben ist. Allein mit dem Übergewicht der Deutschen könnte man die Hungernden der sogenannten dritten Welt ein ganzes Jahr ernähren. Es stellt sich heute viel eher die Frage, ob das, was wir essen, unseren Organismus noch mit all den wichtigen Vitalstoffen versorgt, um gesund und leistungsfähig zu bleiben sowie Geist und Seele auf bestem Niveau zu nähren.

Da wir nicht einmal alle Vitalstoffe als Substanzen kennen, geschweige denn all ihre Funktionen, ist es vermessen zu glauben, wir könnten sie isoliert in Pillen- oder Pulverform zu uns nehmen, um eine ähnliche Wirkung wie durch vollwertige Lebensmittel zu erzielen. Die ganze Situation, ursprünglich hochwertige biologische Produkte durch Raffinierung zu degradieren, um hinterher vermeintlich notwendige Vitamine und Mineralstoffe für teures Geld wieder hinzuzufügen, ist höchst bedenklich. Als einfache Lösung bietet sich an, natürliche Verbindungen und Gemeinschaften von Vitalstoffen in der Nahrung gar nicht erst zu zerstören. Dann kämen wir von Nahrungsmitteln, die unser Überleben sichern, zurück zu Lebensmitteln, die uns Lebendigkeit schenken.

Seit vielen Jahren warnen Ernährungsforscher wie Kollath oder Bruker vor dem »Mangel im Überfluß« und meinen damit nicht zuletzt das Fehlen von Vitalstoffen in unserer minderwertigen, modernen Kost. Wir essen nicht nur zuviel, zu oft und zu schnell und manchmal zu spät und fast immer zu unbewußt, sondern vor allem zu entwertet! Eigentlich enthält frisches Obst und Gemüse ausreichend Mineralien, wie etwa Magnesium. Durch die moderne landwirtschaftliche Produktion ist das aber nicht mehr der Fall. Daraus den Schluß zu ziehen, nun Magnesium-Kautabletten aus der Apotheke zu beziehen, ist aber ein Denkfehler, da zusätzlich eine Menge anderer Vitalstoffe, die wir noch gar nicht kennen, in Industrieobst und -gemüse fehlen. Der einzig sinnvolle Weg ist es, diese Art von Produkten zu meiden und zu Vollwertigem zu greifen. Je mehr Menschen biologisch-natürliche Produkte erwerben würden, desto preiswerter könnten diese bald angeboten werden. Rechnet man die Nachfolgeschäden aus der Industriekost zusammen, sind die Biobauern schon jetzt die bei weitem preisgünstigere Alternative.

Der Kohlenhydratanteil

Die Todsünde Nummer eins betrifft den **Kohlenhydratanteil** in der Ernährung. Wir sprechen hier also von Getreide (Weizen, Roggen, Hafer, Hirse, Mais, Reis, Buchweizen, Dinkel) und all seinen Folgeprodukten wie Brot, Nudeln, Mehlspeisen und Kekse. Die Tatsache, daß wir uns von diesen Produkten als Nahrungsgrundlage entfernen, ist schon bedenklich, daß wir die verbleibenden Kohlenhydrate aber zum überwiegenden Teil denaturieren, wirkt sich auf unsere Gesundheit und vorher schon auf unsere Leistungsfähigkeit katastrophal aus. Die Arbeit mit Leistungssportlern, deren jeweilige Leistungsfähigkeit heute andauernd gemessen wird, hat das sehr deutlich werden lassen.

Seit Menschengedenken diente das (volle) Korn mit all seinen gesundheitlichen Vorteilen, aber auch verarbeitungstechnischen Nachteilen als Basis. Der Nachteil ist sicher die sehr begrenzte Haltbarkeit der Vollkornmehle. Die im Keim enthaltenen, hochungesättigten Fettsäuren oxidieren, d. h. sie reagieren chemisch mit dem Sauerstoff der Luft; das Mehl wird dabei ungenießbar (ranzig). Die Nahrungsmittelindustrie entwickelte einen Vorgang, den sie »raffinieren« nennt, um diesem wirtschaftlichen Nachteil der geringen Haltbarkeit zuvorzukommen. Daß »raffinieren« in der wörtlichen Übersetzung »verfeinern« heißt, ist ein besonders makabrer Aspekt, denn dadurch wird das Mehl im Gegenteil robuster, haltbarer und bio*logisch* wertloser.

Ein volles Korn besteht immer aus einer Dreiergemeinschaft von stärkereichem Kern, vitalstoffreichen Randschichten der Schale und dem hochvitalstoffreichen Keim. Diese Dreiergemeinschaft stellt eine Art biologisches »Kernkraftwerk« dar. Auf dem Weg vom vollen Korn zum Auszugsmehl gehen gut 80 Prozent des ursprünglich im Korn enthaltenen Magnesiums, 60 Prozent des Kalziums, über 70 Prozent des Kaliums, des Eisens und Phosphors, gut 60 Prozent des Kupfers und 40 Prozent des Chroms verloren. Was hier für das Korn digital aufbereitet dargestellt ist, gilt für alle anderen Raffinierungsprozesse in entsprechender Form, wobei die Zahlen immer nur einen äußerst dürren und dürftigen Eindruck ermöglichen. Es steckt noch unendlich viel mehr in jedem Korn, Stoffe, die wir dringend brauchen, auch wenn wir sie noch längst nicht kennen. Das ist andererseits das Beruhigende: Auch ohne zu wissen, daß in jedem Korn und anderen Samen, in jedem Apfel und jeder Birne, Tausende von Wirkstoffen stecken, kommen sie uns doch alle zugute, wenn wir dies zulassen. Darin unterscheiden wir uns nicht vom Neandertaler, der von all dem noch gar nichts wußte und trotzdem seinen Apfel aß.

Durch den Raffinierungsprozeß wird nun ein ursprünglich hochwertiges Lebensmittel zu einem toten Nahrungsmittel degradiert, bei erhaltenem (kalorischen) »Füllwert« aber ohne (biologischen) Vollwert. Die Dreiergemeinschaft wird aufgespalten, die Schalen und Randschichten vom Korn abgetrennt, der Keim wird ebenfalls entfernt und übrig bleibt nur der stärkehaltige Kern, eine »tote, lange haltbare Konserve«. Der Keim als Essenz des sogenannten »Kernkraftwerks des Lebens« mit seiner Vielfalt an Vitalstoffen, unter anderem den für den Stoffwechsel so wichtigen ungesättigten Fettsäuren und fettlöslichen Vitaminen, dem Vitamin-B-Komplex zum Beispiel, wird entsorgt, die ballaststoffreiche Schale wird als Kleie in der Regel ans Vieh verfüttert oder von verstopften Patienten auf der Suche nach Toilettenerfolgen erstanden.

Die Randschichten dienten den Menschen früher nicht nur als Vitalstoffspender (Mineralstoffe, Spurenelemente), sondern auch als »Ballaststoffe«, die eine natürlich geregelte Verdauung im Darm erleichterten. Auch wenn die »Kleie« dem Vieh durchaus gegönnt sei, bleibt für uns Menschen bei diesem Vorgehen doch eine Summe von Nachteilen. Mit dem kariösen Zahnverfall durch Entmineralisierung im Schulkindalter beginnend über Verdauungsprobleme wie Darmträgheit bis zur Verstopfung, aber sekundär auch bis hin zu Gicht und Rheuma spannt sich der Bogen. Auf einen Nenner gebracht könnte man behaupten: Großer wirtschaftlicher Vorteil ist gleich großer gesundheitlicher Nachteil.

Die daraus abgeleitete Forderung Nummer eins lautet: Die Pyramide unserer Ernährung unter den Deckmantel der Vollwertigkeit stellen.

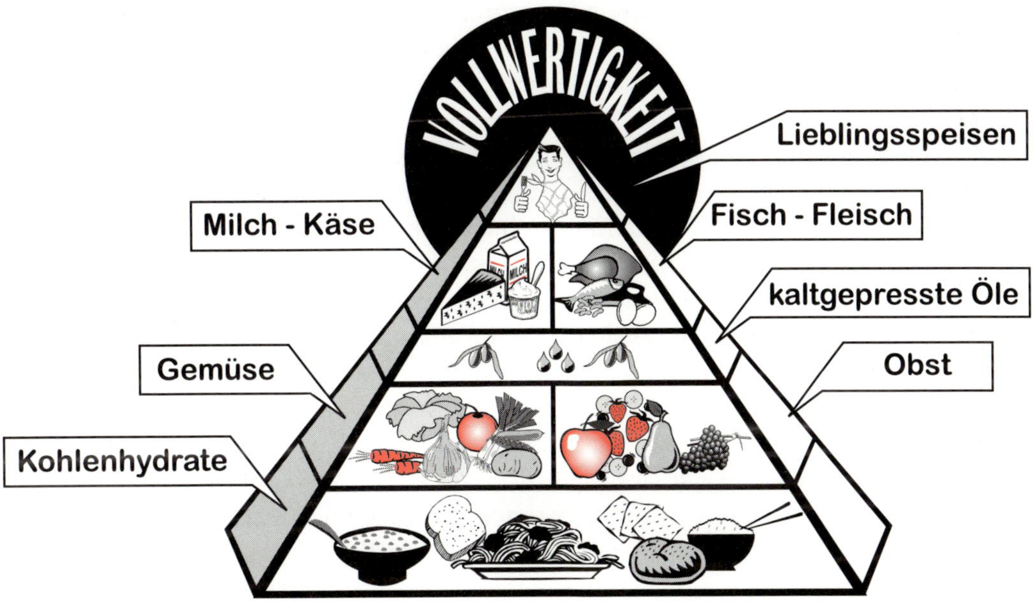

Die Rückkehr zur Vollwertigkeit, wo immer möglich, muß keine zwingenden geschmacklichen Einbußen mit sich bringen, im Gegenteil. Einerseits hat der flächendeckende massive Einsatz von künstlichen Aromastoffen zu einer Vergröberung und Abstumpfung des Geschmacks geführt. Untersuchungen in den USA zeigen bereits, daß die dortige junge Generation mehrheitlich die starken, künstlichen Erdbeeraromastoffe dem Aroma echter Erdbeeren vorzieht, aber ein wirklicher Feinschmecker wird noch immer die Beere bevorzugen. Die Situation ist diesbezüglich weiter fortgeschritten, als wir uns träumen lassen. Wenn man die gesamte Weltproduktion an Erdbeeren auf den US-amerikanischen Markt lieferte, ließen sich damit noch nicht einmal fünf Prozent des tatsächlichen Bedarfs decken. Der überwiegende Teil des von der Nahrungsmittelindustrie benötigten Erdbeergeschmacks stammt von Aromastoffen, die durch spezielle Behandlung einer australischen Holzart gewonnen werden. Und da Holz zweifelsfrei ein echter Stoff aus der Natur ist, darf die Industrie dann beispielsweise auf den Fruchtjoghurtbecher schreiben: »Mit naturechten Aromastoffen angereichert.«

Die Tatsache aber, daß selbst hartnäckige Anhänger von Weißbrot, weißen Nudeln und poliertem Reis während unserer Seminare im italienischen Montegrotto/Abano oder in Obermillstatt/Kärnten angenehm überrascht sind von der mediterranen beziehungsweise österreichischen Naturküche, läßt uns zuversichtlich hoffen, daß, entsprechendes Verständnis vorausgesetzt, eine Rückkehr zu gesünderen Ernährungsformen für viele möglich ist. Dieser notwendige Entwicklungsschritt soll weder zu einer militanten Ablehnung aller Auszugsprodukte führen, noch auf Kosten von Geschmack und dem damit verbundenen Genuß am Essen gehen. Wer im Urlaub auf einer griechischen Insel griechischen Salat ißt, mag mit ruhigem Gewissen auch das Weißbrot dazu genießen. Er befindet sich damit in der Spitze der beschriebenen Nahrungsmittelpyramide, was er durchaus genießen kann und soll, nur sollte er dort nicht auf Dauer bleiben.

Natürlich finden sich bei jeder nationalen Küche Licht- und Schattenseiten im Hinblick auf den Idealzustand einer »artgerechten Ernährung«. Aber leider scheint es besonders die gutbürgerliche deutsch-österreichische Küche meisterhaft zu verstehen, ihre geschmacklichen Lichtseiten mit allzu vielen gesundheitlichen Schattenseiten zu verbinden. Darauf angesprochen, entgegnen ihre Verfechter, daß in Amerika noch mehr Fast food gegessen wird, daß in den Mittelmeerländern nur Weißbrot bekannt ist und Eskimos fast ausschließlich Fleisch und Fisch verspeisen und so weiter und so fort.

Warum aber nehmen wir offensichtliche oder frech behauptete Schwachstellen als persönliche Ausrede und orientieren uns nicht an den jeweiligen Stärken einer bestimmten Küche oder Ernährungstradition? Bei den in unseren Breiten reichlich vorhandenen Wahlmöglichkeiten ist es eine Wahl des Bewußtseins, nach dem Richtigen zu greifen. Tatsächlich stoßen wir bei vielen – auf den ersten Blick – unverständlichen Fehlleistungen immer wieder auf die fünfte Säule der Gesundheit: das Bewußtsein. Aufgrund des mehr oder weniger eng begrenzten Egos, das auf dem Grundsatz »Mein Wille geschehe!« aufbaut, scheinen zuerst einmal Krankheitssymptome und Leidensdruck für viele notwendig zu sein, um zum individuell Richtigen zu finden.

So ist es auch ein reines Bewußtseinsproblem, sich klarzumachen, daß alle Fertiggerichte zwar kurzfristig praktisch und billig, aber auf die Dauer auch ungesund bis gefährlich sind. Sie enthalten kaum noch Vitalstoffe und meist jede Menge verstecktes minderwertiges Fett. Mit Fett schmackhaft zu kochen, ist kein Problem, ohne Fett zu kochen ist dagegen geradezu eine Kunst. Besser und gesünder wäre es, in bestimmten Situationen lieber gar nicht als falsch zu essen. Diesbezüglich gibt einem regelmäßige Fastenerfahrung eine wundervolle Unabhängigkeit. Durch Fertiggerichte, die praktisch ausnahmslos billig und auf der

Basis raffinierter und damit wertloser Grundstoffe hergestellt sind, wird der Organismus langfristig zur Giftmülldeponie.

Wer diesem Weg in den Abgrund folgt, ist dann allerdings für punktuelle Erleichterungen auf die von Unternehmen in der Gesundheitsbranche immer offensiver angepriesenen Nahrungsergänzungsstoffe angewiesen. Bei einer gesunden vollwertigen Ernährung bekommt der Körper genug Hilfen, um sich gegen (Umwelt-)Gifte zu wehren. Wer allerdings minderwertiges Obst ißt, kann heute nicht mehr damit rechnen, genug Vitamin C zu erhalten; wer raffinierte und gehärtete Fette verwendet, bekommt zuwenig Vitamin E, und auch Selen ist nur in naturbelassener Nahrung ausreichend zu haben. Mit ausreichenden Mengen dieser drei Stoffe, die heute auch als »Radikalenfänger« bekannt sind, läßt sich tatsächlich eine gute Form erhalten und vorzeitigen Alterungsprozessen vorbeugen. Aus den schon erwähnten Gründen ist es aber sinnvoller und zielführender, sie neben Tausenden anderer Vitalstoffe aus einer frischen vollwertigen Nahrung als aus der Apotheke[5] zu beziehen.

Die Fettproblematik

Todsünde Nummer zwei betrifft das **Fett** im Nahrungsangebot. Hier geistern Begriffe wie gesättigte und ungesättigte Fettsäuren, tierisches und pflanzliches Fett, kaltgepreßtes oder raffiniertes Öl oft immer noch recht undifferenziert herum. Geschichtlich gesehen hat Fett jenen schon angedeuteten herben Abstieg in der Einschätzung hinter sich.

Genauere Betrachtung der historischen Situation führt zu dem Schluß, daß der Anteil an tierischem Fett früher recht gering gewesen sein muß, weil Fleisch selten und teuer war. Nur bei entsprechendem Jagdglück oder zu besonderen Festen waren Fleischspeisen verfügbar. Ältere Menschen berichten noch davon, daß nur zu allen »heiligen Zeiten« Fleisch gegessen wurde. Der weitaus größere Fettanteil in der Nahrung kam seit Menschengedenken aus pflanzlichen Quellen. Die Herstellung von Öl und anderen Fettformen war schon schwierig, die Aufbewahrung aber war ein wirkliches Problem. Einen Großteil der notwendigen Fette dürften die Menschen früher durch das Verspeisen von Nüssen und Kernen bezogen haben.

Mit zunehmender Kultur wurde aus ölhaltigen Früchten wie Oliven, Sonnenblumenkernen oder Nüssen über eine rein mechanische Pressung Öl gewonnen. Diese Art der Herstellung hatte den Nachteil des relativ geringen Ertrages, aber den Vorteil, daß die hohe biologische Wertigkeit der Öle erhalten blieb, denn die für uns Menschen essentiellen ungesättigten Fettsäuren werden durch diesen

5 Für den Fall, daß doch auf Ersatzstoffe zurückgegriffen werden muß, sind hochwertige Produkte über die Firma »Life-Light« zu beziehen, Adresse siehe Anhang.

Preßvorgang nicht zerstört. Nachteile wie geringer Ertrag und schlechte Haltbarkeit veranlaßten später findige Köpfe in der Nahrungsmittelindustrie, die Technik der Raffinierung des Öls zu entwickeln. Dabei wird mit fettlöslichen Chemikalien der Ölgehalt aus dem Preßkuchen, der nach der mechanischen Pressung übrigbleibt, herausgewaschen. Dieses Gemisch wird bei hohen Temperaturen wieder getrennt, danach gefiltert, gebleicht, gefärbt, mit Antioxidantien versetzt[6] und so weiter. So wird aus einem ursprünglich qualitativ hochwertigen und für unsere Gesundheit notwendigen Lebensmittel ein vitalstoffarmes totes Nahrungsmittel, mit *viel Füllwert, aber ohne Vollwert*! Dies ist ein ähnliches Ergebnis wie bei der Raffinierung der Kohlenhydrate.

Ungesättigte Fettsäuren, Vitaminkomplexe und viele andere Vitalstoffe werden durch die beschriebenen Prozeduren zerstört. Der Ertrag ist aber mit dieser Verarbeitungstechnik ungleich höher. Auf einen einfachen Nenner gebracht, kann wieder einmal festgestellt werden: »Wirtschaftlicher Vorteil ist gleich gesundheitlicher Nachteil.« Selbst wenn die Industrie das Ergebnis mit künstlich hergestellten Vitaminzusätzen wieder aufzubessern sucht, bleibt das Resultat fragwürdig.

Fette und Öle dürften aber trotz dieser fragwürdigen Situation oder wegen etwaiger Figurprobleme nicht einfach undifferenziert von unserem Speiseplan verbannt werden, denn sie stellen einen wertvollen Beitrag zu einer ausgewogenen Ernährung dar. Die Forderung, Fett zu reduzieren, gilt vor allem für die gesättigten, tierischen Fettsäuren und insbesondere für die versteckten Fette in der Nahrung. Es ist in Zukunft eher noch viel mehr darauf zu achten, daß wir die richtigen Fette zu uns nehmen, was tendenziell auf die pflanzlichen hinausläuft. Aber auch hier sind die raffinierten Öle zu meiden. Beste Qualität garantieren die geschützten Bezeichnungen »kaltgepreßtes Öl« oder »kalte Erstpressung« oder im mediterranen Bereich »extra vergine«. Das Angebot ist vielfältig und reicht von Olivenöl, Nußöl, Sonnenblumenöl, Distelöl hin bis zum Leinöl, dessen besondere Qualität in der Öl-Eiweiß-Diät der deutschen Fettspezialistin Johanna Budwig[7] eine Rolle spielt. Im täglichen Gebrauch sollten diese Öle niemals »mitgekocht« werden, sondern, so wie in der mediterranen Küche, Suppen, Gemüse, Reis-, Nudel- oder Getreidegerichten sowie Salaten vor dem Servieren zugesetzt werden.

Die Forderung Nummer zwei lautet folglich: Den notwendigen Fettanteil in unserer Nahrung über kaltgepreßte pflanzliche Öle decken und den Anteil an tierischen Fetten »artgerecht« einschränken.

6 Der detaillierte Vorgang ist bei Dr. M. O. Brucker in »Unsere Nahrung – unser Schicksal« nachzulesen.

7 Siehe hierzu Johanna Budwig »Die Öl-Eiweiß-Kost«.

Butter oder Margarine

Spätestens an dieser Stelle drängt sich die Frage auf, ob Butter oder Margarine zu bevorzugen sei. Die Forderung Nummer zwei weist eigentlich in die Richtung Margarine, die ja aus pflanzlichen Fettsäuren besteht. Diese Streitfrage ist jedoch spätestens seit den Forschungsarbeiten von Johanna Budwig deutlich zugunsten der Butter entschieden worden. Trotzdem versteht es die Margarineindustrie mittels geschickter Werbung, ihre Produkte als besonders gesund zu verkaufen und die alte Streitfrage immer wieder aufs neue aufzuwerfen.

Jeder einzelne kann diese Frage für sich sehr leicht entscheiden, wenn er, etwa nach einer einwöchigen Fastenkur, in sich hineinhorcht und sich fragt, worauf er mehr Lust hat. Da im Magen ein wäßriges Milieu vorherrscht, ist folgender Versuch angebracht: Wenn man etwas Butter in Wasser verrührt, entsteht eine milchige Flüssigkeit, eine Suspension von feinst verteilten Fettröpfchen in Wasser. Bei den meisten Margarinen entsteht bei gleichem Vorgehen aber nur ein »Geschmier«. Die Margarineindustrie behauptet zwar, daß sich in ihren Margarinen viele der wichtigen, hochungesättigten Fettsäuren befinden, jedoch werden diese vermutlich im erhitzten Zustand hineinfließen, da das »Hineinschmieren« unwirtschaftlich ist. Nun lernt aber schon jedes Schulkind, daß hochungesättigte Fettsäuren sich bei jedem Erhitzen sofort sättigen. Das ist auch genau der Grund, warum man die wertvollen Fette nicht kochen, sondern erst hinterher den fertigen Speisen zusetzen sollte, wie in den mediterranen Küchen üblich. Vom Standpunkt der gesunden Qualität aus, sollte also auf jeden Fall Butter bevorzugt werden.

Die Eiweißfrage

Auf die Gefahren der heutigen Eiweißmast durch übermäßigen Fleischkonsum ist schon ausführlich Bezug genommen worden. Immerhin ist das, was die Schulmedizin als Rheumafaktor bestimmt, wohl nicht zufällig ein Protein. Perioden, wo kein oder kaum Fleisch zur Verfügung stand, zeichnen sich durch einen sofortigen und drastischen Rückgang von Gicht und Rheuma aus, wie etwa die Nachkriegszeit in Europa.

Natürlich darf man aber das Kind nicht mit dem Bade ausschütten und völlig auf eine eiweißfreie Ernährung zielen. Zu einer gesunden Ernährung gehört Eiweiß. Menschen, die täglich große Fleischportionen vertilgen, sollten diese ihrer Gesundheit zuliebe drastisch reduzieren. Die Tatsache, daß bestimmte Kulturen, wie etwa die indische, über lange Zeit ganz auf Fleisch verzichteten, zeigt, daß die Eiweißversorgung aus pflanzlichen Quellen durchaus gleichwertig ist.

Durch den weitverbreiteten übertriebenen Eiweißkonsum haben wir heute mit vielen Verschlackungsproblemen zu kämpfen. Professor Lothar Wendt geht nach ausgiebigen Forschungen bezüglich der Eiweißfrage davon aus, daß ein direkter Zusammenhang zwischen dem Eiweißüberschuß in unserer Nahrung und den meisten Zivilisationskrankheiten besteht.[8] Neben den schon erwähnten rheumatischen Beschwerden spielt der Eiweißüberfluß wohl auch bei der Arteriosklerose, die in den westlichen Leistungsgesellschaften oft schon nach der Pubertät einsetzt, eine wesentliche Rolle. Der erste Schritt in Richtung Gefäßverkalkung beginnt nämlich nicht mit der Einlagerung von Kalk, sondern von Eiweißbausteinen, dann erst von Fetten, wie dem zu Unrecht so gescholtenen Cholesterin,[9] und schließlich von Kalk.

Wer sich von Fleisch ernährt, sollte – wie bei Kohlenhydraten und Fett – nur qualitativ hochwertige, biologische Produkte kaufen, wobei diese Forderung nirgends so schwer zu erfüllen ist wie gerade hier. Jäger können noch sehr anschaulich erklären, warum es so wichtig ist, das Tier mit dem berühmten ersten Blattschuß zu töten, denn wenn es erst langsam nach einem späteren Fangschuß verendet, schmeckt das Fleisch weniger angenehm. Fleisch von angeschossenen, flüchtigen Tieren, die über lange Zeit verfolgt wurden, ist zum Verzehr überhaupt nicht mehr geeignet. Insofern ist die routinierte Tötungsmaschinerie moderner Schlachthöfe, deren Atmosphäre von Blutgeruch und Panikgefühlen geprägt ist, völlig ungeeignet, eßbares Fleisch zu produzieren. Die Todesangst der Tiere verursacht die Ausschüttung von Streßhormonen, die die Qualität des Fleisches erheblich negativ beeinflussen. Ein aufwendiger Ansatz in Richtung vollwertiges Fleisch ist der des ehemaligen Besitzers der Firma Hertha-Wurst, der in Glonn bei München auf einem Gut der nach ihm benannten Schweissfurth-Stiftung Tiere artgerecht in Freilandhaltung aufwachsen und sie schließlich rituell schlachten läßt. Allerdings ist derart aufwendig »produziertes« Fleisch natürlich deutlich teurer und stellt somit für die Allgemeinheit keine Lösung ihres selbst durch Rinderwahn und Schweinepest nicht zu bremsenden fleischlichen Appetits dar.

Ein weiterer bedenkenswerter Punkt ist die Frische des Fleisches. Aufgrund der Leichenstarre ist ganz frisches Fleisch nicht genießbar, sondern zäh wie Leder. Um Fleisch überhaupt verzehren zu können, muß sich die Leichenstarre zuerst auflösen, was nur durch Zersetzungsprozesse geschehen kann. Die Hausfrau fragt aus diesem Grund beim Metzger, ob das Rindfleisch gut abgehangen sei. Sie erkundigt sich damit dezent danach, ob die Verwesungsprozesse schon weit genug fortgeschritten sind. Beim Wildbret wurde lange Zeit der sogenannte *hautgoût,* der hohe Geschmack, genossen, der aber nichts anderes als beginnender Verwesungsgestank war. Es geht in Wirklichkeit also um die Frage, wie weit

8 Lothar Wendt: »Krankheiten verminderter Kapillarpermeabilität«.

9 Siehe hierzu das Taschenbuch von Robert Hößl, Ruediger Dahlke: »Verdauungsprobleme«.

die Verwesung schon fortgeschritten ist. Bei zu wenig Zersetzung – die Wissenschaft kennt dieses Phänomen und spricht von *autolytischer* Zersetzung – ist das Fleisch ungenießbar, bei zu weit fortgeschrittenem Verwesungsprozeß ist es dagegen »anrüchig«. Es geht also auch hier, wie so oft, um den richtigen Zeitpunkt. Aus dem beschriebenen Fäulnisaspekt heraus hat der schwedische Lebensreformer Are Waerland bereits in den 50er Jahren zum völligen Verzicht von Fleisch aufgerufen, und eines seiner Bücher hieß dann auch »Warum ich weder Fleisch, Fisch oder Ei esse«.

Wer um all das weiß und trotzdem weiter auf Fleischkonsum nicht verzichten will oder kann, sollte zumindest vorsichtig und bewußt mit den geschilderten Problemen umgehen. Auch und gerade bei Fleisch ist auf Qualität zu achten. Im Übermaß genossen liegen die schon beschriebenen Gefahren. Davon kommt die Übersäuerung, der wir uns noch gesondert zuwenden müssen, sowie die Zufuhr von unkontrollierten Mengen an Hormonen und Antibiotika.

Beim Fischkonsum ist daran zu denken, daß Meeresfische aufgrund der bedenklichen Lage der Weltmeere inzwischen erheblich belastet sind. Eine Portion Thunfisch reicht schon, um die gerade noch zulässige Höchstgrenze der jährlichen Quecksilberration aufzunehmen. Andererseits enthalten aber gerade Fische aus kalten Meeresgewässern für unsere Gesundheit wesentliche Fettsäuren.

Die Forderung Nummer drei lautet folglich: Den notwendigen Eiweißanteil in der Nahrung vorwiegend aus pflanzlichen Quellen decken und den kleinen Anteil an tierischem Eiweiß durch Fisch und Fleisch aus »artgerechter« Haltung bestreiten.

Das gefährliche »Zuckerspiel«

Wann immer hochraffinierte Kohlenhydrate über die Nahrung aufgenommen werden, beginnt eine Kettenreaktion, die primär unsere Leistungsfähigkeit stark begrenzt und langfristig negative Auswirkungen auf unsere Gesundheit hat. Diese Beobachtung, die jeder bei sich selbst nachvollziehen kann, läßt sich physiologisch leicht durchschauen.

Ein »normales« Frühstück, bestehend aus einer Tasse Kaffee oder Tee, etwas Zucker, einem weißen Brötchen, bestrichen mit Marmelade oder, etwas deftiger, belegt mit Schinken und Käse, vielleicht einem Stück Kuchen oder einem Croissant, zieht Reaktionen nach sich, die leistungsmindernd und gesundheitlich bedenklich sind. Viele der oben genannten Bestandteile des Frühstücks enthalten raffinierte Kohlenhydrate wie Auszugsmehle und Zucker. Betrachtet man die Blutzuckerkurve nach einer solchen Mahlzeit, kann man einen unphysiologisch hohen Anstieg der Werte feststellen. Diese schnellen Energiespender sind allesamt »Kunstprodukte«, die in dieser Form und Konzentration in der Natur nicht vorkommen. In den Jahrmillionen der Evolution hat der Organismus wunderbar gelernt, sich auf alle Eventualitäten einzustellen. Da er aber einen dermaßen schnellen Anstieg des Blutzuckers nie erlebt hat, muß er davon ausgehen, daß gerade ungeheure Mengen an Kohlenhydraten verschlungen wurden und entsprechend große Mengen an Insulin ausgeschüttet werden müssen.

Die hohen Blutzuckerspitzen führen also zu einer starken Insulinproduktion der Bauchspeicheldrüse, die dadurch ihrerseits versucht, diesem bedrohlichen Zustand gegenzusteuern. Im Blut selbst befindet sich jedoch gar nicht soviel Zucker, da es sich um ein Strohfeuer handelte. Deshalb ist das Endresultat ein starker Abfall des Blutzuckers mit Unterzuckerung und all den negativen Folgen wie Konzentrationsverlust, Einbruch der körperlichen Leistungsfähigkeit, innere Unruhe in Verbindung mit einem subjektiven Hungergefühl. Das liegt aber nicht etwa daran, daß das gesamte Frühstück schon verdaut und verbraucht ist, sondern daran, daß der Körper in seiner natürlichen Intelligenz bei Unterzuckerung immer auf Nahrungsmangel schließt. Von seiner Entwicklungsgeschichte her ist er einfach *nicht* auf raffinierte Kunstprodukte wie Zucker und all die anderen Süßigkeiten auf Zuckerbasis eingestellt.

Im Grunde genommen benötigt unser Organismus kein Gramm isolierten Zucker, denn er kann sich den benötigten Zucker leicht aus den zugeführten vollwertigen Kohlenhydraten selber bilden und das *natürlich* ohne schädliche Folgen.

Zeitlich betrachtet fällt dieses Hungergefühl mit der Brotzeit oder Kaffeepause zusammen, wo üblicherweise wieder Zuckerhaltiges oder Raffiniertes aufgenommen wird. Derselbe Vorgang wiederholt sich also nach dem zweiten Frühstück, und so »schaffen« es die Betroffenen, sich bis zum Mittagessen zu retten, das sie schon wieder mit erheblichem Hunger erwarten. Dieses hält wiederum nicht lange vor, und so kommt die nachmittägliche Kaffeepause gerade rechtzeitig und hält nur knapp bis zum Abendessen vor, an das sich eine Kette von Naschereien vor dem Fernseher anschließt. Der gesamte Organismus wird somit andauernd zwischen Über- und Unterzuckerung hin und her gestoßen.

Die Bauchspeicheldrüse, die diese Entgleisungen im Ernährungsverhalten mit großen Mengen an Insulin, jenem Stoff, der dem Zucker den Eintritt ins Zellinnere ermöglicht, ausgleichen muß, leidet am meisten unter diesem Mißstand und reagiert mit Erschöpfung, die sich mit zunehmendem Alter als sogenannter Altersdiabetes (Diabetes Typ II) bemerkbar macht. Die ernährungsbedingte Zuckerkrankheit ist im stetigen Steigen begriffen und hängt ursächlich mit den dargestellten Essensgewohnheiten zusammen.

Natürlich lassen sich auch tiefere seelische Gründe für die Zuckerentgleisungen finden und deuten.[10] Das Grundproblem hat mit dem Thema Liebe zu tun,

10 Im Nachschlagewerk »Krankheit als Symbol« von Ruediger Dahlke wird die Zuckerkrankheit in diesem Zusammenhang dargestellt.

die im Zucker eine symbolische Entsprechung findet. Tatsächlich kann man den meisten dieser Naschkatzen schon beim Essen ansehen, daß sie sich damit etwas Gutes tun wollen, wohl weil es sonst niemand tut und sie auch sonst keinen anderen Weg finden, sich das zu schenken, was jeder Mensch fast so dringend braucht wie die Luft zum Atmen, nämlich Liebe.

Moderne Zuckerorgien

Selbst wenn man einmal von den gesundheitlichen Risiken des Zuckerkonsums absieht und nur den in unserer Gesellschaft so hoch bewerteten Faktor der Leistungsfähigkeit berücksichtigt, stößt man auf erschreckende und manchmal auch witzige Beispiele, die das oben Beschriebene bekräftigen.

Untersuchungen der Unfallhäufigkeit bei Autofahrern ergaben Erstaunliches: Gerade eine knappe Stunde nach der Tankpause häuften sich auf den Autobahnen die Probleme, wo doch alle vernünftigen Menschen davon ausgehen, daß Pausen beim Autofahren gesund sind. Das Geheimnis liegt auch hier meist beim Zucker. Während nämlich die Autofahrer ihren Autos an den Tankstellen erstklassige Mineralölprodukte kaufen, verordnen die meisten sich selbst eine unglaublich minderwertige, meist auf Zucker basierende Diät. Ungefähr eine Dreiviertelstunde nach einer solchen Rast gelangen sie dann in den Unterzuckerbereich mit all den angeführten Problemen vom Konzentrationsmangel bis hin zum Heißhungergefühl und sind damit stoffwechsel- und konzentrationsmäßig reif für einen Unfall.

Ähnlich, wenn auch weniger dramatisch, ergeht es Schülern, die von ihren Eltern mit Pausenbrötchen aus weißem Auszugsmehl oder, noch schlimmer, mit all den in der Werbung kindergerecht aufbereiteten Pausensnacks, Schokoriegeln usw., die von Zucker und Süßstoffen nur so strotzen, ausgerüstet werden. Kurzzeitig – für die Pause eben – bekommen sie daraus wirklich viel Energie, um dann während der folgenden Unterrichtsstunde in ihrer Unterzuckerung sanft dahinzudämmern. Das Vollkornbrötchen erfreut sich dagegen bei den Schülern geringerer Beliebtheit, denn die daraus gewonnene Energie steigt langsam an. Für die Pause selbst bringt es kaum etwas, allerdings um so mehr für die Unterrichtszeit danach, an der aber viele Schüler gar nicht sonderlich interessiert sind.

Verstärkt wird dieser Umstand noch durch das Trinken zuckerhaltiger Limonaden und sogenannter Durstlöscher. Selbst motivierten Kindern ist es kaum möglich, bei diesen Anschlägen auf ihren Stoffwechsel interessiert und aufmerksam dem Unterricht nach der Pause zu folgen.

Bei der Betreuung von Leistungssportlern, wie zum Beispiel Golfprofis, fällt das Phänomen ebenfalls sofort auf, wenn es auch von den Betroffenen kaum durchschaut und eher einem bösen Schicksal in die Schuhe geschoben wird. Profis wie auch Hobbyspieler beklagen immer wieder den Umstand, daß sie bei Turnieren, wo 18 Löcher zu spielen sind, im letzten Drittel des Spiels vielfach unverständliche Leistungseinbrüche erleben. Die Ursachen werden allgemein in der aufkommenden Müdigkeit vermutet, was natürlich vordergründig stimmt. Bei genauerem Hinsehen stellt sich aber oft heraus, daß in der üblichen kurzen Pause nach dem neunten Loch an der Verpflegungsstation Speisen, Snacks und Getränke konsumiert wurden, die sich auf ein konzentriertes Spiel völlig kontraproduktiv auswirken. Ähnliches gilt natürlich auch für ein entsprechend unpassendes Frühstück.

Vielfach erprobt verbessern sich die Resultate nach Abänderung der Ernährungsgewohnheiten vor und während des Spiels sofort. Dabei ist durchaus klar, daß über richtiges Essen und Trinken das Golfspiel nicht signifikant verbessert wird, aber es ist schon einiges erreicht, wenn sich die Spieler nicht durch ungeschicktes Essen selbst daran hindern, das zu leisten, wozu sie fähig wären. Nur ein Organismus, der nicht unnütz mit Energieproblemen belastet wird, ist imstande,

konzentriert und koordiniert Sport zu betreiben. Das gilt im Freizeit- gleichermaßen wie im Profisport, aber genauso natürlich im normalen Arbeitsalltag.

Wir machen es uns selbst und unseren Kindern mit all den süßen Zuckerprodukten alles andere als leicht, sei es im Beruf oder in der Ausbildung, im Alltag, beim Ausüben von Hobbys oder bei Autoreisen. Was den Kindern noch ein süßer Dämmerschlaf sein mag, der den Schulalltag angenehm schnell vergehen läßt, wird für den Autofahrer oder den Arbeiter an einer gefährlichen Maschine gar nicht so selten zu einem herben Erwachen und einer bitteren Lektion und manchmal sogar zu einer makabren Art von »süßem Tod«. Die ruinierten Zähne, die nicht nur unter der direkten Zuckereinwirkung leiden, sondern auch durch den Mineralstoffmangel als indirekter Folge des Konsums von zuviel raffinierten Kohlenhydraten, und die vorzeitig erschöpften Bauchspeicheldrüsen sind dabei noch beinahe die harmloseren Folgen.

Auf der anderen Seite gibt es viele ermutigende Erfahrungen, die den Ausstieg aus der Welt des in vieler Hinsicht *raffinierten* Süßkrams erleichtern könnten. Schon vor 20 Jahren sind Österreichs Skiflieger mit Vollwertkost der Konkurrenz davongeflogen. Was aber Goldmedaillen und Weltmeistertitel im Spitzensport möglich machte, kann auch im normalen Alltag Wunder wirken.

Isotonische Durstlöscher

Eine ursprünglich gutgemeinte Idee, nämlich dem Körper Flüssigkeit zuzuführen, die aufgrund ihrer chemisch-physikalischen Eigenschaften sofort genutzt werden kann, wurde im Laufe der Zeit fast in ihr Gegenteil verkehrt. Damit die sogenannten isotonischen Getränke im großen Stil abgesetzt werden konnten, wurden sie mit Hilfe von Zucker und Zuckerersatzstoffen auf gängige Geschmacksrichtungen getrimmt und liefern die Konsumenten so der schon beschriebenen Zuckerfalle aus. Diese Getränke können fehlendes Training nicht ersetzen, ganz abgesehen von den gesundheitlichen Gefahren ausgehend von Farbzusätzen bis hin zu aufputschenden Substanzen. Das Getränk der Sieger bleibt gutes, frisches Wasser, das im idealen Fall mineralarm und energetisiert ist.

Energien oder Kalorien – die chinesische Sichtweise

Leidgeplagte Übergewichtige, die sich seit Jahren durch die verschiedensten Diäten hungern, finden häufig in der chinesischen Ernährungslehre, die einen wichtigen Teil der traditionellen chinesischen Medizin darstellt, befriedigenden Rückhalt. Die verbindende Sichtweise, die den Menschen und sein Verhalten in einen engen Zusammenhang zu dessen Energien und den entsprechenden Nahrungsmitteln bringt, hat zweifellos ihre besonderen Vorzüge, und das gilt nicht nur für

Gewichtsprobleme, sondern auch bei medizinisch notwendigen Diäten. Selbst dem *bewußten* Esser kann dieses Denken noch wertvolle Aufschlüsse über Verbesserungsmöglichkeiten geben.

Folgendes Modell mag uns diesen jahrtausendealten Erfahrungsschatz näherbringen. Davon ausgehend, daß Menschen Energiewesen sind, glaubt die chinesische Weisheitslehre, daß jeder Mensch mit einer gewissen »vorgeburtlichen Energie« geboren wird, die ihm gleichsam als »Geschenk« mit auf seinen Lebensweg gegeben wird. Sitz dieser vorgeburtlichen Energie ist nach chinesischer Ansicht das Duo Niere-Nebenniere, die deshalb auch besonderen Schutzes vor Kälte und anderen Umwelteinflüssen bedürfen. Die vorgeburtliche Energie könnte mit unserer westlichen Anschauung von der »Erbsubstanz« in Zusammenhang gebracht werden, wobei der Schwerpunkt doch anders liegt. Jeder Tag im Leben eines Menschen verbraucht ein kleines Maß dieser vorgeburtlichen Energie. Damit sich der Vorrat nicht allzu schnell verbraucht, ist der Mensch angehalten, diesen Speicher täglich mit »nachgeburtlicher Energie« zu ergänzen. Nach chinesischer Auffassung haben Menschen drei Möglichkeiten, nachgeburtliche Energie zu erzeugen.

- Die erste Möglichkeit ist ein bewußter, runder und voller Atem, der über den Sauerstoff hinaus Qi-Energie zuführt, die für jene universale Lebenskraft steht, die in Indien *Prana* genannt wird und für die der Westen nie einen einheitlichen Namen gefunden hat, weil er das Konzept insgesamt nicht angenommen hat. Namen wie Reichenbachs *Od* oder Reichs *Orgon* stehen aber doch dafür, daß auch sensitiven Menschen des Westens diese Energieform nicht gänzlich verborgen geblieben ist.
- Die zweite Möglichkeit besteht in ausreichender Bewegung. Bewegung fördert den Atem und schürt das »Stoffwechselfeuer« in uns, erzeugt Wärme und damit Energie. Die alten Chinesen dachten hier weniger an Sport im westlichen Sinn als an Qi Gong, Taiji, Kung Fu usw.
- Die dritte Möglichkeit, »nachgeburtliche« Energie zuzuschießen, besteht über die tägliche Ernährung, wobei allen Nahrungsmitteln eine bestimmte Auswirkung auf den Energiehaushalt des Organismus zugemessen wird.

Energetische Wirkung der Nahrung

Somit liefert die chinesische Ernährungslehre mit ihrer thermischen Wirkung der Lebensmittel auf den Organismus eine hochinteressante Komponente auf der Suche nach einer gesunden, ausgeglichenen und zur jeweiligen Persönlichkeit passenden Ernährungsform, die zudem in der Lage ist, die jeweilige Jahres- und Tageszeit mit einzubeziehen. Dieser Sichtweise wird in Zukunft sicher noch mehr Aufmerksamkeit zu schenken sein, da sich uns die engen Zusammenhänge zwischen uns und unserer Welt und damit auch unserer Nahrung immer mehr erschließen.

Die chinesische Medizin mit ihrem uralten Erfahrungsschatz hinsichtlich feiner energetischer Vorgänge im Körper geht davon aus, daß jedes Nahrungsmittel unabhängig von seiner Kalorienmenge (diese Sichtweise war ihr wiederum fremd) eine bestimmte Auswirkung auf den Energiehaushalt des Körpers mit seinen inneren und äußeren Energiebahnen (Meridianen) hat. Auf das individuelle elektromagnetische Kraftfeld des Organismus wirken nach dieser Philosophie sowohl die Atmung als auch Bewegung und Ernährung. Sie verändern die Schwingungsfrequenzen und -amplituden dieses Feldes gesundheitsfördernd oder -hemmend. Demzufolge gibt es Nahrungsmittel, die dem Organismus Energie zuführen, ihn sprichwörtlich wärmen und Lebenskraft aufbauen. Hierher gehören in der folgenden Tabelle alle Lebensmittel der Spalten »heiß«, »warm« und begrenzt auch noch »neutral«. Andere Nahrungsmittel wiederum führen dem Organismus Säfte, d. h. also Flüssigkeiten, zu und kühlen ihn dadurch. Sie werden als »erfrischend« und »kalt« bezeichnet.

Wichtig für den westlichen Menschen ist bei dieser Betrachtungsweise, sich klarzumachen, daß das Wort Energie in diesem Zusammenhang nichts mit Kalorien beziehungsweise Brennwerten zu tun hat. Oft erscheint dieses Denken sogar im Widerspruch zu unserem westlichen Verständnis. So kann es durchaus der Fall sein, daß ein Stoff nach unserer gewohnten Auffassung einen hohen Brennwert hat, im chinesischen Denken dagegen doch eher Energie raubt. Das ist zum Beispiel beim schon viel zitierten Zucker der Fall, der nach westlicher Sichtweise viele Kalorien hat, aber trotzdem – aus der chinesischen Perspektive – auf den Körper energieableitend und stark kühlend wirkt.

Auch wenn diese Auffassung auf den ersten Blick für uns befremdlich wirken mag, klärt sie doch viele Erfahrungen auf, die ansonsten schwer verständlich bleiben. Daß in Massen genossene Zitrusfrüchte trotz ihres Vitamin-C-Gehalts Erkältungssymptome eher verstärken als verbessern, kann ein Blick auf die Energietabelle der chinesischen Medizin erläutern, denn danach kühlen diese Früchte den Organismus aus, und das ist das letzte, was der Erkältete gebrauchen kann.

Hier liegt auch die Erklärung, warum in heißen Wüstengegenden heißer und stark mit Zucker gesüßter Pfefferminztee getrunken wird. Die Tabelle zeigt, daß sowohl die Pfefferminze wie auch Zucker »kühlend« auf den Körper wirken. Die ursprünglichen Sitten der einheimischen Wüstenbevölkerung stellen sich so als durchaus sinnvoll heraus und können aus dem Verständnis der thermischen Wirkung erklärt werden. Viele Beispiele an Essens- und Trinkgewohnheiten von Ureinwohnern, besonders in den lebensfeindlichen Zonen unserer Erde, zeigen auffällige Übereinstimmungen mit dem System der thermischen Wirkung der Nahrung, wie wir es in der chinesischen Medizin finden.

Die gegenüberliegende Tabelle nach Barbara Temelie,[11] die diesen Aspekt der Ernährungslehre bei uns zuerst verbreitet hat, kann helfen, die Körperenergien zu steigern, zu ergänzen oder auszugleichen, und so für bessere Gesundheit und erhöhte Leistung im Alltag sorgen. Mit den entsprechenden energetisierenden Gewürzen lassen sich alle Nahrungsmittel eine Spalte weiter in Richtung warm bewegen.

Kalte Nahrung wie Südfrüchte, Tomaten, Gurken, Joghurt, Mineralwasser, eisgekühlte Getränke, Schwarztee kühlen den Organismus stark ab und führen zu einem Qi- oder Yang-Mangel. Auch in der heißen Jahreszeit sind sie demnach nur bei den »heißen Typen« und auch bei diesen nur in kleinen Mengen angezeigt, da alles Kalte die Verdauung grundsätzlich belastet.

In speziellen Situationen, wie etwa der Schwangerschaft, in der viele Frauen zu einer Yang-Fülle neigen und plötzlich über warme Hände und Füße und ungeahnte Energien verfügen, kann über solche Lebensmittel eine Überfülle an Energie auf schmackhafte Weise abgebaut werden. Auch bei überschießender Hitze in den Zeiten der Wechseljahre sollte neben der psychologischen Deutung dieser Zustände an eine milde Ableitung mittels kühlender Nahrung gedacht werden.

Die Yang-Fülle vieler überaktiver Kinder könnte viel schonender mit kühlender Nahrung als mit Psychopharmaka korrigiert werden. Aber auch hier ist zu bedenken, daß nach chinesischer Auffassung alles Kalte und Rohe die Verdauungsorgane belastet, was auch für europäische Verdauungssysteme gilt.

Zur **erfrischenden Nahrung** gehören die meisten einheimischen Obst- und Gemüsesorten, die aus chinesischer Sicht die Quelle der Körpersäfte, wie eben des Blutes sind. In großen Mengen roh oder im Winter genossen können aber auch sie zu Verdauungsproblemen führen. Gekocht sind sie dagegen gut verdaulich und jedenfalls für empfindliche Menschen viel besser geeignet als Rohkost. Diese enthält zwar eindeutig mehr Vitalstoffe, aber diese können von vielen Menschen gar nicht mehr vollständig aufgenommen werden. Diesbezüglich interessiert die Chinesen weniger, *was* wir zu uns nehmen, sondern was wir davon wirklich verdauen können, und damit sind sie westlichen Ernährungsphilosophien oft ein gutes Stück voraus.

Zur **neutralen Nahrung** gehören die meisten Vollwertgetreide außer Gerste und Reis, die erfrischend sind. Besonders empfohlen werden von der chinesischen Medizin Grünkern, Süßreis und unter den Fleischarten das des Rindes. Allerdings ist hier zu bedenken, daß dieses in der klassischen Zeit unbelasteter produziert wurde, als das heute geschieht. Insofern ist diese Empfehlung mit Vorsicht zu genießen. Die neutrale Nahrung baut Qi auf, sie harmonisiert Yin und Yang und sollte die Grundlage der Nahrung bilden.

11 Barbara Temelie »Ernährung nach den fünf Elementen«.

HEISS	WARM	NEUTRAL	ERFRISCHEND	KALT
	Getreide: Buchweizen Hafer	Hirse Mais	Reis Dinkel Weizen	
	Gemüse: Lauch Meerrettich Zwiebel	Kohl Kartoffel Karotte Erbse Feldsalat	Sauerkraut Spargel Spinat Zucchini Blumenkohl Sellerie	Gurke Tomate
	Obst: Aprikose Pfirsich Rosine	Pflaume Traube Feige	Apfel Birne Honigmelone Orange Erdbeere	Zitrone Banane Mango Wassermelone Kiwi
Gewürze: Zimt Cayennepfeffer Curry Tabasco Muskat	Basilikum Dill Lorbeer Kümmel Majoran Knoblauch	Safran	Salbei Kresse	Salz Sojasauce Algen
Getränke: Ingwertee Jogitee Fencheltee Glühwein	Rotwein Getreidekaffee Kaffee Likör	Traubensaft Malzbier	Fruchtsaft Hagebuttentee Pfefferminztee Apfelsaft Altbier Weißwein Weizenbier	Mineralwasser Grüner Tee schwarzer Tee Enziantee Pils Wermuth
	Fisch: Forelle Scholle Thunfisch Hummer Alle geräucherten Fischsorten	Karpfen	Tintenfisch Calamari	Austern Kaviar
Fleisch: Schaf Ziege Gegrilltes Fleisch generell	Huhn Fasan Wild	Rind	Ente Pute Gans	
	Milchprodukte: Ziegenmilch Schafkäse Schimmelkäse	Kuhmilch Butter	Sauermilch Kefir Frischkäse Quark (Topfen)	Joghurt

Warme Nahrung führt Energie und Wärme zu und ist für strenge Vegetarier, die nicht selten unter Energiemangel beziehungsweise innerer Kälte leiden, sehr wichtig. Insbesondere können sich hier warme bis heiße getrocknete Kräuter und Gewürze als sehr segensreich erweisen und die vegetarische Kost insgesamt harmonisieren.

Heiße Nahrung sollte ebenso wie kalte nur in kleinen Mengen genossen werden, was natürlich besonders für scharfe Gewürze wie Curry, Chili und Pfeffer gilt. Sie schützen in kleinen Mengen vor innerer Kälte und sind besonders in der Winterzeit für die kalten Typen eine gute Ergänzung der Nahrung. Im Übermaß gegessen führen sie allerdings zu einer Überfülle an Yang und entsprechender innerer Hitze.

Auswirkungen der thermischen Ernährungslehre

Die Vermutung liegt sehr nahe, daß dieser uralte Erfahrungsschatz in naher Zukunft von der Wissenschaft meßbar, beweisbar und damit »wahr gemacht« wird, wie das zum Beispiel mit der Akupunktur bereits geschehen ist. Dadurch könnten diese Informationen auch in die offizielle westliche Ernährungswissenschaft einfließen und eine Symbiose aus westlicher »Zerstückelungstechnik« und östlicher »Gesamtschau« ermöglichen zum Wohle aller, die bereit sind, mehr Bewußtheit in ihre Ernährung zu bringen. Bevor es soweit ist, können sie in Eigenregie mit der Umsetzung beginnen und dadurch den Qualitätssprung schon lange vorher genießen.

Vielen mag so klarwerden, warum ihnen ihr Früchtemüsli im Sommer so wunderbar bekommt, sie im Winter aber überhaupt keinen Appetit dazu haben. Was im Sommer wohltuende Kühlung bringt, ändert sich im Winter zu einem ausgesprochen kontraproduktiven Energieverlust. Mit dem Wissen der chinesischen Ernährungslehre, die ein wesentlicher Teil der Medizin ist, ließen sich auch viele bei uns geradezu üblich gewordene Teufelskreise im Bereich der »Gesundlebeszene« durchschauen. Zum leichteren Verständnis der Anwendungsweise der thermischen Wirkungen sind hier zwei typische Beispiele aus der Praxis angeführt.

Karin ist Sekretärin, schlank, mit eher blasser Haut und durch ihren sitzenden Beruf kaum körperlich gefordert. In ihrer Freizeit ist sie ziemlich unsportlich unterwegs und genießt lieber gute Musik. Auf bioklimatische Einflüsse wie Wind, Regen oder Kälte reagiert ihr Organismus rasch mit einem Frösteln, und dann geht sie noch weniger hinaus ins Freie als sowieso schon. Sie tendiert ernährungsmäßig zu einer »gesunden Kost« mit sehr viel Frischkost, zwischendurch aus Gründen der schlanken Linie genehmigt sie sich höchstens einmal einen Joghurt und etwas Obst.

Diese an sich durchaus empfehlenswerten Lebensmittel führen in Karins speziellem Fall zu einem weiteren Energieverlust und somit zu einer Schwächung ihres Organismus. Ihre Wahl müßte auf Lebensmittel aus den Spalten »neutral«, »warm« bis »heiß« fallen, um sich energetisch aufzubauen. Auch regelmäßige milde Bewegungseinheiten würden längerfristig sehr zu ihrem Wohlbefinden beitragen.

Hans ist ein Gärtnermeister von sportlicher Grundstruktur, etwas übergewichtig, vom Typ her feurig, leicht zu begeistern, agil und ständig auf den Beinen. Die wenige Freizeit, die ihm bleibt, füllt er mit Squash und Jogging aus. Wind, Nässe und Kälte können ihm nichts anhaben, im Gegenteil, er ist meist nur leicht bekleidet und leidet eher unter Schweißausbrüchen. Setzt sich Hans zum Mittagessen, wählt er sein Essen unbewußt aus den Spalten »heiss« und »warm« aus, nach dem Modell Gulaschsuppe mit viel Paprika.

Damit ist er durchaus schlecht beraten, denn diese Speisen werden sein Zuviel an Energie noch weiter verstärken und ihm schon beim Essen den Schweiß auf die Stirn treiben. Bei geringsten Belastungen wird Hans sowieso schon schwitzen, worin man einen Versuch seines Organismus erkennen kann, mittels Verdunstungskälte das ganze überhitzte System herunterzukühlen. Ein Typ wie er, der sich viel bewegt, damit automatisch verstärkt atmet und eher zu Hitzegefühlen neigt, ist gut beraten, sich sein Essen hauptsächlich aus den Spalten »neutral«, »erfrischend« und manchmal und besonders im Sommer auch »kalt« zusammenzustellen.

Beide Typen sind leider nicht so selten und zeigen deutlich die Teufelskreise, in denen viele Menschen stecken. Während Hans sich aus seiner Sicht durchaus gesund, weil sportlich, durchs Leben bewegt, ist Karin mindestens so gesund auf ihrem Lebensweg unterwegs, denn nach landläufiger Einschätzung ißt sie äußerst gesundheitsbewußt. Beide aber werden ihrem jeweiligen Typus nicht gerecht und geraten so immer tiefer in Teufels Küche, der mit Vorliebe mittels wundervoll gesund klingender Argumente den Weg in den Abgrund anpreist.

Fragen Sie sich also:

- Welcher Typ bin ich? Neige ich eher zu Hitze oder zu Frösteln? Schaffe ich es, mich täglich so zu bewegen, daß »inneres Feuer« entsteht?
- Welchen bioklimatischen Einflüssen (Hitze, Kälte, Wind, Nebel, Klimaanlage usw.) bin ich heute ausgesetzt?
- Neige ich zu einer oberflächlichen Atmung, die ich hauptsächlich im Brustkorb spüre?
- Wie gehe ich auf die Welt zu, offensiv feurig oder eher defensiv verhalten?

Gemäß diesen Faktoren finden Sie leicht Ihre Entsprechung auf der Ernährungsebene. Mit etwas Mut und anschließender Übung werden sich hier schnell spürbare Erfolgserlebnisse einstellen. All die vorher geschilderten Grundsätze gesunder Ernährung behalten auch unter dieser Sichtweise selbstverständlich ihre Gültigkeit. So könnten wir eine gesunde artgerechte, vollwertige und individuell stimmige, mit wohlschmeckenden Ausrutschern angereichterte Ernährung graphisch folgendermaßen darstellen:

Leider braucht eine komplette Um- und Einstellung auf solch ein System neben viel Bewußtheit auch eine ganze Menge Zeit und Aufwand. Deshalb werden wir anschließend noch ein paar in der Praxis unserer Seminare unter entsprechenden Belastungsbedingungen erprobte Hinweise und Rezepte anführen.

Bei der chinesischen Ernährung, die wesentlich mehr zu bieten hat als nur die thermische Regulation, und die sehr geschickt mit der Anwendung von Kräutern und Gewürzen eine Harmonisierung der ganzen Persönlichkeit anstrebt, kann man sich die Umstellung beziehungsweise die Nahrungsergänzung mit einem System von Fertigprodukten, die unter dem Namen *Sunrider*[12] vertrieben wer-

12 Siehe hierzu den Abschnitt darüber in: »Wege der Reinigung – Entgiften, Entschlacken, Loslassen« von Ruediger Dahlke und Doris Ehrenberger, Sunrider-Info-Adresse siehe Anhang.

den, leichter machen. Auch wenn dieses auf den ersten Blick Skepsis auslösen mag, führt es konsequent angewandt doch sehr verläßlich zu einer ausgeglichenen Verdauung. Es erspart einem schon nach kurzer Zeit das Toilettenpapier und längerfristig eine Menge Zeit und vor allem Verdauungs- und Energieprobleme, ist aber nicht billig und führt auf die Dauer bei den meisten Anwendern zu Gewichtsverlusten, die von einigen erstrebt, bei anderen aber durchaus unerwünscht sind.

Die Energiequelle aus dem Bienenstock

Wer Stärkung, wie auch Entgiftung und Entschlackung im Auge hat und mit Recht chemisches Doping ablehnt, könnte an die wundervollen Energie-Quellen denken, die uns die Bienen erschließen. Alles spricht dafür, daß die natürlichen Produkte und Mischungen, die im Bienenstock entstehen, von Menschen dosierten Präparaten überlegen sind. Bezüglich der Matricell-Kur, die solche Stoffe zu einem ausgewogenen Aufbaumittel kombiniert, ließ sich belegen, daß sie das Grundsystem des Bindegewebes auf eindrucksvolle Weise entschlackt und revitalisiert.

Schon frühzeitig galt das sogenannte *Gelee royale* der Bienen als ein ganz besonderer Saft, wie der alte königliche Name noch sagt, der sich auf die früher königlichen Preise bezieht, aber auch auf die Art, wie dieser Stoff aus normalen Bienenlarven Königinnen macht. Von jungen Arbeitsbienen abgesondert ist es nämlich allein diesem Stoff zu danken, daß die damit gefütterte normale Larve zu einer Königin mit enormen Fähigkeiten heranwächst. Sie kann z.B. das Vielfache ihres Körpergewichts täglich an Eiern legen. Auch die anderen Stoffe aus dem Bienenhaus haben ans Wunderbare grenzende Eigenschaften: *Propolis* hält den Bienenstock trotz seiner – aus unserer Sicht – fürchterlichen Enge vor Krankheit und Seuchen geschützt. Das Wichtigste schließlich, der *Pollen,* enthält eine Vielzahl von lebenswichtigen Stoffen auf kleinstem Raum und hat sich schon in grauer Vorzeit bewährt. Die verblüffende Leistungsfähigkeit der Wikinger, die im Gegensatz zu allen anderen frühen Seefahrern nach ihren langen Seereise noch im Vollbesitz ihrer Kräfte waren, führt man darauf zurück, daß sie auf diesen Reisen mit Pollen »verunreinigte« Bienenwaben kauten. So umgingen sie den für diese Zeiten unter Seeleuten geradezu typischen Vitamin-C-Mangel (Skorbut) und auch viele andere Mangelerscheinungen.

Amerikanische und sowjetische Forscher, die die über 100jährigen Menschen in beiden Ländern untersuchten, um auf das Geheimnis der Langlebigkeit zu kommen, fanden vor allem Enttäuschendes: Es handelte sich bei den Uralten fast nur um bettelarme Menschen, die bei äußerst karger Ernährung ihr Leben in sehr einfachen Verhältnissen verbracht hatten. Auffallend war allerdings, wie viele arme Imker sich darunter fanden. Diese hatten wohl zeitlebens den sauber geschleuderten Honig verkauft und selbst nur die mit allen Stoffen des Bienenstockes »verunreinigten« restlichen Waben verzehrt beziehungsweise ausgekaut. Da hinter Bienen keine Indusrielobby steht und ihre Produkte noch immer nicht industriell nachzuahmen sind, hatten diese Studien wenig Konsequenzen. Karge Ernährung oder gar Fasten und der Beruf des Imkers sind heute wenig attraktiv. Wer aber zusätzlich Vitalität und Leistungsfähigkeit anstrebt, könnte sich an die Bienenprodukte erinnern.

Inzwischen gibt es sogar Untersuchungen, die die Zunahme der Leistungsfähigkeit bei Hochleistungssportlern unter der Einnahme geeigneter Bienenprodukte belegen. Subjektiv deutlicher ist der Effekt noch bei denjenigen, die geschwächt und angestrengt sind oder große Belastungen durchzustehen haben. Während der zweiwöchigen Fastenzeit im Rahmen der von unserem Heil-Kunde-Zentrum durchgeführten vierwöchigen Reinkarnationstherapie hat sich die Einnahme der natürlichen Wundermittel aus dem Bienenstock sehr bewährt.

Der Pollen als entscheidender Bestandteil verschiedener »Bienen-Kuren« verschenkt sich allerdings nicht so leicht. Er muß mit Spezialmethoden aufgeschlossen werden, denn nur so kann seine Einnahme, in Honigmet gelöst und zusammen mit Propolis und Gelee royale über einen Kurzeitraum von einigen Wochen eingenommen, die beschriebenen beeindruckenden Verbesserungen der Leistungsfähigkeit und Vitalität hervorbringen.[13]

Möglichkeiten der Regeneration

Immer wieder staunen Ökologen, wie schnell sich Seen und Flüsse regenerieren, wenn wir nur einmal aufhören, sie weiter zu belasten. Ähnlich erlebt man als Fastenarzt, wie schnell sich ebenso gequälte Körper und Seelen erholen, wenn man ihnen nur einmal die Chance dazu gibt. Für viele ist es leichter, mit einem radikalen Schritt vom unbewußten Schlingen zum bewußten Genießen zu wechseln. Ein idealer Einstieg in solch eine neue Essens- und damit Lebenszeit ist das Fasten, das in allen Religionen seine Tradition hat. Zu allen Zeiten haben Menschen aller Religionen den Wert der freiwilligen bewußten Nahrungsenthaltung gekannt. Nicht nur die Bibel, auch die anderen heiligen Schriften wissen um seine heilende Kraft. Ganz abgesehen von den wundervollen Möglichkeiten des Fastens in spiritueller Hinsicht, ist es die reinigende und regenerierende Wirkung, die uns im Zusammenhang mit Gesundheit interessieren muß. Fasten ist eine ideale Möglichkeit, eine alte Zeit abzuschließen, deren gesundheitliche Hypo-

13 Die Adresse der Firma St. Johanser, die das Problem der enzymatischen Pollenaufschließung auf schonende Weise gelöst hat, findet sich im Anhang.

theken abzubauen und die Zeichen auf Neuerung zu stellen. Unser Körper ist in einem unglaublichen Maße regenerationsfähig, wenn wir ihm die Möglichkeiten dazu einräumen. Kaum ist die Nahrungszufuhr eingestellt, wird der Organismus nach einer Umstellungszeit von maximal drei Tagen auf Selbstversorgung umschalten. Diese Einstiegszeit kann unangenehm sein, ihre Länge ist aber vor allem von der Klarheit der Entscheidung und damit vom Bewußtsein abhängig. Solange man nicht wirklich innerlich entschieden ist, ernst zu machen und als äußeren Ausdruck dieser Unentschiedenheit noch überall Notfallrationen bunkert, muß man mit Schwierigkeiten in den ersten drei Tagen rechnen. Steht dagegen der Entschluß auf festen Beinen, kann man sich die Umstellungsprobleme auch ganz ersparen. Zumindest bei weiteren Fastenzeiten werden sie immer geringer werden und schließlich ganz aufhören, wenn sich der Organismus an diese Form von tiefgreifender Regeneration gewöhnt hat. Der Körper ist über alle Maßen intelligent, und wenn er verstanden hat, daß sein(e) Besitzer(in) ernst macht, wird er sich das Leben nicht mit Hungergefühlen erschweren. Lediglich solange er noch eine Chance wittert, mit seinem Schreien nach der gewohnten Nahrung Erfolg zu haben, wird er auf diese Möglichkeit setzen. Im Laufe der (Fasten-)Zeiten gewöhnt er sich aber schnell an das neue Regime und wird sich in dessen Dienst des *Lebenswandels* stellen.

Bildlich kann man sich eine Fastenzeit wie einen umfassenden Hausputz vorstellen. Hat man sein Haus beispielsweise vor vierzig oder fünfzig Jahren bezogen und nie richtig für Ordnung und Entrümpelung gesorgt, wird sich einiges in Kellern, Speichern und Abstellräumen angesammelt haben. Beginnt man nun nach all der Zeit mit dem Fasten, wird das Körperhaus anfangs in einen gewissen Tumult geraten, wenn man anfängt, die zuletzt eingelagerten Dinge wieder ans Tageslicht zu befördern.

Im Körperhaus ist das Bindegewebe, zu dem auch das Fettgewebe gehört, der Speicherraum für all die Überbleibsel aus vergangenen Zeiten. Schicht für Schicht werden nun alte Dinge in der umgekehrten Reihenfolge, wie sie eingelagert wurden, aufgearbeitet und (vom Stoffwechsel) verbrannt. Zuerst kommen die Schlakken und Probleme der letzten Zeit wieder ans Tageslicht, je länger das Fasten aber fortschreitet, desto ältere Knoten und Themen treten zutage. So kann man sein ganzes Körperhaus bis auf die Grundmauern durchreinigen, sollte sich aber vor übertriebenem Ehrgeiz hüten. Man muß ja nicht alles auf einmal schaffen, und häufig ist das auch gesundheitlich nicht zu empfehlen. Zum Beginn ist eine Fastenzeit von einer Woche empfehlenswert, später können dann auch längere Zeiten sinnvoll sein. Tatsächlich kann man so innerhalb von Wochen mit Problemen, die in Jahrzehnten entstanden sind, *restlos* fertig werden.

Werden einige Grundvoraussetzungen wie ausreichendes Trinken und gründliche Darmreinigungen erfüllt, haben wir hier das wirksamste und billigste Therapieverfahren überhaupt, das uns erlaubt, eine neue Grundlage für ein gesünderes Leben zu erreichen. Dabei geht das Fasten in seinen Auswirkungen weit über die Säule der gesunden Ernährung hinaus, für die es allerdings auch den besten Einstieg schafft. Zusätzlich aber fördert es als Therapiemaßnahme, die ganz vom weiblichen Pol kommt, auch die Entspannungsfähigkeit in ungeahnter Weise und oft auch die Lust an Bewegung. Sogar die Auswirkungen auf die Umwelt sind manchmal schon nach der ersten Kur spürbar, wenn Fastende anfangen, in ihrer Umgebung analog zum Körperhaus aufzuräumen und für klare Verhältnisse zu sorgen. Den entscheidenden Anschub aber kann die Bewußtseinssäule erfahren, da Fasten die Energiekanäle reinigt und für klarere und tiefere Gedanken sorgt.

Wohl nur aus Unkenntnis hat es einen so säuerlichen Beigeschmack und vielleicht auch deshalb, weil es gänzlich in die Eigenverantwortung des einzelnen fällt. Richtig durchgeführt, wird es nicht nur gut bekommen, sondern auch Spaß machen und kann eine ganz neue und sinnlich lustbetonte Einstellung zum eigenen Körper vermitteln. Durch die tiefgreifende Reinigung werden nicht nur die inneren Organe, sondern auch die Gelenke und der Bewegungsapparat wieder in eine bessere Form kommen, vor allem aber werden die Sinnesorgane geschärft und zu einer neuen Wahrnehmungskraft gelangen. Die Veränderungen im energetischen Bereich lassen Bewegung schon während des Fastens, aber vor allem auch darüber hinaus lustvoller erscheinen und vertiefen Erfahrungen vom Naturerleben bis zur Erotik, und in deren Konsequenz erhöht sich anschließend die Fruchtbarkeit auf den verschiedenen Ebenen.

Im seelischen Bereich mag sich ein Zugang zu inneren Bildern ergeben, der sich in bewußteren Traumerlebnissen und zunehmendem Kontakt zum inneren Arzt niederschlägt. Schon während des Fastens sind »Reisen nach innen« auf den Flügeln der eigenen Phantasie naheliegend und können die Fastenzeit bereichern, ebenso wie Mandala-Übungen und künstlerische Betätigungen. Gerade für solch kreative Erfahrungen mag sich beim Fasten Lust einstellen, selbst und oft gerade dann, wenn die letzten diesbezüglichen Erfahrungen schon lange zurückliegen.

Würden große Teile der Bevölkerung nach einer mit kürzeren Fastenzeiten von einer Woche begonnenen Übergangszeit die christliche Fastenzeit wieder einhalten und vierzig Tage bewußt fasten, könnten wir von drastischen Reduzierungen der großen Krankheitsbilder unserer Zeit ausgehen. Selbstverständlich können nicht alle in allen Situationen so lange fasten, aber nach einer einige Jahre dauernden Eingewöhnungszeit wären sehr viele Menschen dazu in der Lage. Daß die Mehrheit der Ärzte daran und vor allem an den Folgen kein Interesse hat, liegt auf der Hand, würden die in eigener Verantwortung Fastenden sie doch tendenziell arbeitslos machen. So sind deren engagierte Warnungen entsprechend einzuordnen. Zunehmend finden sich aber Ärzte und Heilpraktiker, die solche großen Schritte bereitwillig und mutig unterstützen, und an diese sollte man sich diesbezüglich wenden.

Die Folgen wären im positiven Sinne dramatisch, denn mit der essentiellen Hypertonie würde der Herzinfarkt seine Basis verlieren, Übergewichtsprobleme würden sich erübrigen und Gicht und Rheuma verschwinden, den vegetativen Beschwerden würde das Wasser abgegraben, und der Großteil der auch von der Schulmedizin als psychosomatisch erkannten Krankheitsbilder von Kopfschmerzen bis Schlafstörungen müßte sich verabschieden. Da eine solch lange, bewußte Fastenzeit Regeneration für Körper und Seele zugleich bedeutet, würden auch die rasant zunehmenden seelischen Krankheitsbilder positiv beeinflußt.

Allerdings ist es in der heutigen »Macher-Gesellschaft« mit ihrer »Macher-Medizin«, die vom männlichen Pol beherrscht, alles kontrollieren will und nichts mehr geschehen lassen kann, höchst unwahrscheinlich, daß sich eine so wirksame, billige und obendrein vom weiblichen Pol bestimmte Methode auf breiter Ebene durchsetzen kann. Große Teile des Medizinsystems würden damit überflüssig, und Arbeitsplätze stünden auf dem Spiel. Aus unserer eigenen Erfahrung ist zu bekennen, daß wir über die Jahre Hunderte von Patienten durch das Fasten »verloren« haben. Die meisten Fastenden werden auf die Dauer einfach gesund, und da sie ihren inneren Arzt entdecken, brauchen sie den äußeren immer weniger. Insofern gehen bewußte Fastenzeiten immer weit über Ernährungsthemen hinaus und verbinden körperliche Gesundung mit seelischer, klären den Geist und eröffnen spirituelle Aus- und Einblicke.

Auch andere Regenerationskuren,[14] wie einige Obsttage oder zum Beispiel eine Kartoffelkur, können zu einer notwendigen Umstimmung Wertvolles beitragen. Der Organismus macht es uns eigentlich leicht, wieder in Form zu kommen, wir müßten ihm nur kleine Hilfestellungen geben. Je mehr Ebenen dazu ins Spiel des Lebens gebracht werden, desto besser. Wer sich bei solch einer Kur auch noch bewegt und dehnt, sich mittels geführter Meditationen auf »Reisen nach Innen« und den Weg zu sich selbst macht, wird noch schneller noch tiefergehende Erfolge erleben.

Regeln und Rezepte für einen persönlichen Ernährungsstil

Wie bei vielen in diesem Buch angesprochenen Themen geht es auch bei der Ernährung vorrangig darum, seinen Weg zu finden, und das ist immer ein eigener individueller. Regeln und Rezepte mögen für Strecken des Weges ihre Wichtigkeit haben, münden sie aber nicht in einen eigenen Lebens- und damit auch

14 Entsprechende Hinweise zu Reinigungskuren finden sich in Ruediger Dahlke, Doris Ehrenberger: »Wege der Reinigung – Entgiften, Entschlacken, Loslassen«.

Ernährungsstil, ist etwas faul. Jahrzehntelang haben sich Menschen mit der Weisheit herumgequält, daß *man* morgens wie ein Kaiser, mittags wie ein Bürger und abends wie ein Bettler zu essen habe. Für viele bedeutete das, sich morgens, wo sie natürlicherweise gar keinen Hunger hatten, zum Essen zu zwingen. Abends, wo sie Hunger hatten, durften sie dann nicht, wie sie wollten. Viele haben folglich die abendliche Einschränkung übertreten und sind auf diese Weise (durch die morgendliche widerwillige Zusatzration) dick geworden, andere haben sich mit eiserner Disziplin an die Regel gehalten und sich so ihr Genußleben ruiniert. Glücklich konnten mit dieser Regel nur die werden, deren inneres Gefühl zufällig damit übereinstimmte, und das waren zum Glück gar nicht so wenige.

Seit einigen Jahren gibt es nun Entlastung durch Diätbücher, die den Gegenpol betonen und einen sogar ermuntern, bis Mittag gar nichts oder nur Obst zu essen. All jene, die lange genug unter obiger Regel gelitten hatten, verhalfen der diätetischen Gegenbewegung zu einem enormen Erfolg. Aber auch dieser Trend eignet sich nicht für jeden, wie z.B. für jenen Manager, der sich darüber beklagte, jeden Morgen hungrig zur Arbeit gehen zu müssen, seit seine Frau diese neue Diätlinie entdeckt habe und strikt durchführe.

Alle Pauschalaussagen und Verallgemeinerungen sind mit Vorsicht zu genießen und darauf zu prüfen, wie sie zum ureigenen Lebensrhythmus passen und was sie an Wesentlichem zum eigenen Leben beitragen können. Das gilt auch für die in diesem Buch entgegen allen Ankündigungen doch gewerteten Bereiche. Solange etwa jemand seelisch in der Lage ist, seine fleischliche Nahrung von Anfang bis Ende zuzubereiten, wird er auch das entsprechende Bewußtsein haben, sie zu genießen und zu verdauen. Wichtig ist es, sich bewußt zu machen, was man ganz unabhängig von aller Ideologie braucht und mit gutem Gewissen und ehrlich verspeisen kann, denn nur das bekommt einem auch wirklich. Was man bewußt ißt, wenn man wirklich im Einklang mit sich ist, wird einem langfristig zu Gesundheit und kurzfristig zu guter Stimmung verhelfen. Das aber bedeutet, seine eigene Linie ist zu finden; der Massenkonsum kann dabei genauso danebengehen wie die übertriebene Gesundheitsdiät, die dem Lebensgefühl und Genuß abträglich ist.

Selbst wenn wir aber unsere individuelle Linie gefunden haben, die unserem ganz persönlichen Stil und unserer Konstitution[15] zu entsprechen scheint, werden wir nach einiger Zeit bemerken, daß auch das noch nicht die endgültige Lösung ist, denn wie wir gesehen haben, brauchen wir auch abhängig von unserer jeweiligen Tätigkeit und vor allem der Jahreszeit immer wieder anderes.

Dem Bedürfnis nach mehr Individualität tragen inzwischen erfreulicherweise auch einige Diäten Rechnung, wie etwa die Ernährung nach den vier westlichen

15 Siehe hierzu »Vom richtigen Essen« von Roland Possin.

(Devanando Weise und Roland Possin) oder fünf chinesischen (Barbara Temelie) Elementen. Hier liegen durchaus Chancen, den eigenen Weg zu finden, vorausgesetzt, man kann sich elementemäßig stimmig einordnen. Auch Diäten, die sich an den vier Blutgruppen[16] orientieren, gehen in diese Richtung, allerdings ist dabei zu bedenken, daß sie bei genauerer Betrachtung alle Menschen in lediglich drei große Gruppen einteilt (da die Blutgruppe Ab ganz ähnlich wie AB behandelt wird). Das aber ist zu einfach und wird der Individualität gerade nicht gerecht. Bei den Elementediäten gibt es die Mischtypen, und jeder kann herausfinden, wieviel er von welchem Element in seinem Leben hat, und sich danach ernährungsmäßig einrichten. Das aber fällt bei der Schwarz-Weiß-Malerei der Blutgruppendiät weg. Sie wirkt auf den ersten Blick individuell, schert aber dann doch wieder alle Menschen über einen Kamm und packt sie in drei beziehungsweise vier Schubladen. Natürlich faszinieren solche einfachen Patentrezepte, nur werden sie leider der komplexeren Wirklichkeit nicht gerecht. Trotzdem kann die Blutgruppendiät – wenn sie nicht verabsolutiert wird – zusätzlich wertvolle Hinweise geben und einen kleinen Beitrag zur individuelleren Ernährungsgestaltung liefern.

Alle wissenschaftlichen und noch so gut gemeinten ärztlichen Ratschläge wie auch die Hinweise aus der Weisheit der Traditionen, ob es sich um spezielle Diäten, die Säure-Basen-Zusammensetzung der Nahrung, ihre kalorische oder thermische Wirkung handelt, sind weniger geeignet, die richtige individuelle Ernährung zu finden als die eigene innere Stimme, so man Zugang zu ihr hat. Wie sie zu finden ist, war Thema im Entspannungskapitel, wie überhaupt nur aus einer inneren Entspannung heraus die richtigen Lebensmittel zu finden und zu genießen sind.

Das Wie und das Was beim Essen

Noch entscheidender als das *Was* ist das *Wie* beim Essen, auch wenn in einer auf das Materielle fixierten Zeit und Gesellschaft der gegenteilige Eindruck entstehen mag. Die ursprüngliche Bedeutung von Diätetik wies noch auf diesen Zusammenhang hin. In früheren Zeiten, wo die Diätetik neben der Hygiene die zweite wichtige Säule der Medizin war, gab es nur eine vergleichsweise bescheidene Essensauswahl. Die Mehrheit der Menschen aß im wesentlichen, was gerade zu dieser Zeit in der eigenen Region zu haben war – gesundheitlich gesehen eine ziemlich unproblematische, ja geradezu geniale und bei aller Kargheit eben gerade deswegen gesundheitsförderliche Haltung. Schon aus Mangel an Alter-

16 Peter D'Adamo, C. Whitney »4 Blutgruppen. 4 Strategien für ein gesundes Leben«.

nativen beschäftigte sich Diätetik damals vor allem mit dem *Wie* des Essens. Richtige Rituale waren an der Tagesordnung: Da Essen knapp war, gab es immer Grund zu danken, wenn es ausreichend vorhanden war. Man aß auch praktisch ausnahmslos in Gemeinschaft, schon weil die Zubereitung ungleich mühevoller war. So kam es, daß sich größere Gruppen zum gemeinsamen Mahl zusammenfanden und alles mit einer mehr oder weniger feierlichen Dankeszeremonie begann, um dann nach festen Regeln fortzuschreiten. In einer Zeit, wo Religion und damit das Seelenheil an erster Stelle stand, war dies eine Selbstverständlichkeit, beinahe selbstverständlicher als das Essen selbst, das kaum je genug und schon gar nicht im Überfluß vorhanden war. Letztere Tatsache legte es nahe, das, was da war, dankbar zu genießen. Noch heute, mitten im Überfluß, könnten uns einige dieser einfachen Regeln unser Essen und damit unser Leben deutlich erleichtern.

Wer sich vor dem Essen die Hände in Unschuld gewaschen hat, sich dann auf das Essen besinnt (in freier Form oder wie früher betend und dankend), dem wird auch heute noch jedwede Nahrung ungleich besser bekommen als dem schnellen Schlinger, der beim Essen schon an seinen nächsten Coup denkt. Schlingzeit verrät Gier, während Mahlzeit Zeit braucht. In einer leistungsorientierten Überflußgesellschaft ist es schon normal, sich möglichst schnell möglichst viel (verschiedenes) einzuverleiben. Daß Verdauung vom Mund bis zum Schließmuskel Zeit und Muße braucht, ist uns beinahe fremd geworden. Früher hieß es: »Nach dem Essen sollst du ruh'n oder tausend Schritte tun.« Heute sind statt dessen Steh- und Schnellimbisse in Mode, wo man gar keine Lebens-, sondern höchstens Nahrungsmittel in Form des berüchtigten Schnellfutters bekommt. Fast food ist eine Beleidigung für unseren wunderbaren Verdauungstrakt, und das Wort Restaurant diesbezüglich völlig fehl am Platze für die entsprechenden Orte. Dort läßt sich gerade nichts restaurieren, jedenfalls nicht die Lebenskraft, auch findet man dort keine Ruhe (englisch *rest* = Ruhe). Fast food ist ein Teil des *american way of life,* hat aber eher mit notdürftigem Überleben denn mit Leben zu tun. Tatsächlich ist es eine ausgewiesene Methode, sein Leben quantitativ zu verkürzen und qualitativ zu ruinieren. Trotzdem liegt es voll im Trend. Wer also gesund essen will, muß den so beliebten *main stream* verlassen und riskiert, zu einer bewußten, aber kleinen Minderheit zu gehören. Wie breit der *main stream* bereits ist, verraten folgende Zahlen: die (finanziellen) Schäden aus der Fehlernährung in Deutschland beziffert der Tagesschausprecher auf über 100000000000.– DM (100 Milliarden DM) pro Jahr. Nicht auszudenken, was an Gesundheit und Wohlbefinden über uns hereinbrechen würde, wenn eine Mehrheit sich auch nur halbwegs intelligent, d. h. artgerecht beziehungsweise gesund ernähren würde!

Wenn das *Wie* in bewußte Bahnen gelenkt ist, kann andererseits beim *Was* nicht mehr viel schieflaufen, denn Bewußtheit ist mit Abstand der beste Schutz vor Fehlern. Kleine, aber wichtige Dinge beim Essen werden dann leicht nachvollziehbar und ergeben sich praktisch von selbst. Wir würden unseren Verdauungstrakt nicht mehr überfordern, indem wir ihm permanent und pausenlos etwas anbieten. Es gäbe die dringend notwendigen langen Verdauungspausen zwischen den Mahlzeiten, weil wir nicht länger zwischendurch unbebewußt vor uns hin knabbern würden, und das Frühstück würde wieder zu einem wirklichen Fastenbrechen (englisch: *breakfast* = Fasten brechen), das eine wenigstens zwölfstündige Ruhephase des Darms geradezu feierlich beenden würde. Vollwertige Lebensmittel, die in gleichsam rituell bewußter Form genossen werden, haben die Fähigkeit zu sättigen, während das raffinierte Fabrikfutter chronisch unbefriedigt läßt. Das andauernde und bei manchen geradezu pausenlose Zwischendurchessen sättigt zwar nicht wirklich, macht aber ordentlich dick.

Wer so bewußt mit dem *Wie* des Essens umgeht, hat auch mit dem *Was* wenig Probleme und wird sich relativ leicht mit vernünftigen, d. h. der menschlichen Natur entsprechenden Eßweisen anfreunden können. Das aber muß das Ziel sein, damit die Nahrung wieder zu unserem Freund und Verbündeten wird und aus dem Bereich der Haßliebe herauskommt.

Heute ist inmitten des Überflusses vielen Menschen Essen zum heißgeliebten, unverzichtbaren Lieblingsfeind geworden, der mit der Figur gleichzeitig die Lebensfreude bedroht.

Säure-Basen-Gleichgewicht

Hier ergibt sich noch einmal ein scheinbar ganz neues System, unter dem es sich loht, unsere Ernährung zu betrachten.[17] Erfreulicherweise stellt sich aber schnell heraus, daß auch dieser Aspekt nur das bisher bei den anderen Säulen der Gesundheit Gesagte unterstreicht, wobei die Ernährungssäule ihre tragende Rolle dabei spielt. Die Übersäuerung ist ein typisches Kind unserer, vom männlichen Pol geprägten Zeit und verlangt nach einem Ausgleich. Auch dieses System ist aber nur im größeren Zusammenhang sinnvoll zu durchschauen. Bevor man anfängt, mit Basenpulvern rein materiell für Ausgleich zu sorgen, ist es sinnvoller, einen Blick auf die Ernährung und, noch besser, auf die seelische Lebenssituation zu werfen.

Es geht darum, aus der Eiweißmast mittels Fleischkonsum auszusteigen, denn die Flut der Aminosäuren, der Bausteine des Proteins, säuert, wie der Name schon sagt. Auch all die Süßigkeiten und raffinierten Kohlenhydrate wirken säuernd und sollten drastisch eingeschränkt werden zugunsten von Gemüse und Obst, die – einen halbwegs gesunden Darm vorausgesetzt – im Stoffwechselgeschehen eher basisch wirken. Die einzige Ausnahme ist der Chicorée, der aber in der Gemüseernährung sowieso eine eher bescheidene Rolle spielt. Dieser alkalisierende Effekt gilt sogar für säuerlich schmeckendes Obst.

Nach einer kritischen Auseinandersetzung mit dem Säurethema müßte man Abstand davon nehmen, eine an sich über die Maßen sinnvolle Fastenkur mit säuerndem Apfelessig zu kombinieren, selbst wenn das noch so sehr empfohlen wird und sogar schmecken mag. Essigsäure ist nun einmal sauer, wie der Name schon sagt, und die von den Anhängern der Essig-Kuren aufgestellte Behauptung, daß Essig im Körper basisch wirke, konnten wir bisher nie bestätigen. Ähnlich wie der Süßigkeitenabhängige immer weiter nach Schokolade verlangen wird, wird der »Übersäuerte«, und dazu gehören die allermeisten Menschen, auch weiterhin nach Saurem verlangen. Hier ist eine Unterbrechung des Circulus vitiosus die vorrangige Aufgabe und Lösung des Dilemmas, bevor man anschließend seiner inneren Stimme wirklich trauen kann. Fasten als Möglichkeit, seinen »Inneren Arzt« beziehungsweise die »Innere Stimme« zu entdecken, die einem intuitiv mitteilen kann, was für einen in der jeweiligen Situation angemessen ist, kann diesbezüglich gut weiterhelfen.

Noch weiter über die Ernährung hinausgehend sollte man sich fragen, warum man den Tag und das Leben so sauer beginnt. Dieser Ansatz zielt auf die Bewußtseinssäule, die alle anderen vier Säulen verbindet und ergänzt. Hier liegt

17 Für genauere Informationen sei auf das entsprechende ausführliche Kapitel in »Wege der Reinigung«, S. 55 ff., verwiesen.

auch die einzig verläßliche Lösungsmöglichkeit des Problems. Ein Ausgleich mit Basenpulver oder einfachem Natron, das genauso wirkt, aber viel billiger ist, ist auf die Dauer kurzsichtig, denn es muß ja immer den Magen passieren, der aber sauer sein sollte, um nur eines der Probleme anzusprechen. Auch in unseren Wäldern hat sich das Ausstreuen von (basischem) Kalk nicht bewährt, um der Übersäuerung des Bodens entgegenzuwirken. Die langfristigen Schäden waren viel größer als der kurzfristige Gewinn. Diese Analogie könnte einem zusätzlich gemäß der paracelsischen Erkenntnis Mikrokosmos (Mensch) = Makrokosmos (Erde) zu denken geben.

Wer die bisher zur Bewegung, Ernährung und Entspannung angeführten Hinweise beherzigt, kommt der Lösung auf einer tieferen Ebene näher. Wer sich regelmäßig im Sauerstoffgleichgewicht bewegt, entwickelt einen guten Mechanismus, neben dem Fett auch angefallene Säure zu verstoffwechseln. Allerdings ist hier wiederum entscheidend, daß es sich nicht um übertriebene sportliche Bewegung handelt, außerhalb des Bereiches der Sauerstoffsättigung, denn dabei kommt es im Gegenteil zu einer Übersäuerung, wie sich etwa am Muskelkater unangenehm zeigt. Die typgerechte richtige Ernährung, die die Eiweißmast meidet, verringert den Säureanfall, und die entsprechende Entspannung erlaubt es, den Tag gelassen und innerlich ruhig, also alles andere als »sauer«, anzugehen. Aus all dem aber wird sich eine Bewußtseinssituation ergeben, die auch den Körper immer mehr im Gleichgewicht hält.

Frühstück für Leistungsträger

Um dem nachteiligen Effekt der schwankenden Blutzuckerkurve zu entgehen, haben wir mit folgenden Rezepten besonders gute Erfahrungen gemacht. Sowohl im Spitzensport als auch auf Speiseplänen von Normalverbrauchern bewähren sich ähnliche Vorgaben, wobei der wesentliche Unterschied in den Mengen zu suchen ist, denn tatsächlich hat ja auch die westliche Betrachtungsweise über Kalorien ihre Berechtigung. Das Essen sollte leicht sein, nicht belasten, wenig Verdauungsenergie benötigen, lange und konstant hohe Leistungen unterstützen und gut schmecken.

Winterfrühstück: **Hirse mit Apfel**
Pro Person rechnen Sie mit einer Tasse Hirse. Die Hirse wird am Vorabend mit etwas lauwarmem Wasser angesetzt und quillt über Nacht. Am Morgen wird die Hirse mit der doppelten Volumenmenge (halb Wasser, halb Milch) und unter Zugabe von einer Zimtstange und einigen Gewürznelken so lange geköchelt, bis ein dickerer Brei entsteht, ca. 15 Minuten lang. Nach Geschmack können ebenfalls in Wasser angesetzte Rosinen beigemischt werden. In der Kombination mit

einem ungezuckerten Apfel- oder Birnenkompott wird die Hirse mit etwas Zimt und Honig verfeinert. Dazu empfiehlt sich ein anregender Kräutertee.

Dieses Frühstück eignet sich im besonderen für Tage mit bioklimatischen Einflüssen wie Kälte und Schnee sowie für Personen, die zu niedrigem Blutdruck neigen oder häufig unter dem Gefühl von innerer Kälte leiden. Je nach Geschmack und Typus ist die Kombination auch mit frischem Obst oder Obstsalat zu empfehlen.

Sommerfrühstück: **Quark-Leinöl-Creme mit Früchten**
Verrühren Sie ca. 100 Gramm Magerquark mit einem Eßlöffel kaltgepreßtem Leinöl und etwas Milch, bis das Öl nicht mehr sichtbar ist und sich eine cremige Konsistenz ergibt. Nach Geschmack setzen Sie etwas Honig zu. Diese Basis wird nun täglich variiert, indem Sie die Creme mit Früchten kombinieren, die zur Jahreszeit und in ihrer thermischen Wirkung zum eigenen Typ passen. Verfeinern läßt sich mit Nüssen, Mandeln, Rosinen, Feigen und Dörrpflaumen (alle Trokkenfrüchte werden bekömmlicher, wenn sie in etwas Wasser oder Kräutertee für einige Stunden angesetzt werden). Auch die Zugabe von Fruchtmark, Kokosraspel, Zimtpulver oder einer Prise Ingwer ist je nach Typ willkommen. Eine Kombination dieser Rezepte mit Fabrikzucker und ähnlich raffinierten Produkten sollte vermieden werden. Auch hier eignen sich Kräutertees als Beigabe.

Dieses geschmacklich ausgezeichnete Frühstück ist eine tragfähige Basis für den ganzen Vormittag und eignet sich besonders für wärmere Tage und die sommerliche Jahreszeit.

Trinken

Soviel wir uns um die Ernährung sorgen, so sträflich vernachlässigen wir im allgemeinen das Trinken. Allein schon die Tatsache, daß sich unser Körper zu Beginn des Lebens zu drei Vierteln und gegen Ende immer noch zu mehr als zwei Dritteln aus Wasser zusammensetzt, sollte uns zeigen, wie gefährlich eine Mißachtung des Wasserhaushaltes ist. Viele Menschen könnten ihre Gesundheit schon dadurch drastisch verbessern, indem sie ein Minimum von zwei Litern gesunden Wassers am Tag trinken, wobei das natürlich teilweise auch über Obst oder Gemüse geschehen kann. Ganz genau genommen ginge es darum, zwei bis drei Prozent des Körpergewichts täglich an Wasser aufzunehmen. Unabhängig von der Qualität des Wassers ist diese Menge nötig, um dem Körper die Möglichkeit zu geben, die anfallenden Schlacken auszuscheiden und nicht innerlich auszutrocknen. Den Nieren machen wir es nicht dadurch leicht, daß wir wenig trinken, wie viele meinen, sondern wir entlasten sie im Gegenteil dadurch, daß wir ihnen genug Flüssigkeit zukommen lassen. Je weniger wir trinken, desto mehr müssen sie den Urin konzentrieren. Haben sie dagegen einen Überfluß an Wasser zur Verfügung, können sie ohne Anstrengung ausscheiden, was der Körper loswerden muß. Außerdem gelingt es ihnen dadurch auch besser, die empfindlichen Gleichgewichtssysteme des Organismus aufrechtzuerhalten. Beim Fasten kommt dem reichlichen Trinken deshalb eine besondere Bedeutung zu.

Beim Trinken ist die Qualität des Wassers genauso wichtig, wie jene der Nahrungsmittel, und hier sind wir noch weiter ins Abseits geraten als beim Essen. Früher wurde die Qualität des Trinkwassers dadurch gesichert, daß man sie von sehr empfindlich reagierenden Fischen wie Bachforellen vortesten ließ, die sich in einem Becken tummelten, das mit Trinkwasser gespeist wurde. Mit der Zeit wurde es notwendig, die Bachforellen gegen umweltrobustere, wie Regenbogenforellen oder Saiblinge auszutauschen. Als auch die die angebotene Wasserqualität nicht mehr ertragen konnten, wurde aus Gründen der »Praktikabilität« auf chemische Analysen umgestellt. Heute bekommen bereits große Teile der Menschen in den Industrienationen minderwertiges Wasser, das aus Oberflächenreservoirs wie Seen oder aus Flüssen gewonnen oder sogar aus Abwässern »recycelt« wird und deshalb zur Desinfektion mit Chlor und anderen Chemikalien versetzt werden muß.

Leider wissen wir noch viel zuwenig über das Wasser und die Möglichkeiten, die in ihm stecken. Sicher liegt das Geheimnis der Homöopathie, aber auch das der Blütenessenzen in der Veränderung der Wasserstruktur. Das Wassermolekül ist ein elektrisch geladener sogenannter *Dipol,* der zusammen mit anderen Wassermolekülen Muster, die sogenannten *Cluster* bildet. Diese von der Wissenschaft bisher noch weitgehend ignorierten Muster werden uns in Zukunft wohl einige der Geheimnisse des Wassers und damit des Lebens enthüllen.[18]

In ihrer Entwickungsgeschichte haben die Menschen vor allem Quellwasser, das von selbst an die Oberfläche gereift ist, und Regenwasser zu sich genommen, niemals aber Tiefenwasser. Solches mit Salzen angereichertes sogenanntes Mineralwasser gilt heute vielen als das wertvollste Wasser. Je tiefer die Quelle, desto mehr mit Mineralien angereichert ist im allgemeinen das Wasser. Wobei inzwischen einiges dafür spricht, daß wir all diese Mineralien aus dem Wasser gar nicht brauchen, ja, daß sie unserer Gesundheit nicht einmal förderlich sind. Offenbar kann und muß der Organismus seine Mineralien besser aus der Nahrung, vor allem aus Obst und Gemüse aufnehmen. Viele gesundheitsbewußte Menschen sind bereits dazu übergegangen, ihr Wasser durch entsprechende Filtersysteme von allen Mineralien zu befreien und dafür mehr Wert auf seine Lebendigkeit zu legen. Allerdings scheint uns auch hier die Lösung eher in der Mitte zu liegen. Statt teurem Mineralwasser könnten wir gut auf Quell- und Grundwasser aus-

18 Ein wundervolles Buch über das Wasser in all seinen Dimensionen stammt von dem Schweizer Urs Honauer: »Wasser – die geheimnisvolle Energie für Gesundheit und Wohlbefinden«.

weichen, wie es oft noch aus der Leitung kommt. Damit dieses Wasser wirklich sauber ist, empfehlen sich heute schon vielfach Filtersysteme, die aber lediglich die Verunreinigungen und nicht die in diesen Wässern geringen Mineralmengen herausholen.

Schon seit alters her gab es immer wieder sensitive Menschen, die über die Reinheit hinaus die Wichtigkeit der Schwingungsebene des Wassers betonten, wie etwa die Österreicher Viktor Schauberger und in neuerer Zeit Johann Grander und Hans Ellmauer oder der Deutsche Roland Plocher.[19] Die Möglichkeiten der Wasserenergetisierung lassen sich heute bereits ansatzweise über die Biophotonenmessung von Fritz Popp (Karlsruhe) wissenschaftlich bestätigen. Energetisch harmonisiertes Wasser kann demnach sogar Schadstoffbelastungen über längere Zeit so weit neutralisieren, daß Wassertiere daran keinen Schaden nehmen. So wird zum Beispiel auch die hohe Wasserqualität des Ganges, des heiligen Flusses der Inder, trotz erheblicher Umweltbelastungen erklärt. Hier sind zukünftig noch viele offene Fragen zu klären, nur leider bemüht sich kaum eine Universität um solch zentrale Belange.

In folgender Reihenfolge könnte dem Wasserproblem am sinnvollsten zu Leibe gerückt werden. Zuerst sollte man sicherstellen, daß das Wasser biologisch sauber ist, d.h. zum Beispiel kein Nitrat enthält, und daß man mengenmäßig genug, also die schon erwähnten zwei Liter (beziehungsweise zwei bis drei Prozent des Körpergewichts in Form von Wasser) zu sich nimmt. Daß ein Ernährungspapst wie Dr. Bruker, der so viele Zusammenhänge beim Essen so gut durchschaut, plötzlich beim Trinken alles ins Ermessen der Betroffenen stellt, geht wohl auf einen Irrtum zurück. Sicherlich ist es richtig, daß ein gesunder, vorwiegend vegetarisch ernährter Mensch von sich aus die richtige Menge Flüssigkeit zu sich nimmt, aber wer ist schon so gesund? Das gleiche gilt im übrigen für die Ernährung: Der bewußte gesunde Mensch wird in jedem Moment spüren, was er braucht, sowohl an Nahrung als auch an Flüssigkeit, ihm braucht man diesbezüglich keine Hilfestellungen zu geben. Leider sind aber nicht so viele Menschen auf diesem Stand.

Am besten eignet sich in den deutschsprachigen Ländern meist Leitungswasser zum Trinken, das im allgemeinen relativ mineralarm und oft sogar von guter Qualität ist. Am besten erkundigt man sich beim zuständigen Wasserwerk, wo das Wasser herkommt. Während Städte wie Hamburg und München über erstklassiges Trinkwasser verfügen, bezieht Stuttgart sein Wasser aus dem Bodensee. Zum Filtern bewährt sich am besten das System von Sanacell.[20] Anschließend könnte man dem Wasser noch die verlorengegangenen Schwingungen zurückgeben nach verschiedenen Verfahren, von denen die oben erwähnten die bekann-

19 und 20 Adressen siehe Anhang.

testen sind. Vor der Umkehrung der Reihenfolge sei gewarnt. Es macht weniger Sinn, ein minderwertiges verschmutztes Wasser aufwendig zu energetisieren. Auch wenn einige Vertreter ihren Systemen entsprechende Fähigkeiten der Neutralisierung zutrauen, empfiehlt es sich, im Zweifelsfall vorher zu filtern. Die Firma Life-Light bietet eine Kombination von beiden Möglichkeiten: Einen Trinkwasserfilter mit bester Qualität und einer Durchlaufleistung von 10 000 Litern gekoppelt an einen Wasserverwirbler, der das Wasser – der natürlichen Bewegung des Wassers in der Natur entsprechend – energetisiert.[21]

Unser tägliches Trinkwasser

Dazu können wir wirklich leider nur Wasser und milde Kräutertees rechnen. Alles andere ist schon wegen der höheren Konzentration problematisch. Alkohol gilt generell nicht als Getränk, sondern als Genußmittel, wobei bereits Bier viel zu stark konzentriert ist, von Wein und Schnaps ganz zu schweigen. Um ein Gläschen Schnaps auf ein isotonisches, d.h. gleichgespanntes Niveau zu bringen, bräuchte man sechzehn solche Gläschen an Wasser, um eine Tasse Kaffee auszugleichen, wären immer noch ca. zehn Tassen Wasser notwendig. Selbst ungezuckerte Fruchtsäfte bedürften noch mindestens der doppelten Wassermenge zu ihrem Ausgleich.

Kaffee

Kaffee enthält ebenso wie schwarzer Tee Koffein beziehungsweise Tein, was ziemlich auf dasselbe hinausläuft, auch wenn Tee bei uns im allgemeinen nicht so stark zubereitet wird wie Kaffee. Daß Koffein ein ziemliches Gift ist, das auch abhängig macht, bekommen die Kaffeetrinker zu spüren, sobald sie einmal mit dieser Gewohnheit aussetzen. Die bei einer Fastenkur meist am zweiten Tag auftretenden Kopfschmerzen gehen oft auf diesen Kaffeeentzug zurück, wie auch die am Tage nach einer Operation etwa. Kaffeetrinker argumentieren dann oft ganz selbstbewußt, daß der ganze Spuk mit einer einzigen Tasse Cappuccino verschwinden würde, ohne sich dabei klarzumachen, daß sie sich damit auf genau derselben Spur befinden, wie alle anderen Süchtigen. Auch der Heroinsüchtige braucht nur einen einzigen Schuß, um sich von seinen Entzugssymptomen zu befreien, wobei hier keineswegs Heroin und Koffein auf eine Ebene gestellt werden sollen.

Daß Koffein erhebliche Wirkungen hat, zeigt ein Tierversuch mit verschiedenen Drogen. Verabreicht man einer Spinne eine Spur LSD, baut sie ein ziemlich

21 Adressen siehe Anhang.

kreatives Netz, gibt man ihr Cannabis wird es ein schlampiges Netz, bei Heroin kommt ein miserables, aber immer noch ein Netz heraus, bei Koffein spannt sie ihre Fäden irgendwo hin; mit einem Netz hat das gar nichts mehr zu tun. Nun sind zum Glück gewisse Unterschiede zwischen Spinnen und Menschen unbestreitbar, und dieser Versuch zeigt eher die begrenzte Aussagefähigkeit von Tierversuchen, als daß er gegen Kaffeegenuß spricht. Trotzdem ist die beste Art, Kaffee zu trinken, die in Wien angedeutete, wenn auch kaum ausgeführte. Dort bekommt man zu jeder Tasse Kaffee ein Glas Wasser. Man nehme das Wasser, trinke es mit Genuß und lasse den Kaffee stehen. Wem das zu wenig gemütlich erscheint, der muß sich zumindest klarmachen, daß die Tasse Kaffee nicht auf die notwendige Menge von zwei Litern Wasser anrechenbar ist, sondern daß der Organismus im Gegenteil mehrere Gläser Wasser zusätzlich braucht, um den konzentrierten Kaffee überhaupt neutralisieren zu können.

Basentrunk

Ein ideales Getränk ist der sogenannten Basentrunk, der auf den Schweden Are Waerland zurückgeht und von ihm als *Excelsior* bezeichnet wurde. Er hilft dem Organismus bei der Entsäuerung und wird nach folgendem Rezept hergestellt:

Gut gereinigtes, grob würfelig geschnittenes Gemüse, wie zum Beispiel Sellerie, Karotten, Kartoffeln, Fenchel, Zucchini usw., wird mit ausreichend Wasser zum Kochen gebracht. Etwa zehn Minuten wallen lassen. Dann den Topf vom Feuer nehmen und über Nacht ziehen lassen. Am Morgen wärmen Sie die Flüssigkeit trinkwarm auf und trinken diesen Basentrunk *Excelsior* nach Are Waerland auf nüchternen Magen. Die ideale Menge ist ein Viertelliter. Aufgrund des etwas uninteressanten Geschmacks ist die Gefahr der Sucht in diesem Fall gering, die regelmäßige Einnahme von *Excelsior* ist jedoch ein Segen für unsere durchschnittlich übersäuerten Körper.

Ausblick zum Thema Essen und Trinken

Bei all den gegebenen Ratschlägen ist daran zu denken, daß Essen und Trinken noch viel mehr Funktionen erfüllen, als unseren Organismus am Leben zu erhalten. In modernen Gesellschaften wird vieles darüber kompensiert, wie die vielen seelischen Muster hinter dem immer häufiger werdenden Übergewicht[22] verraten. Wenn Veränderungen beim Essen und Trinken trotz bester Einsicht nicht gelingen wollen, sollte man daran denken, daß wahrscheinlich tiefere seelische

22 Siehe dazu das Taschenbuch »Gewichtsprobleme« von Ruediger Dahlke.

Gründe die Umstellung verhindern. Wenn zum Beispiel das Essen den Charakter einer abendlichen Belohnung angenommen hat oder die einzige Form »venusischen Genusses« ist, kann man nicht erwarten, daß Gesundheitsüberlegungen diese Themen einfach außer Kraft setzen. In solchen Fällen ist es naheliegend, sich mit der »Bewußtseinssäule« eingehender zu beschäftigen, die immer angesprochen ist, wenn sich trotz Einsicht bestimmte Veränderungswünsche nicht oder kaum umsetzen lassen.

Generell sollten Essen und Trinken natürlich die Sinne befriedigen und diesen sinnlichen Charakter auch behalten, trotz oder gerade wegen neu hinzukommender Gesundheitsüberlegungen. Lebensfreude ist ein entscheidender Aspekt der Gesundheit und sollte keinesfalls von Kalorientabellen, schmerzlichen Verzichtserklärungen oder zwar gesunden, aber fad schmeckenden Mahlzeiten verdrängt werden. Wenn heute über viele Studien belegt werden kann, daß Rotwein gesund ist, und eine Firma allen Ernstes eine Rotweinpille auf den Markt bringt, wäre deren Erfolg ein betrübliches Symptom. In den klassischen Ländern des Rotweins wie Frankreich, Italien und Spanien würde solch eine Erfindung nur Kopfschütteln auslösen. Es ist aber zu befürchten, daß die Pille im deutschsprachigen Raum Absatz findet. Wer aber seinen abendlichen Rotwein in Pillenform zu sich nimmt, verrät ein ernstes Problem bezüglich seiner Lebensfreude – ihm wäre dringend zu einer Therapie zu raten oder wenigstens dazu, sich den Wein doch lieber aus einer schönen Flasche einzuschenken.

Grundsätzlich ist die Stimmung, in der gegessen und getrunken wird, und die Zeit, die man sich dazu nimmt, ein nicht zu unterschätzender Faktor. Wenn Studien der Weltgesundheitsorganisation (WHO) immer wieder zeigen, daß die gesündesten Menschen auf Kreta und den anderen griechischen Inseln leben, daß Italiener und Spanier noch weit vor den deutschsprachigen und den skandinavischen Menschen rangieren, könnte man daraus schließen, daß spätes Essen, intensiver Weingenuß und reichlicher Verzehr von Fett gesundheitsförderlich sind.

Solche Studien sollten jedoch differenzierter betrachtet werden. Sicher ist es gesünder, abends um zehn Uhr in ausgelassener Stimmung einen verdienten Feierabend bei reichlich gutem Essen zu genießen, als vier Stunden früher griesgrämig ein Gesundheitsmahl zu verzehren in der Hoffnung, davon nicht zuzunehmen.

Bezüglich des Fettgehalts ist zu bedenken, daß die mediterranen Speisen oft lediglich fetter wirken, da zum Schluß noch häufig Ölivenöl darüber getropft wird. In Wirklichkeit sind diese Speisen weniger fett als viele andere und ausgesprochen fettarm im Vergleich zu Fertiggerichten, und das verwendete Öl ist obendrein nicht erhitzt und folglich biologisch hochwertig.

Was den Rotwein angeht, ist seine gesundheitsförderliche Wirkung weniger am Alkohol als an den roten Trauben festzumachen. Allerdings können all diese Studien den Faktor der Lebensfreude, den das Rotweintrinken mit sich bringt, nicht wirklich berücksichtigen. So wurde in England in einer großen Studie, die Menschen, die ab und zu Alkohol tranken, mit solchen, die das grundsätzlich niemals taten, also erklärten Abstinenzlern, miteinander verglich, klar bewiesen, daß Alkohol ein wahres Lebenselixier sein kann. Die heilsame Wirkung einer lebensfrohen Grundstimmung, aus der heraus auch gelegentlich ein Gläschen getrunken wird, ist sicherlich der am meisten unterschätzte Faktor beim ganzen Gesundheitsthema. Allerdings soll damit die Gefahr, die andererseits vom Alkohol[23] droht, nicht verniedlicht werden, sie ist im Gegenteil gar nicht hoch genug einzuschätzen, wenn das rechte Maß überschritten wird.

Das Leben ist in vieler Hinsicht eine Gratwanderung, das macht es gerade so spannend und inspirierend.

Wir sollten nicht unterschätzen, daß wir immer danach trachten (müssen), satt zu werden. Jahrmillionen unserer Evolution haben diesbezüglich ein starkes Feld aufgebaut. Das heißt, wir essen mit Ausnahme der bedauernswerten Kalorienzähler, bis wir satt sind. Wenn unser eigentliches Bedürfnis Liebe oder Anerkennung, Belohnung oder Schutz ist, das wir versuchen essend zu stillen, können wir lange essen, ohne je wirklich satt zu werden. Ähnliches gilt aber auch für ganz materielle Belange. Wenn unsere Nahrung von einigen wesentlichen Stoffen nicht mehr genug enthält, bleiben wir hungrig, soviel wir auch in uns hineinstopfen. Der Körper signalisiert weiterhin Hunger, weil ihm eben noch bestimmte Stoffe, wie heute oft Spurenelemente, fehlen. Wir können inzwischen messen, wie unsere Feldfrüchte bei den modernen Anbaumethoden immer gehaltloser werden. Wo alljährlich mittels Kunstdünger lediglich die bekannten Hauptnahrungsbestandteile ersetzt werden, ohne sich um die Spurenelemente zu kümmern, werden diese über die Jahre immer weniger werden. Das Ergebnis ist eine Mangelsituation. Unser Körper muß diese nach seiner Logik mit anhaltendem Hunger anzeigen. So ist immer dafür zu sorgen, daß wir satt werden, auf körperlichen und seelischen Ebenen. Die Kalorien waren lange, sind aber heute in unserem Teil der Welt längst nicht mehr das Problem oder eigentlich doch wieder – nur im umgekehrten Sinn.

23 Siehe dazu die Vortragskassette »Sucht und Suche«, Anhang unter »Carpe diem«.

IV

Säule Umwelt

Feng Shui für den Westen[1]

Der beachtenswerte Boom der Feng-Shui-Ideen, den wir gerade in Form von Büchern und Seminaren erleben, dürfte ein deutliches Anzeichen dafür sein, daß uns das Umfeld in seiner Bedeutung für Gesundheit und Wohlgefühl allmählich ins Bewußtsein rückt. Der Umweg über östliche Traditionen ist in diesen Bereichen inzwischen bewährt. Auch die Renaissance der Körperkultur begann mit der Entdeckung des östlichen Yoga und fand erst danach eigene westliche Formen, wie etwa Aerobic und Walking, Feldenkrais und Stretching. Daß auf den Umwegen auch Lehrgeld zu zahlen ist, muß wohl in Kauf genommen werden, denn was für die chinesische Situation stimmt, muß deshalb noch lange nicht für die deutsche zutreffen.

Wenn sich Feng-Shui-Anhänger in ländlichen, katholischen Gegenden plötzlich nicht mehr wohl fühlen, weil der Friedhof zumeist direkt um die Kirche herum angelegt mitten im Dorf ist und chinesische Feng-Shui-Experten das für grundfalsch befinden, ist offensichtlich etwas schiefgelaufen. Vielleicht sollten wir uns doch lieber auf unsere eigenen Wurzeln zurückbesinnen, bevor wir anfangen, österreichische und bayerische Dörfer von Grund auf zu ruinieren.

Trotz solcher Stilblüten ist aber doch klar, daß sich auch bei uns ein wachsendes Bewußtsein für den Lebensraum entwickelt. Nun geht die Idee von der Gestaltung lebensunterstützender Umgebungen ein gutes Stück weiter, als die gängige Medizin und die von ihr repräsentierte Gesellschaft mitzugehen bereit ist. Aber auch das hat schon eine gewisse Tradition, denn die etablierte Medizin hat seit langem die Führungsrolle bei der Entdeckung neuer Impulse und Ideen im Gesundheitsbereich an alternative Strömungen verloren. So waren es Heilpraktiker, die Akupunktur und Neuraltherapie bei uns am Leben hielten, bevor diese wieder Eingang in die ärztliche Medizin fanden. So werden es wohl auch Nichtärzte sein, die die alten Ideen des Paracelsus wieder einführen, der die Umgebung bereits als entscheidend für die Gesundheit erachtete.

Im Bereich von Gesundheit und Wohnen gibt es einen fließenden Übergang vom Selbstverständlichen bis zu heute noch okkulten Dingen. Das Thema reicht

1 Literaturempfehlungen zum Feng Shui für den Westen Philippa Waring, »Vom richtigen Wohnen«, Hermann Meyer, Günter Sator »Besser leben mit Feng Shui«, Rita Pohle »Lebensräume gestalten mit Feng Shui«.

von ungesunden Betten bis zu so wenig handfesten Problemen wie Wasseradern, Störzonen und Elektrosmog. Letztere Themen sind noch nicht greifbar genug, als daß die Schulmedizin sich ihrer schon annehmen würde, wohingegen sich über die Bedeutung von Ruhe im Schlafzimmer wieder alle Fraktionen einig sind. Daß Rückenschmerzen durch eine ungeeignete Matratze gefördert werden, weiß auch der Orthopäde und rät nicht selten zu einer harten Unterlage. Wenn wir es uns im Bett (und nicht nur dort) zu weich machen, macht uns das insgesamt weich und schwach. Wo wir aus Bequemlichkeit auf jede Abhärtung verzichten, fördern wir die Anfälligkeit für Krankheitssymptome. Das ist eine Erfahrung, die heute schon über die Naturheilkunde hinausreicht.

Eigentlich ist das Schlafzimmer der Kernbereich des Wohnens und wahrscheinlich *der* entscheidende Ort für unsere Gesundheit. Dort verbringen wir durchschnittlich mit Abstand die meiste Zeit. Insofern ist es erstaunlich, wie wenig Energie und Geld wir in diesen Bereich fließen lassen, im Vergleich etwa zum Wohnzimmer, das vergleichsweise unwichtig ist. Die Sitzgarnitur ist gesundheitlich kaum relevant, denn selbst moderne sogenannte »Couchpotatoes« verbringen immer noch relativ wenig Zeit auf ihr. Die ganze Wohnzimmereinrichtung nutzen wir bestenfalls, um uns ein paar Fernseh- oder Gesprächsstunden bequem und gemütlich zu gestalten oder um Eindruck bei Gästen zu machen, was gesundheitlich ziemlich unwichtig ist.

Jeder Mensch aber braucht Regeneration, und die findet er vor allem im Bett. Es gibt den begründeten Verdacht, daß wir uns heute zu wenig von dieser entscheidenden Regeneration im Bett gönnen. Allein die schon beklagte Tatsache, daß die meisten Menschen ihre Regenerationszeit von einem Wecker bestimmen lassen und nicht von ihrem natürlichen Schlafbedürfnis, müßte unsere inneren Alarmglocken Sturm läuten lassen. Würden wir unserer nächtlichen Regeneration ausreichend Zeit geben, bräuchten wir keine Wecker. Diese beenden Regenerationsprozesse bevor diese natürlicherweise abgeschlossen sind. Dabei bräuchten wir eher mehr Regenerationszeiten als früher, weil die Anforderungen an unsere Leistungsfähigkeit immer höher werden, während gleichzeitig unsere Regenerationsmöglichkeiten abnehmen.

Das bedrohliche Anwachsen der Lärmbelastung etwa vermindert vielfach angemessene Erholung. Zwar gewöhnen wir uns subjektiv an Lärm, aber unser vegetatives Nervensystem gewöhnt sich nicht daran, sondern nimmt weiterhin und von uns über lange Zeit unbemerkt Schaden. Die zunehmende Flut von Hörstürzen und Tinnitusproblemen wirft ein bezeichnendes Licht auf diese Situation. Fast immer gehören die Opfer zu denjenigen Menschen, die einfach zuviel um die Ohren haben und nicht mehr ausreichend Ruhe finden – weder in ihrer Umwelt noch in ihrer Innenwelt, auf die zu lauschen sie das Symptom nun zwingt.

Wir sollten also das Schlafzimmer bei der Wohnungsaufteilung an die Spitze der Prioritätenliste setzen und ebenso bei den Investitionen dafür verfahren.

Beim Bett und erst recht bei der Matratze sollten wir am wenigsten sparen, wenn wir vernünftig mit uns umgehen und unserer Erholung eine Chance geben wollen. Bei der Frage, »Wohin mit dem Bett?« kommt nur der ruhigste und klimatisch angenehmste Raum der Wohnung in Frage, der obendrein möglichst frei von Störzonen sein sollte. Wie wir es dort aber zu stellen haben, an diesem Thema scheiden sich die Geister bereits wieder weitgehend. Viele gesundheitsbewußte Menschen schwören darauf, Wasseradern und anderen Störzonen auszuweichen, Elektrosmog zu vermeiden und die Himmelsrichtung zu beachten. Von all dem weiß die Schulmedizin nichts und hält folglich auch (noch) nichts davon.

Da man sich leicht einigen kann, daß Lärm im Schlafzimmer nichts zu suchen hat, weil er nachweislich Regeneration und Entspannung behindert, ist es mit der weiteren Einrichtung eher leicht. Ob man grundsätzlich einen Fernseher in der Wohnung braucht, ist an anderer Stelle zu diskutieren; im Schlafzimmer jedenfalls geht er in seinen Auswirkungen weit über die reine Nervenbelastung hinaus und läuft dem Gedanken der Regeneration im allgemeinen gänzlich zuwider. Ansonsten gibt es wenig wichtige Einrichtungsgegenstände im Schlafzimmer. Weniger ist hier sicherlich mehr. Die Frage, welches Bett und ob überhaupt eines und nicht die Matratze am Boden, ist Geschmacksache, die je nach Kultur ohne bedrohliche Konsequenzen verschieden geregelt wird. Da gilt es wohl einfach auszuprobieren, ob man auf einem Futon oder Tatami glücklicher wird als auf der heimischen Matratze. Allerdings ist hier der Kreativität natürlich Tür und Tor geöffnet, denn von der Orgonmatte, der extrem anpassungsfähigen weltraumerprobten Spezialschaumschicht bis zum völligen Gegenpol, der Mitroy-Liege,[2] die sich gerade nicht anpaßt, gibt es hier die verschiedensten Möglichkeiten. Und tatsächlich haben all diese – wenn auch zum Teil widersprüchlichen – Unterlagen schon einigen Menschen wesentlich geholfen.

Schwieriger wird es schon beim Elektrosmog, der von den einen zum Alleinschuldigen an vielen Scheußlichkeiten hochstilisiert und von anderen der Bedeutungslosigkeit geziehen wird. Nachdem die Schulmedizin auch die Röntgenstrahlen die längste Zeit als völlig harmlos hingestellt hat, weswegen noch Kindern meiner Generation die Füße beim Schuheanprobieren geröntgt wurden und Jugendliche unglaublichen Strahlenorgien bei den sogenannten Durchleuchtungen (bei der TBC-Suche) ausgesetzt wurden, darf man solchen Verharmlosungstendenzen getrost mißtrauen. Da es meist ein relativ geringer Aufwand ist, einen Netzfreischalter einzubauen, ist hier Risikovermeidung kein großes Problem. Sicherlich ist der Mensch ursprünglich nicht dafür gedacht, über einem Gewirr von stromführenden Kabeln zu schlafen. Zumindest sollte man also alle elektrischen Geräte im Schlafbereich definitiv abschalten. Dazu gehört auch, einen

2 Hier handelt es sich um ein von der Vorarlberger Firma Mitroy, Herrn Huemer, entwickeltes System, das dem Körper die ideal geformte und eigens angemessene Unterlage vorgibt.

etwaigen Fernseher nicht auf Standby-Funktion (also mit leuchtendem Punkt) laufen zu lassen. Besonders stark strahlen Radiowecker, die sicherlich nicht in die Nähe von Köpfen gehören, wo sie aber auf den Nachttischen meistens sind. Den Radiowecker halten wir insgesamt und nach reiflicher Überlegung für eine der dümmsten Erfindungen, die je gemacht wurden. Der Gedanke, sich zum Erwachen in den Halbschlaf ein entsprechendes Programm ins Unterbewußtsein einspielen zu lassen, läßt sich in unseren Augen nur noch mit dem Wahnwitz vergleichen, bei laufendem Fernseher einzuschlafen.

Viel schwieriger und weniger sensiblen Menschen kaum zu vermitteln ist das Problem der Störzonen und hier vor allem der sogenannten Wasseradern. Nach unseren Erfahrungen spielen jedenfalls letztere eine erhebliche Rolle bei der Entwicklung von Krankheitsbildern. Allerdings ist ihnen keine ursächliche Wirkung im eigentlichen Sinne zuzusprechen. Oft haben wir erlebt, daß Patienten, die angeregt wurden, ihr Bett umzustellen, sich dafür eine neue Wasseraderkreuzung in ihrer Wohnung aussuchten. Offensichtlich liegt hinter all dem noch eine tiefere Ebene, und die Patienten suchten sich in solchen Fällen offenbar intuitiv den Platz, an dem sie ihre Lernthemen auch in negativer Hinsicht umsetzen können. Anscheinend muß man sich seinen richtigen Platz erst verdienen. Andererseits gibt es natürlich die Möglichkeit, sich jemanden zu Hilfe zu holen, der in dieser Hinsicht (fein-)fühliger ist. Ob das Schicksal durch Aktionen wie Bettumstellungen auf die Dauer zu bestechen ist, muß allerdings bezweifelt werden; dringender wäre eine Lebensumstellung und die entsprechende Bewußtwerdung. Wenn die Zeit diesbezüglich reif geworden ist, wird sich die Bettumstellung und die Behebung vieler anderer gesundheitsschädlicher Details »zufällig« und wie von selbst ergeben. Sie werden einem im wahrsten Sinne des Wortes *zufallen.*

Tatsächlich ist ein Krankheitsgeschehen wie das des Krebses so vielschichtig, daß es allein über die Bettstellung – nach unseren Erfahrungen – weder in den Griff zu bekommen noch zu verhindern ist. Allerdings ist auch schon ein gewisser Bewußtseinsschritt nötig, um solchen Erwägungen überhaupt Raum im eigenen Denken zu geben. Wer mit seinem Bett auch sein Leben umstellt und feinfühliger für äußere Einflüsse und innere Impulse wird, ist jedenfalls auf einem guten Weg.

Der nächste, mindestens genauso schwierige Punkt betrifft die Schlafrichtung. Auch hier gibt es verschiedenste Ansichten, wobei sich eine Mehrheit der diesbezüglich engagierten Menschen dafür ausspricht, das Bett in Nord-Südrichtung mit dem Kopfende nach Norden zu stellen. Das entspricht dem Magnetfeld der Erde und kommt obendrein Paracelsus' Vorstellung entgegen, der eine Entsprechung zwischen Mikrokosmos Mensch und Makrokosmos Welt sieht. Wenn wir den Nordpol, an dem die Magnetwellen austreten, als den oberen oder Kopfbereich der Erde betrachten, und den Südpol, wo das Erdmagnetfeld gleichsam wieder eingesogen wird, als ihren unteren Pol, so würde der in Nordsüdrichtung mit dem nach Norden weisenden Kopf Schlafende von diesem Erdmagnetfeld in harmonischer und seinem eigenen Feld entsprechender Weise durchpulst. Die verblüffenden Wirkungen der Magnetfeldtherapien sind noch viel zuwenig erforscht, um abschließende Ergebnisse aufzuweisen, aber vielleicht kommen hier noch wichtige Erkenntnisse auf uns zu, und es schadet sicher nicht, sich im Feld der Erde auszurichten. Dieser Gedanke ist auch in einer gewissen Übereinstimmung mit Ideen der Feng-Shui-Lehre zu sehen, die etwa davon abrät, unter Balken zu schlafen, die quer zum Körper verlaufen. Solche Dinge sind es sicherlich wert, ausprobiert zu werden, vor allem, wenn es bereits gesundheitliche Probleme gibt, oder aber auch einfach aus Neugier, wenn man die Möglichkeiten dazu hat.

Mit dem Wohnen ist unser äußeres Haus, die dritte Haut, angesprochen, das in vielem dem Körperhaus entspricht, in dem unsere Seele wohnt. Noch näher ist uns aber die Kleidung als unsere zweite Haut, und auch sie kann die Gesundheit fördern oder ihr im Wege stehen. Wer sich in Kunstfasern hüllt, die kaum Luft und Wasserdampf durchlassen, wird in seinem Wohlbefinden eingeschränkt, er wird leichter schwitzen und dabei auf unangenehme Weise in seinem eigenen Saft schmoren. Ähnlich, wie man sich fragen kann, welches Haus und welche Umgebung die eigenen Lebensenergien am besten fördern und verstärken, sollte man erforschen, welche Stoffe den Energiehaushalt aufbauen und erhalten, welche auch die eigene Haut am liebsten auf sich spürt, und in welcher zweiten Haut man sich gerne zeigt. Besonders für den Bewegungs- und Sportbereich hat die Industrie in den letzten Jahren verblüffende Fortschritte gemacht. Auf die Entdeckung von synthetischen Stoffen, die atmungsaktiv und im besten Sinne luftdurchlässig sind, folgte die Entwicklung von Spezialverfahren, mit deren Hilfe natürliche Stoffe wie Schafwolle und Seide in einer Weise verarbeitet werden, die das früher übliche lästige Kratzen verhindert, dafür aber noch besser Schweiß aufsaugt und somit ein bekömmlicheres Mikroklima auf der Haut schafft, welches sich in vieler Hinsicht leistungsfördernd und das Wohlbefinden steigernd auswirkt. Selbst bei leicht feuchter Unterkleidung hat man nicht das Gefühl auszukühlen. In Zusammenarbeit mit der Universität Graz konnte nachgewiesen werden, daß der Energiehaushalt und damit die Leistungsfähigkeit im Sport mit der Wollunterwäsche länger erhalten bleibt als mit jener aus synthetischen, atmungsaktiven Fasern. Auch die Regeneration erfolgt rascher. Besonders bewährt im Leistungsbereich wie auch im Alltag hat sich die spezielle Funktionskleidung der schon erwähnten Firma Orthovox, die diese neuen Entwicklungen im Naturfaserbereich vertreibt.

Sich in seiner zweiten Haut wohl zu fühlen, ist wichtiger für unser Wohlbefinden und unsere Gesundheit, als wir gemeinhin annehmen. Der Unterwäsche, die direkten Hautkontakt hat, kommt dabei die größere Bedeutung bei, wobei wir auf dasselbe Problem wie zwischen Schlaf- und Wohnzimmer stoßen. Genau wie das Schlafzimmer hintan gestellt wird, ergeht es auch der Unterwäsche. Beide werden von den anderen nicht gesehen und bekommen deshalb einen im Verhältnis viel zu kleinen Anteil unserer Energie und kaum Beachtung. Erst wenn das Bett und die Wäsche auf dem bestmöglichen Stand sind, liegt es nahe, auch in das Wohnzimmer und die Oberbekleidung zu investieren. Natürlich trägt über unser Erscheinungsbild auch die Straßen- oder Festtagskleidung zu unserer Befindlichkeit bei. Nicht von ungefähr weiß der Volksmund: »Kleider machen Leute.« So läßt sich also über die Oberbekleidung ein Anspruch in den Raum stellen in der Hoffnung, daß der Mensch in den Kleidern dem nach außen gestellten Anspruch mit der Zeit auch gerecht wird.

Im Prinzip ist das nichts anderes als der Versuch, beim Yoga oder Zen durch äußeres Einnehmen der perfekten Körperhaltung, in der der Buddha Befreiung fand, auf die Hoffnung zu setzen, daß einem innerlich Ähnliches widerfahren möge, wie dereinst dem Buddha unter dem berühmten Bodhibaum. Letztlich könnte über diesen Weg auch Kosmetik, die unserer Haut noch näher ist, zu einem Mittel des inneren Wachstums werden. Dann nämlich, wenn sie mit viel Bewußtheit eingesetzt wird und von der Hoffnung und dem Wunsch getragen ist, das durch Farben auf der Oberfläche Erreichte in Zukunft von innen heraus und aus eigener innerer Kraft zu erlangen. Es spricht ja nichts dagegen, Farbe ins Leben zu bringen, es wäre nur noch schöner, wenn diese äußere Farbigkeit ein Spiegel der inneren wäre. Inzwischen wissen ja auch gute Kometikerinnen längst, daß wahre Schönheit von innen kommt.

Die heilsame Umgebung

Neben den Farben auf unserer Haut, der Unterwäsche und Oberbekleidung, dem Schlafzimmer und der Wohnung spielen im Gesundheitsbereich noch eine ganze Reihe anderer Punkte in unser Thema hinein, die bis weit über die nähere Umgebung hinausreichen. Ganz offenbar werten fast alle Menschen den Ort ihres Wohnens insgesamt. Es gibt Gegenden, wo man wohnt, und solche, wo der Urlaub verbracht wird.

Nur wenige Menschen haben das Glück, in Regionen zu wohnen, wo andere ihren Urlaub verbringen. Zumeist sind diese Ferienregionen die gleichen, in die man auch Kurkliniken und Sanatorien bauen würde. Sie zeichnen sich im allgemeinen durch einen sehr positiven Bezug zu den vier Elementen aus und lösen durch ihre besondere Anziehungskraft zur Sommerszeit ganze Völkerwanderungen aus. Oft liegen die von den wandernden Volksmassen angestrebten Orte am Meer oder an Seen, haben also Zugang zum Wasserelement, häufig zeichnen sie sich auch durch gute Luft aus, werden begünstigt durch warmes, am besten sonniges Klima, womit einerseits das Luft-, andererseits das Feuerelement angesprochen ist, und schließlich liegen sie bevorzugt in unverbauter Natur, wo die Erde eben noch weitgehend intakt ist. Regeneration, die für unsere Gesundheit so wichtig ist, hat offenbar mit einem guten Zugang zu den Elementen in ihrer reinen Form zu tun. Niemand würde ernsthaft den Bau eines Sanatoriums in einer Industriezone ohne Ausblick und mit belasteter Luft in Erwägung ziehen, und jedenfalls würden die Menschen es bewußt oder intuitiv ablehnen, dorthin auf Kur zu fahren.

Wir wissen heute aus US-amerikanischen Untersuchungen, daß der Blick aus Klinikfenstern auf unverbaute Natur die Genesungszeit meßbar verkürzt gegenüber der Aussicht auf eine städtisch zersiedelte Landschaft oder gar auf eine Industrielandschaft. Ebenfalls wissen wir um die heilende Rolle des Sonnenlichts bezüglich Depressionen, ja, man spricht inzwischen geradezu von der Winterdepression, die insbesondere in nebeligen Gegenden in der – wie wir so offen sagen – *schlechten* Jahreszeit auftritt und eindeutig dem Lichtmangel angelastet wird, wobei hier wieder der Mangel an »innerem Licht« mit einbezogen werden sollte.

Daß Wasser der Regeneration dienlich ist, braucht hundert Jahre nach Kneipp nicht mehr eigens betont zu werden; darüber hinaus spricht das Gedränge an den sommerlichen See- und Meeresstränden eine deutliche Sprache. Jedes Kind bringt schon die Lust mit, ins Wasser zurückzukehren, aus dem alles Leben kommt, sowohl das individuelle aus dem Fruchtwasser als auch das Leben überhaupt, das sich in den Urmeeren entwickelt hat. Umgekehrt ist die krankmachende Potenz der Großstadtluft inzwischen mit ihrer Ruß- und Ozonbelastung bis in klinische Bereiche bekannt, so daß allein schon das Verlassen der Großstädte in der sommerlichen Hitze, aber auch bei sonstigen ungünstigen Witterungslagen als heilsam zu bezeichnen ist. Die Sehnsucht nach frischer, unbelasteter Luft ist in den Großstädten so stark geworden, daß freies Durchatmen, das jedem guttut, die Menschen in sogenannte Luftkurorte treibt. Diese leben im Endeffekt davon, daß woanders längst Luftnotstand herrscht.

Je mehr wir uns nun in unserer Wohnsituation Zugänge zu den Elementen in ihrer reinen Form erschließen, desto förderlicher dürfte das für unsere Gesundheit sein. Daß die Feng-Shui-Anhänger dazu neigen, überall in der Wohnung Poster von Wasserfällen aufzuhängen, mag noch belächelt werden und den guten Geschmack manch anderer beleidigen. Aber kaum jemand kann sich der beruhigenden Wirkung eines plätschernden Brunnens entziehen. So wird es verständlich, wenn solche Wasserspiele immer häufiger auch in den Wohnzimmern auftauchen und leise vor sich hin murmelnd harmonische Töne in eine immer hektischer werdende Welt bringen. Inzwischen konnte sogar schon nachgemessen werden, daß längeres entspanntes Betrachten eines Aquariums positive Auswirkungen auf die Psyche hat. Sich nun ein eigens zu diesem Zweck produziertes Aquariums-Video als tägliche Therapie zu verordnen, wirkt wiederum eigenartig, aber sich mit Muße Naturbildern zu widmen, dürfte jeden Menschen entspannen. Bücher mit entsprechenden Bildern oder ein eigenes Aquarium wirken sich sehr positiv aus.

Auch Windspiele und Flöten, die von Feng-Shui-Fans an Decken oder Wänden drapiert werden, um die Schwingung im Raum zu verbessern, muten manchmal etwas geschmacklos an. Die Idee dahinter aber ist sicher ebenfalls stimmig. In einem Raum, in dem Musik gemacht, meditiert oder gebetet wird, ist im allgemeinen eine harmonischere Schwingung wahrzunehmen als in einem, dessen Atmosphäre von hitzigen Redeschlachten geprägt ist. Insofern mögen sowohl Flöten wie auch Windspiele, sofern sie natürliche Musik hervorbringen können, durchaus das Raumklima im übertragenen Sinne verbessern. Noch sinnvoller und damit wirkungsvoller ist natürlich das eigene Flötenspiel, am besten gemeinsam im Familienkreis.

Daß allerdings aufgehängte Drachen, die nach chinesischer Auffassung Glück bringen, das auch bei uns tun, muß bezweifelt werden, sind sie doch in unserem Kulturkreis viel eher mit der Symbolik des Schattens und der Unterwelt verbunden. Wir brauchen nur an all die Drachenkämpfe zu denken, die mythische und Märchenhelden in ihrer Auseinandersetzung mit der Unterwelt beziehungsweise dem eigenen Schatten zu bewältigen haben. Aber auch diese Idee ist im Prinzip zu retten, denn letztlich haben ja auch die mythischen Drachen ihren Bezwingern Glück gebracht. Wer also den Drachen als Erinnerung an den eigenen noch zu besiegenden Schattendrachen in seinem Wohnzimmer aufhängt, könnte das Glück haben, ihm vielleicht schon bald zu begegnen, und diese Begegnung zu seinen Gunsten zu entscheiden. Wo aber Bewußtheit in die ehemals dunklen Unterweltbereiche einfließt, ist sicherlich ein erfüllteres und damit auch glücklicheres Leben zu erwarten.

Insgesamt sollten Symbole und Bilder eher vorsichtig und zurückhaltend verwendet werden, denn sie wirken auch, wenn man sie nicht versteht. Und ihre Wirkung wird bei uns gröblich unterschätzt. Deshalb hat ein chinesischer Drache, der im Westen aufgehängt wird, auch andere Auswirkungen als in China. Wer in unseren Breiten jemanden anspuckt, kann noch so sehr darauf verweisen, daß das in anderen Kulturen als Liebesbezeugung gilt, man wird ihn doch dafür nach hiesigem Recht be- und vielleicht sogar verurteilen.

Beim Aufhängen von Bildern ist daran zu denken, daß nie die Gesamtwirkung aus dem Auge verloren werden sollte. Entscheidend für unser Wohlbefinden und damit für unsere Gesundheit ist das Gefühl von Harmonie, das insgesamt entsteht. Die Panoramatapete einer herbstlich bunten Tiroler Berglandschaft im sprichwörtlich deutschen Partykeller bringt zwar auch einen Eindruck von Natur ins Haus, und sicher steckt auch eine gute Absicht dahinter, aber ob das eindrucksvolle Alpenglühen das Klima in solch einem Keller wirklich in Richtung Gesundheit umpolen kann, muß bezweifelt werden.

Natürlich ist vor dem Raumklima in übertragener Hinsicht auch an das ganz konkrete Klima zu denken, wobei wir uns hier nicht in die Materie von Luftbefeuchtern, Ionengeräten usw. vertiefen wollen. Diese Dinge sind ja noch am leichtesten durch einfaches Ausprobieren zu testen. Durch ein entsprechendes Ionengerät läßt sich zwar nicht gerade eine Hochgebirgsatmosphäre schaffen, denn dazu fehlt der Ausblick, aber es kann doch eine ganz andere Frische einziehen. In Autos oder Therapieräumen ist der Unterschied sehr schnell und deutlich spürbar. Auch hier schließt sich an technisch einfach zu überprüfende Bereiche ein weites Spektrum an von sogenannten feinstofflich wirkenden Geräten über Orgonakkumulatoren und Pyramidengestänge bis zu Kristallanordnungen, die die Atmosphäre positiv verändern sollen. Wie groß der Anteil des Glaubens bei solchen Maßnahmen ist, läßt sich nur vermuten, zumal nur wenige Menschen sensibel genug sind, etwaige positive Auswirkungen direkt zu spüren. Die negativen Auswirkungen von atmosphärischen Störungen bekommen langfristig allerdings alle Betroffenen mit.

Die vier Elemente lassen sich nicht so einfach manipulieren wie Menschen, insbesondere gesundheitsbewußte. Es hat sich immer wieder erwiesen, daß vor allem auch die Bewußtheit, mit der die Maßnahmen zum Einsatz gebracht werden, eine wesentliche Rolle hinsichtlich der harmonisierenden Wirkung spielt. Das gilt sicher im feinstofflichen noch mehr als im materiellen Bereich.

Natürlich sind wir als Mitglieder einer vornehmlich an der Materie orientierten Gesellschaft viel eher geneigt, ganz konkret, und dann auch vor allem im Außen, etwas zu unternehmen. Dabei sind hier dem Einsatz der Elemente oft enge Grenzen gesetzt, auch wenn wir mit Zimmerpflanzen und Wasserspielen, Bildern und Kunst im allgemeinen einiges in (uns in) Bewegung bringen können. Daß Kunst eine wesentliche und tiefe Wirkung auf uns und unsere Umwelt hat, ist ja auch im Westen schon immer bekannt gewesen, sonst würde sie nicht so verehrt, geschätzt und gesammelt.

Auf den Ebenen der inneren Bilder ist der Zugang oft recht leicht zu schaffen, und die gesundheitlichen Möglichkeiten sind hier noch weit vielversprechender als bei äußerlichen Veränderungen. Wir tragen die vier Elemente auch in uns und können sie über die inneren Seelenbilder jederzeit erleben. Es zeigte sich sogar, daß ein besseres Verhältnis zu den Elementen, das innerlich durch Bilderreisen gewachsen ist, sich auch im Außen auswirkt und dazu führt, daß Menschen ganz intuitiv die für sie passenden Schritte unternehmen, um in ihrer äußeren Umwelt mehr Harmonie und Zugänge zur Welt der Elemente zu schaffen. Wer sein inneres Feuer kennt, wird seine Energie auch besser im Außen einsetzen, wer die Tiefen seiner Gefühlswelt im Wasserelement erlebt hat, kann auch seine Gefühle besser vermitteln, wer die luftigen Möglichkeiten seiner Gedankenwelten erfahren hat, wird bewußter atmend eine andere Atmosphäre um sich verbreiten, und wer das Erdenschwere in sich kennt, die Ruhe und Geborgenheit des Erdelements, wird auch nach draußen Ruhe ausstrahlen und bewußter mit Mutter Erde umgehen. Wessen Seele schließlich bewußt ihr Körperhaus bewohnt, der wird auch in seiner äußeren Wohnung mit mehr Achtsamkeit *hausen* und sich wohl fühlen. Das äußere Wohnen wird dann zum Spiegel des Innen und wird sich gleichsam automatisch dem Innen anpassen.

Überhaupt sind *Reisen nach Innen* eine ideale Möglichkeit, sich zuerst einmal auf der inneren Ebene anzuschauen, welche Wohnung und welches Umfeld einem am besten entspricht. Jedes neue Auto fahren wir Probe, und dabei ist es soviel wichtiger, die neue Wohnung zu erproben oder gar das Haus oder am besten überhaupt schon den Bauplatz, auf dem es entstehen soll. Wenn uns Makler nicht probewohnen lassen, werden sie uns aber nicht hindern können, uns kurz niederzulassen, die Augen zu schließen und auf eine innere Reise zu gehen, um herauszufinden, ob dieser Platz uns und unserer Familie überhaupt förderlich ist. Bei allen Erkenntnissen, die die moderne Baubiologie sich bereits erschlossen hat, bei allem, was wir bereits über Felder und Schwingungszustände wissen, geht es doch schließlich vor allem darum, wieweit wir uns mit all unseren individuellen Besonderheiten an diesem Platz als einem Ort der Kraft und Harmonie wohl einfühlen. Das aber können wir am besten in unseren inneren Seelenlandschaften herausfinden.

Je mehr wir uns darüber klarwerden, daß unsere Umwelt ein Spiegel unserer Innenwelt ist, desto bewußter werden wir mit ihr umgehen. Paracelsus erkannte schon, daß der Mikrokosmos unseres Körpers dem Makrokosmos unserer Welt entspricht. Er ging davon aus, daß ein guter Arzt aus der jeweiligen Umgebung darauf schließen können müsse, woran ein Patient erkrankt, und umgekehrt, aus dem Krankheitsbild des Patienten auf die jeweilige Umgebung. Wie weit diese Verbindungen gehen, kann man mit den Mitteln unserer modernen Forschung noch besser zeigen, als das schon zu Paracelsus' Zeiten möglich war.[3]

Das westliche Kursystem

Die Kur war ein alter Ausdruck für Medizin schlechthin, der sich allmählich auf bestimmte Zeiten und besondere Orte einengte. Das lateinische *cura* steht für Pflege, Sorge und Fürsorge. Konkret ist die Kur bis heute eine wundervolle Chance, sich für gewisse Zeit in ein Umfeld zurückzuziehen, wo alles stimmt und sozusagen ein Feld für Regeneration und Gesundung besteht, dem man sich nur noch zu öffnen braucht. Verfolgen wir die Spuren von Gesundheitskuren zurück, müssen wir weit gehen und verlieren uns irgendwo in den Anfängen der Medizin,

3 Siehe dazu das Buch »Der Mensch und die Welt sind eins« von Ruediger Dahlke, das sich ausschließlich diesem Thema in allen Einzelheiten widmet.

als die Berufe des Priesters und Arztes noch nicht getrennt waren. In der Antike finden wir bereits ein ausgefeiltes Kursystem, das unserem heutigen in einigen Punkten sogar weit voraus war. In früheren Zeiten wartete man zum Beispiel nicht, bis die Dinge aus dem Lot waren, sondern begab sich schon frühzeitig in die Kur – vorbeugend im eigentlichen Sinn des Wortes. Wir wissen auch heute durch wissenschaftliche Untersuchungen, daß die beste Zeit für Fangoanwendungen in jungen Jahren liegt, wo die Gelenke noch in Ordnung sind, und daß die Anregung des Immunsystems durch Kneippsche Anwendungen am sinnvollsten ist, bevor man krank wird, da man sich damit nicht selten die ganze Krankheitserfahrung ersparen kann.

Heute sieht man in unseren Kurbädern aber vor allem alte, kranke Menschen. Die Ärzte verschreiben und die Kassen zahlen Kuren erst, wenn bereits erhebliche Schäden nachzuweisen sind. Nicht Gesundbleiben wird hier belohnt, sondern Krankwerden. Noch schlimmer: Gesundheit ist dem einzelnen kaum noch eigenen Einsatz wert. Was die Kasse nicht bezahlt, wird auch nicht unternommen. Während früher Gesundheit ganz in den Verantwortungsbereich der einzelnen Menschen gestellt war, hat sich über das ursprünglich gutgemeinte Solidarsystem der Krankenkassen heute eine ganz gegenteilige Tendenz entwickelt. Die Solidargemeinschaften sind so groß geworden, daß sie von den meisten Mitgliedern nicht mehr überschaubar sind und so auch nicht mehr als Gemeinschaft, der man persönlich verantwortlich ist, gesehen werden. Das Ergebnis ist eine Selbstbedienungsmentalität. Viele Patienten empfinden immer weniger Skrupel, ihre Kasse auszunutzen. Statt Solidarität herrscht inzwischen bei manchen fast das Gegenteil: Man schaut darauf, möglichst viel für sich herauszuholen. Dadurch werden die Kassenbeiträge hochgetrieben, was wiederum die Selbstbedienungsmentalität fördert, denn wer viel zahlt, will auch viel davon haben. Da auch manche Ärzte inzwischen – nach dem Motto »Rette sich, wer kann« – mehr an das persönliche als an das Wohlergehen der Dreier-Gemeinschaft aus Patienten, Kassen und Ärzten denken, stößt das System an Grenzen und wird zum Teil schon kontraproduktiv. Auf diesem Weg wird aus einem ehedem fortschrittlichen Gesundheitswesen ein Krankheitswesen, das mehr schlecht als recht die gröbsten Schäden repariert, aber zu deren frühzeitiger Verhinderung nichts Wesentliches mehr beitragen kann.

So ziemlich allen, die ernsthaft darüber nachdenken, ist bewußt, daß das auf die Dauer nicht funktionieren kann, und daß letztlich die Versorgung der Patienten Schaden nehmen wird. Der Kurbereich war einer der ersten, den es traf. Da er noch immer mit der Idee der Vorbeugung und Gesundheitserziehung verbunden ist, wurde er als nicht unbedingt notwendig zusammengestrichen mit dem Ergebnis, daß die Kuren gekürzt und so entwertet wurden. Dieser Mechanismus ist nicht auf die Medizin beschränkt, sondern findet sich auch in anderen Bereichen.

Im Pflichtschulbereich ist es seit Jahren üblich, den notwendigen Bewegungsbedarf der Kinder, der in modernen Schulen sowieso höchst eingeschränkt ist, weiter zu beschneiden. Bei Turnstunden wird permanent eingespart, ohne die katastrophalen Langzeitschäden zu berücksichtigen. Es scheint noch nicht in die Köpfe verantwortlicher Politiker gedrungen zu sein, daß die Beträge, die sich der Kultusminister mit solchen Aktionen »erspart«, der Gesundheitsminister in hundert- und tausendfacher Höhe wieder ausgeben muß, allerdings erst einige Jahre später, wenn die frühzeitig degenerierten Muskeln und ruinierten Rücken ins arbeitsfähige Alter kommen.

Sobald die Wirtschaft kriselt und gespart werden muß, geschieht das mit Vorliebe bei der (Aus-)Bildung. Das hat den Vorteil, daß man es nicht sofort merkt, und den Nachteil, daß die Krise langfristig verschärft und die Perspektiven verschlechtert werden. Von Politikern, deren Verantwortungsrahmen vier Jahre kaum übersteigt, ist solch kurzsichtiges Vorgehen kaum anders zu erwarten, wobei wir uns immer klarmachen sollten, daß wir genau die uns entsprechenden Verantwortlichen haben, schließlich haben wir unsere Politiker und Ärzte gleichermaßen selbst gewählt. Es liegt sicher nicht nur an den Politikern, wenn die Eigenverantwortung ab- und die Tendenz zur Ausbeutung (der einzelnen und der Solidarsysteme) zunimmt. Ausbeutung geschieht ja nicht nur in der klassischen Weise von Arbeitgebern gegen Arbeitnehmer, sondern ist ein generelles Phänomen, an dem alle Schichten der Bevölkerung zunehmenden Anteil haben. Das Übervorteilen der Kassen und die Ausbeutung der eigenen Gesundheit gehören genauso dazu wie die Ausbeutung des Bodens in der Landwirtschaft und die unseres Heimatplaneten insgesamt.

Ist man erst einmal so kaputt, daß man sich nach unserem ver-rückten System eine Kur verdient hat, ist es eigentlich nach der klassischen Kurauffassung bereits zu spät. Nicht Reparatur, sondern Regeneration war deren eigentliches Thema. Betrachtet man sich die Ausgrabungen oder die gut erhaltenen Bäder etwa der Römerzeit, kann man nachvollziehen, daß hier auch Genuß eine große Rolle gespielt hat. Es ging darum, die Lebensgeister wieder zu erwecken und an Körper, Seele und Geist zu gesunden. Eine Medizin wie unsere moderne, die das Verständnis für den Geist völlig aufgegeben hat und die Seele geringachtet, konnte natürlich die Idee der Kur nicht auf diesem hohen Niveau halten.

So findet man heute auch kaum noch in sich stimmige ganzheitliche Kurkonzepte, sondern bestenfalls sinnvolle Einzelaktionen, die sich auf einzelne Probleme beziehen. Da gibt es in den klassischen Rheumabädern zwar wirkungsvolle Fangoanwendungen, aber zugleich eine Ernährung, die das Krankheitsbild eher in seinem Fortschreiten fördert. Relativ »bewußtlos« werden die Patienten in die Heilerde gepackt, manche lesen sogar während der Anwendungen oder sind kaum mit den Heilungsvorgängen in ihrem Körper beschäftigt, während Spezialisten sich um sie kümmern. Die Kur für den Körper wird ähnlich gesehen wie die Reparatur des Autos in der Werkstatt, wobei das Auto immerhin noch regelmäßig Inspektionen bekommt, wofür es beim Körper im allgemeinen schon gar nicht mehr reicht. Geist und Seele haben mit der Kur kaum noch etwas zu tun, sondern werden gleichsam ausgespart und auf Urlaub geschickt.

Auch unsere allgemeine Auffassung von Urlaub ist sehr eigenartig. Dabei geht es in der Regel um Zerstreuung statt um Sammlung; statt die Seele zu erheben ist *Unter*haltung geboten. Hier liegt wohl auch der Grund, warum die Kassen es allmählich leid sind, diese Zusatzurlaube zu finanzieren, wo der Kurschatten die erste Geige spielt und die Medizin im Kurorchester immer mehr nach hinten rutscht. Bei vielen Patienten herrscht eine gewisse Pennälermentalität vor, die nicht selten die Kurärzte austrickst wie seinerzeit die Lehrer und heimlich in den zahlreichen Cafés schlemmt, statt sich an vorgegebene Diätvorschriften zu halten.

Mit einer guten Portion Unwissenheit, die von allen Seiten ins Spiel kommt, sind Kuren bestenfalls zu gesunden Urlauben verkommen. Daß Ärzte und Kassen zunehmend den Sinn von Kuren nicht mehr sehen, ist angesichts dieser Situation mehr als verständlich. So wird der Trend weg von den medizinischen Kuren, hin zu Unterhaltungsurlauben mit medizinischem Touch für diejenigen, die es vor Beschwerden nicht mehr aushalten, wohl anhalten, und der Rest verzichtet notgedrungen, wenn es die Allgemeinheit nicht mehr zahlen kann. So ruinieren wir eines der klassischen Beine jener Medizin, der es wirklich noch um die Mitte des Menschen ging, und die noch Körper, Seele und Geist gleichermaßen im Auge hatte.

Wollen wir Heilung, müssen wir uns weiter an umfassenden Konzepten orientieren, und dabei könnten Kuren auch weiterhin eine wichtige Rolle spielen, allerdings müssen wir sie heute weitgehend in Eigenverantwortung planen und uns frei machen von der Versorgungsmentalität. Noch immer ist es möglich, die Vorrichtungen von Badeorten zu nutzen, um sich in sinnvollem Rahmen sehr gezielt mit seiner eigenen Gesundheit zu beschäftigen. Natürlich gehören die in diesem Buch beschriebenen Bereiche Ernährung, Entspannung, Bewegung, Regeneration, Umweltbewußtheit und generell und übergeordnet Bewußtsein dazu. Die speziellen Anwendungen sind zwar der Schwerpunkt, können aber nur in einem ganzheitlichen Rahmen *not*wendige Akzente setzen.

Eine gewisse Rennaissance in diesem Bereich zeichnet sich unter dem Begriff *wellness* ab, wobei es auch hier leider viel zu sehr um den Körper geht, und die Seele zu kurz kommt. Wir versuchen die Treppe von unten nach oben zu kehren, und dabei wäre die umgekehrte Richtung soviel einfacher und wirksamer.

Elemente-Kuren

Am leichtesten sind in diesem Zusammenhang alte Elemente-Rituale zu beleben, da viele Kuren auf sie oder auf eines von ihnen abgestellt sind. Nicht umsonst spricht man von Badekuren. Schon in uralten Zeiten war den Menschen bewußt, daß Wasser lebenswichtig und für die Gesundheit unabdingbar ist. Wasser ist das Element, aus dem alles Leben kommt, denn entwicklungsgeschichtlich stammt das Leben aus dem Urmeer, und individuell kommen bis heute alle Menschen aus dem Fruchtwasser des Mutterleibes. Auch durch künstliche Befruchtung entstandene Embryonen müssen noch monatelang im Fruchtwasser schwimmen, bevor sie das Wasserelement verlassen können. Aber auch, wenn wir mit der Geburt den Kopfsprung ins Leben machen und damit vom Wasser ins Luftelement wechseln, nehmen wir doch ein Gutteil Wasser in unseren Zellen und Gefäßen mit. Zu Anfang des Lebens bestehen drei Viertel unseres Organismus aus Wasser, dessen Anteil dann langsam im Laufe des Lebens abnimmt. Wir werden also mit dem Alter immer trockener. Diesen Alterungsprozeß aufzuhalten, war schon immer eines der Anliegen von Kuren, und was könnte dazu geeigneter sein als Wasser? Wenn wir nicht genug Wasser zu uns nehmen, werden wir austrocknen und alt aussehen. Und ganz abgesehen vom lebenserhaltenden Durstgefühl war den Menschen schon von altersher vertraut, wie sehr sie auf Trinkwasser angewiesen waren. Frühzeitiges Altern war wohl zu keiner Zeit gern gesehen, wenn es auch heute im Rahmen unseres überzogenen Jugendkultes eine besondere Horrorvision darstellt. So ist der Traum vom Jungbrunnen, der mit Hilfe seines besonderen Wassers das Leben ewig währen läßt, wieder sehr aktuell. Um so unverständlicher, daß heute gerade in diesem Bereich wieder haarsträubende Fehler gemacht werden, und viele Menschen bei weitem zu wenig trinken.

Das Wasser in unseren Zellen, das wir ohne Übertreibung als das Wasser des Lebens bezeichnen können, hat bis heute eine Zusammensetzung, die der des Urmeeres sehr ähnlich ist. Wir haben also im Wasser unsere Herkunft in uns immer dabei. In allen möglichen Traditionen wird Wasser als Symbol des Seelischen verstanden und in hohen Ehren gehalten. Auch im Christentum wird mit Wasser getauft, und Weihwasser ist zumindest Katholiken heil(igend)es Wasser, das nicht nur äußerlich, sondern bis in die Tiefen der Seele reinigen kann.

Bei all dem ist es wenig verwunderlich, daß sich um Wasser auch in Breiten, wo es im Überfluß vorhanden ist, Heilungskulte gebildet haben. Wer wüßte nicht, wie entspannend ein heißes Bad nach einer körperlichen Anstrengung ist! Das Entmüdungsbad ist auch im Sportbereich, etwa bei Fußballern, beliebt. Sich einen ganzen Mondzyklus lang den heilenden Kräften besonderen Heilwassers anzuvertrauen, war daher schon unseren Vorfahren eine angenehme Vorstellung. In Bade- und Trinkkuren wurde versucht, diese Idee bis zur Perfektion zu bringen.

Betrachtet man sich die heutige Badekultur eingehender, kann man sich des Eindrucks nicht erwehren, daß die meisten Chancen leichtherzig verschenkt werden. Es ist ungefähr so, als würden die Katholiken ihren Weihwasserritus zwar beibehalten, aber nur wegen dessen körperlichem Reinigungsaspekt. Natürlich hat Wasser immer einen reinigenden Effekt, was den Körper angeht, aber in diesem Fall liegt der Schwerpunkt doch offensichtlich in anderen Bereichen. Bei den Heilwasserkuren ist die Wirkung des Wassers der materialistischen Zeit entsprechend immer mehr auf die körperliche Wirkung reduziert worden. Diese ist natürlich vorhanden und inzwischen auch wissenschaftlich zum Teil sogar bewiesen, sie macht aber doch nur einen Teil des Effektes aus, der überwiegende Teil hat mit den seelischen und spirituellen Einflüssen zu tun.

Tatsächlich ist es gar nicht so schwer, diese Wirkungen in den Mittelpunkt zurückzuholen, sofern man nur bereit ist, Seele und Geist wieder in die Kur bewußt mit einzubeziehen. Allein schon die Vorstellung, daß die Wasseranwendung bis in die Tiefe des eigenen Organismus wirkt, geht in diese Richtung. Bei Trinkkuren kann man das Wasser auf seinem Weg durch den Körper und letztlich bis in alle Zellen des Körpers in Gedanken begleiten und wird den Effekt auf einfache Weise vertiefen. Alle äußerlichen Anwendungen lassen sich mit den entsprechenden inneren Bildern begleiten und so intensivieren. Zugleich wird sich die Einstellung zu den Anwendungen verändern von der des armen Opferlammes, das etwa mit kaltem Wasser traktiert wird, zu der eines offen(siv)en Daraufzugehens. Anfangs geht es nur darum, bei allen Anwendungen gedanklich dabeizusein und sich vorzustellen, wie sie bis in die Tiefen des Organismus wirken.

Als nächsten Schritt könnte man die Vorstellung von der körperlichen Hilfe dieser speziellen Anwendung auf die seelische Ebene übertragen und sich in inneren Bildern ausmalen, wie sich die Seele in diesem Exerzitium regenerieren und entfalten kann.

Übung

Ein praktisches Übungsbeispiel mag das Gesagte noch deutlicher werden lassen. Voraussetzung für diese Anwendung, Übung oder Meditation ist, daß man genügend gutes Thermalwasser von ungefähr 36 Grad Celsius zur Verfügung hat, daß es leer ist im Becken, und man schwimmen kann. Es hat sich bewährt, die Übung auf dem Trockenen vorzubereiten. Tatsächlich hat sie sogar ohne physisches Wasser eine sehr heilsame Wirkung und kann bereits zu Hause zur Vorbereitung genutzt werden. Im Rahmen einer geführten Meditation stimmt man sich nach einer Entspannung innerlich auf die heilende Wirkung des Wassers ein und läßt sich in Gedanken bis in die Tiefe seiner Seele reinigen und erfrischen. Anschließend kann man auch die geistige Ebene einbeziehen und selbstverständlich auch die körperliche.[4] Verbindet man diese einfache Phantasiereise mit der Erfahrung in echtem Heilwasser, ist der Effekt noch viel deutlicher und angenehmer. In gutem Thermalwasser, etwa 36 bis 37 Grad warm, kann man sich Schwimmflügel an die Fesseln der Füße geben und sie nur so schwach aufblasen, daß die Beine gerade eben nicht absinken, wenn man sich einfach auf das Wasser legt. Sogleich wird man spüren, wie das Wasser trägt, und man ganz entspannt darin liegen kann. Der Atem sollte sanft und in einer Mittellage fließen, so daß er anfängt, den Körper im Wasser zu wiegen. Mit dem Einatem wird der Oberkörper etwas herausgehoben, mit dem Ausatem tiefer sinken. Wenn Mut und Vertrauen zunehmen, kann man den Kopf noch weiter loslassen, bis er soweit ins Wasser sinkt, daß nur noch das Gesicht und auch davon eigentlich nur Mund und Nase herausschauen. Selbst über die geschlossenen Augenlider wird sich mit zunehmendem Vertrauen zur Seelenwelt des Wassers ein dünner Wasserfilm legen. Öffnet man unter Wasser jetzt für einen Moment die Augen, kann man die Welt in einem Mandala-Kreis sehen und sich entspannt in dessen Mitte fühlen.

So dem Wasser hingegeben, wird die Vorstellung leicht gelingen, daß einen innen und außen Wasser umgibt und trägt, und so mag es ein Vergnügen sein, sich vorzustellen, wie sich die Poren der Haut wie Schleusen öffnen und das Heilwasser erster Güte hereinströmen kann, so daß inneres und äußeres Wasser sich verbinden und austauschen. Gedanken an Reinigung auf körperlicher und geistiger Ebene lassen sich mit der Vorstellung koppeln, daß das Heilwasser einen durchströmt und mit sich nimmt, was man nicht mehr braucht, und andererseits hereinholt aus der regenerierenden und erneuernden Kraft des Heilwassers, was man gerade jetzt notwendig hat. Ganz von Wasser eingehüllt und eingetaucht in die Welt der eigenen inneren Bilder wird die Vorstellung leicht gelingen, sich immer weiter und tiefer auf das eigene Seelenreich einzulassen. Man kann so in Bereiche gelangen, wo Psychotherapie ganz von selbst und in sicheren Bahnen geschieht.

Wiederholt man solch eine Übung täglich während einer mehrwöchigen Kur, wird sich vieles in der eigenen Seelenlandschaft erholen können. Es ist das auch eine der wenigen Übungen, die in der Lage sind, Urvertrauen als Vorstufe von Selbstvertrauen zu entwickeln auf Wegen, die nur auf den ersten Blick erstaunen. Macht man, um einem Mangel an Selbstvertrauen abzuhelfen, etwa Rhetorik- oder Selbstsicherheitskurse, wird einen das zwar im Idealfall erfolgreicher machen, aber Erfolg hat gar nicht viel mit Selbstsicherheit zu tun, im Gegenteil gibt es viele erfolgreiche Menschen ohne oder mit nur aufgesetztem und mehr oder weniger gut gespieltem Selbstvertrauen. Echtes Selbstvertrauen kann sich nur auf dem Boden von Urvertrauen entwickeln, welches sich in der ersten Lebensphase

4 Eine entsprechende Reise findet sich auf dem Kassettenprogramm »Elemente-Rituale«.

in jenem frühen Stadium im Mutterleib bildet, wenn wir schwerelos und uneingeschränkt in dem weiten Universum der Fruchtblase jene Gefühle erleben, die der tschechische Psychiater Grof ozeanisch nennt, und die wir bei psychotherapeutischen Besuchen in der Intrauterinphase[5] als ekstatische rauschhafte Seinserfahrungen erleben. Gelingt es über die Wassermeditation mit der Zeit immer tiefer in die Wasserwelt einzutauchen, werden sich allmählich auch Erinnerungsspuren aus dieser Anfangszeit des Lebens ergeben, und so rücken auch Erfahrungen reinen Seins in den Bereich des Möglichen. Diese aber können allein die Basis wirklichen Urvertrauens und darauf aufbauend späteren Selbstvertrauens bilden. Das ist auch ein weiterer Grund, warum Einheits- oder Gipfelerlebnisse so wichtig sind.

Natürlich hält das Wasserelement noch viele weitere Übungen für uns bereit und kann uns von körperlicher Abhärtung und Reaktionsanregung im Sinne von Kneipp bis zu tiefen seelischen Erfahrungen mit der ganzen Bandbreite unseres Seins konfrontieren.

Jeder mag für sich und entsprechend seinem Verhältnis zum physischen Wasser abschätzen, wie nahe ihm Seele ist. Wer nicht schwimmen kann, zeigt damit, daß er sich dem Seelischen nicht anvertrauen kann, wer dunkles Wasser fürchtet, verrät damit seine Angst vor den undurchsichtigen Tiefen der Seele, wer einen Kopfsprung ins Wasser grundsätzlich verweigert, zeigt seinen Respekt vor dem Seelischen, in das er sich eben nicht Hals über Kopf stürzen will. Der Umkehrschluß gilt allerdings nicht generell: Nicht jeder, der sich problemlos ins Wasser stürzt, macht das so bewußt und eingedenk der Tatsache, daß es sich hier um das Seelenelement handelt, so daß man ihm völliges Ausgesöhntsein mit dem Seelischen unterstellen könnte. Allen Wassersport und alle Übungen im und auf dem Wasser, besonders auch im Urlaub, kann man aber – entsprechende Bewußtheit vorausgesetzt – nutzen, um sein Verhältnis zum Seelischen zu klären, zu vertiefen und zu heilen.

Wie grundsätzlich problematisch unser Verhältnis zum seelischen Wasserelement geworden ist, sehen wir daran, daß wir es nur noch im Zusammenhang mit dem Feuerelement genießen können. Das Bade- und Duschwasser muß vom Feuer angewärmt sein, sonst meiden wir es. Generell macht uns das Eintauchen in Wasser nur dann Spaß, wenn es schon ausreichend mit dem Feuerelement Kontakt hatte. Warmes Badewasser mögen wir im Badezimmer wie auch in den Seen und Meeren, wehe aber, es ist zu kalt, schon vergeht uns aller Spaß. Auch muß das Wasser gut abgegrenzt sein, als fein verteilter Regen ist es uns auch bei warmen Temperaturen zuwider, und angespritzt wollen wir keinesfalls werden.

5 Zur Reinkarnationstherapie gehört das Durchleben von Geburt und Intrauterinphase dazu. Info: Heil-Kunde-Zentrum Johanniskirchen, siehe Anhang.

Schon Kinder mögen es nicht, wenn ihnen Wasser in die Augen kommt. So könnten sommerliche Regenspaziergänge durchaus auch den psychohygienischen Aspekt haben, uns mit dem weiblichen Wasserelement auszusöhnen und unser Herz und Gemüt zu erfreuen, wissen wir doch eigentlich, daß alles Wachstum auf unserem Heimatplaneten vom Vorhandensein von ausreichend Wasser abhängt.

Heute wissen wir sogar, daß es dem Bad in einem Gesundbrunnen gleichkommt, wenn man sich von dem feinen Wasserstaub an der Aufschlagstelle eines Wasserfalls einhüllen läßt und ihn einatmet, da hier der Gehalt an negativen Ionen so besonders hoch ist. Ähnlich bekömmlich ist eine Nachgewittersituation oder der Spaziergang an einem brandungsbewegten Meeresstrand, in den Kammlagen der Berge oder an kühlen Schönwettertagen.

Bevor wir uns nun zu euphorisch auf das Wasser einlassen, muß angemerkt werden, daß Wasser schon lange nicht mehr Wasser ist, und selbst viele Thermalwässer in einem bedauernswerten Zustand sind. Wasser neigt dazu, alles an Schwingungen wie ein Schwamm aufzusaugen. Wenn also Tausende von Kranken tagsüber in einem Wasserbecken waren, empfiehlt es sich nicht, abends darin oben beschriebene Übung durchzuführen. Mit materiellen Filtern und Umwälzanlagen lassen sich solche Schwingungen nicht entfernen. Leider gibt es heute nur wenige Plätze wie etwa Montegrotto/Abano in Oberitalien oder Loipersdorf in Österreich, wo soviel gutes Thermalwasser zur Verfügung steht, und sich führende Zentren den »Luxus« leisten, es einfach zu erneuern. Umwälzanlagen wälzen um, wie der Name schon sagt, aber erneuern können sie nicht. Diesbezüglich müßten wir noch weit tiefer in die Geheimnisse des Wassers eintauchen, um seine Chancen, aber auch die heutigen Probleme wirklich verstehen zu können. Kurz gesagt liegt die Gefahr darin, daß zu viele Kranke in zu wenig Wasser dessen Schwingungsniveau ruinieren und damit auch seine regenerativen Möglichkeiten.

Ähnlich intensiv wie bei der Übung mit dem Wasser sollten wir uns auch mit den übrigen drei Elementen beschäftigen. Genügend Luftkurorte legen den bewußten Umgang mit dem Luftelement und dem Atem nahe. Das Feuerelement schließlich kommt nicht nur bei Saunagängen und in Schwitzgrotten zum Tragen, sondern ist auch besonders empfehlenswert bei allen körperlichen Übungen, die die Schweißproduktion anregen.[6] Erdanwendungen finden wir ebenfalls in vielen Bädern, weniger innerlich mittels Heilerde als vielmehr äußerlich in Form von Fango und Moorbädern, aber auch als Lehmbäder im Sinne des Pastors Felke, des evangelischen Pendants zu Sebastian Kneipp. Dem Erdelement kämen

6 Für diejenigen, die noch zu wenig damit vertraut sind, in eigener Regie Reisen in die Welt der Elemente zu unternehmen, gibt es im Buch »Reisen nach Innen« ausführliche Anleitungen dazu, wie auch bereits vorgegebene Reisen auf der Doppelkassette »Elemente-Rituale«.

wir schon auf sehr gesunde Art nahe, wenn wir nur barfuß gingen, wie es früher in den Monaten ohne »r« auf dem Land durchaus üblich war. Nicht nur Kinder, sondern gerade Erwachsene könnten gesundheitlich sehr dabei gewinnen, wenn sie morgens im taunassen Gras spazierengingen. Über die Reflexzonen der Füße, auf denen der ganze Körper mit all seinen Organen und Gliedern repräsentiert ist, ließen sich so auf natürliche Weise alle möglichen Organfunktionen harmonisieren und anregen. Die Elemente machen es uns eigentlich leicht, sie mit einfachen Übungen wieder in unser Leben einzuschließen.

Plan für eine ideale Kur

Die Vorbereitung könnte schon zu Hause beginnen etwa mit entsprechenden Reisen in das oder die Elemente, die bei der kommenden Kur im Vordergrund stehen werden. Vorher sollte man sich auch schon einen Ernährungsfahrplan zusammenstellen, der entweder auf Vollwerternährung abzielt oder, wenn erforderlich, eine Spezialdiät möglich macht, bis hin zur Planung einer Fastenzeit während der Kurwochen. Unabhängig vom Angebot in dem jeweiligen Sanatorium ist es wichtig, vor- und nachmittags genug Bewegung – wo möglich in frischer Luft – einzuplanen. Auf Ablenkungen vom eigentlichen Thema der Gesundwerdung oder Vorbeugung sollte man sich höchstens am Rande einlassen und jedenfalls nicht in Form jener Unterhaltung, wie sie das Fernsehen bietet. Das spricht aber natürlich nicht gegen einen guten Film, der mit äußeren Bildern die eigenen inneren anregen kann. Sind schon gesundheitliche Defekte aufgetreten, ist es naheliegend, die nun zur Verfügung stehende Zeit für Meditationen zu den tieferen Ursachen dieser Krankheitsbilder zu nutzen. Vormittags und nachmittags eine Reise in die eigenen Seelenlandschaften kann einen diesbezüglich weiterbringen. Für die Abende würde es sich anbieten, Musik ins Leben zu lassen, Erhebendes zu lesen oder sich zum Beispiel mit Mandalas[7] malend oder meditierend zu beschäftigen.

Bei all diesen Vorschlägen ist immer zu bedenken, daß Übertreibungen keine Hilfe sind und Lösungen eher verhindern. Gibt es viele Anwendungen, brauchen diese auch ihre Zeit, denn sie zielen auf Reaktionen des Organismus, und dafür braucht dieser seine Ruhe. Weniger ist dann oft mehr. Lieber wenige Übungen und diese auf allen Ebenen bewußt vollziehen, als zuviel auf einmal mechanisch ablaufen lassen. Auch sehr gute Übungen können ins Gegenteil umschlagen, wenn sie übertrieben werden und keine Zeit bekommen, auszuklingen und zu

7 Siehe hierzu »Arbeitsbuch zur Mandala-Therapie« und »Mandalas der Welt – ein Meditations- und Malbuch«, beide von Ruediger Dahlke.

wirken. Der Volksmund sagt es wieder unübertroffen: »Zu wenig und zu viel ist dem Narren sein Ziel.«

Tatsächlich könnte man sich auf diese Art seine ganz persönliche Kur zusammenstellen an irgendeinem schönen Platz dieser Erde, wo die Landschaft intakt und für gesunde Ernährung gesorgt ist. So ließe sich aus dem nächsten Urlaub eine völlig individuelle Kur machen. Wer es einmal ausprobiert hat, wird sich gut überlegen, ob er überhaupt noch einmal zurückkehrt in den üblichen Ferienwahnsinn, der die Urlauber gesundheitlich und die von den Massen überfallenen südlichen Küsten ökologisch ruiniert. Wer sich heil werden lassen will, braucht dafür auch heile(nde) Landschaften, die es immer seltener, aber doch noch genug gibt.[8]

8 Hinweise auf Seminarwochen im Anhang.

V

Säule Bewußtsein

Eigentlich ist die fünfte zentrale Säule die alles entscheidende, denn ohne Bewußtsein funktionieren auch die anderen Bereiche nicht. Letztlich bedarf jede Ernährungsumstellung davor eines Bewußtseinsschrittes, wie auch jeder neue Umgang mit Bewegung, Entspannung und Umwelteinflüssen. Wer sich auf den Entwicklungsweg begibt, muß philosophisch gesehen mit Karl Marx brechen, der ja glaubte, das materielle gesellschaftliche Sein bestimme das Bewußtsein der Menschen, im Gegensatz zu Hegel, der davon ausging, daß das Bewußtsein das materielle Sein beherrsche. Sowohl Marx als auch Hegel hatten wohl aus ihrer Position und für ihre Klientel recht; bei der Arbeiterschaft, die Marx im Auge hatte, bestimmte offenbar das materielle gesellschaftliche Sein das Bewußtsein. Wer sich aber auf einen Entwicklungsweg begeben will, muß es mit Hegel halten und dafür sorgen, daß sein Bewußtsein über die Materie, auch die des Körpers, zu herrschen lernt.

In der westlichen esoterischen Tradition wird das etwa beim Tarot sehr deutlich, wo unter 22 sogenannten großen Arkana-Karten schon die vierte den Herrscher abbildet, der auf einem Würfel sitzt. Der Würfel ist mit seinen sechs Vierecken, die aufgeklappt ein Kreuz ergeben, das klassische Symbol der Vierheit und der materiellen Welt. Der Herrscher besitzt und beherrscht damit die Materie. Die allermeisten Menschen werden auch heute von der Materie beherrscht und wandeln damit auf Marx' Spuren, und nur eine kleine Gruppe beherrscht die Materie so, daß sie Herr im eigenen Haus ist und ihr Körper ihnen wirklich gehorcht. Auf dem spirituellen Weg muß der Körper auf diesen Weg und zum Beispiel dazu gebracht werden, still zu sitzen anläßlich einer Meditation. Das braucht seine Zeit, ist aber gut zu schaffen und wird sogar dem Körper selbst nur nützen. Ganz ähnliches kann über eine Fastenerfahrung erreicht werden, wo der Körper lernen muß, daß er nur dann etwas zu verdauen bekommt, wenn das Bewußtsein sich dafür entscheidet. Ein Körper, der das gelernt hat, wird zum Beispiel gar kein Hungergefühl mehr produzieren, wenn er doch weiß, daß ihm der sowieso nichts nützt, weil die Bewußtseinsentscheidung unumstößlich ist. Ähnlich wird er auch aufhören, darauf zu dringen, am Knie oder sonst irgendwo gekratzt zu werden, wenn er gelernt hat, daß während der Meditation stilles Sitzen angesagt ist.

Franz von Assisi nannte den Körper in diesem Zusammenhang »Bruder Esel«, weil er oft durchaus störrisch und schwer von Begriff ist. Nun liebte der heilige Franziskus alle Tiere und auch den Esel und wollte wohl auch nicht zu einem

Kampf gegen den Körper animieren, sondern nur klarmachen, daß man sich auf einige störrische Reaktionen gefaßt machen müsse, bei dem Versuch, auf dem Entwicklungsweg den Geist über die Materie zu stellen. Diesbezüglich waren sich letztlich alle Heiligen aller Kulturen und auch alle Weisheitslehrer aller Traditionen einig. Das Bewußtsein muß dem Körper den Weg weisen und nicht etwa umgekehrt. Ganz entsprechend sollte für unser Anliegen »Gesundheit« ebenso klar sein, daß die entscheidenden Impulse vom Bewußtsein kommen müssen. Allerdings haben wir natürlich auch hier noch die Wahl, ob wir uns zu Bewußtseinsschritten zwingen lassen wollen oder sie freiwillig in die Wege leiten.

Häufig führen harte Schicksalsschläge wie schwere Erkrankungen, Unfälle oder Verluste zu Bewußtseinsveränderungen. Nach einem schweren Herzinfarkt, der mit dem schlimmsten Schmerz, den ein Mensch erleben kann, dem sogenannten Vernichtungsschmerz, einhergeht, können einige endlich das Rauchen aufgeben. Tatsächlich werden solche Krankheitsbilder oft der Einstieg zum Umstieg im Sinne von »Krankheit als Weg«.

Ein eindrückliches Beispiel mag das beleuchten. Eine junge Mutter hat eine schwere Geburt, die mit einem erheblichen Blutverlust verbunden ist. Gutmeinende Ärzte geben ihr eine Bluttransfusion. Leider geschieht das gerade in der Zeit, als Blutkonserven noch nicht auf Aidserreger hin untersucht werden, und diese Frau wird bei dieser Gelegenheit infiziert. Die Frau geht nun aber nicht auf Schuldigensuche, sondern beschließt, jeden der ihr noch verbleibenden Tage zu versuchen, ihrem Kind eine gute Mutter zu sein. Diese Entscheidung, die sie unter dem Eindruck des Schicksalsschlages trifft, trägt sie durch die Jahre. Anfangs wendet sie naturheilkundliche Maßnahmen zur Abwehrsteigerung an, allmählich kommt sie aber ohne diese Mittel aus und läßt auch ihre T-Lymphozyten, die den Fortschritt einer Aidserkrankung dokumentieren, gar nicht mehr bestimmen. Ihr Leben wird immer mehr zu einem Ritual, jeden Tag nimmt sie als Geschenk dankbar an, ihr Kind gedeiht wunderbar, und ihr Mann fängt unter dem von ihr ausgehenden Einfluß an, sich für seinen eigenen Entwicklungsweg zu interessieren. Als das Kind erwachsen ist und das Elternhaus verläßt, hat die Mutter 19 Jahre nach der Infektion keinerlei Anzeichen einer Aidserkrankung, sondern ist im Gegenteil zu einem außergewöhnlichen Menschen geworden aufgrund ihrer täglichen Bewußtheitsübung. Man könnte diese Frau fast um ihren Schicksalsschlag beneiden, der ihr zu solch einer Entwicklung verholfen hat. Dabei bräuchten wir gar nicht darauf zu warten, bis uns das Schicksal mit Härte auf den Weg zum Heil (lat. *salus* = Heil) schickt. Es könnte auch die Erkenntnis reichen, daß wir alle sterblich sind und Zeit etwas sehr Relatives ist.

Ein anderer Patient wacht erst beim Kampf um sein Leben gegen eine Krebsgeschwulst auf und fängt nach eigenen Angaben, erst nach diesem Sieg an, wirklich zu leben. Warum, ist zu fragen, brauchen Menschen solche Schicksalsschläge, um für die eigentlichen Themen ihres Lebens aufzuwachen?

Die Frage läßt sich erweitern: Warum können wir unseren Körper immer erst dann genießen, wenn er nach einer Krankheit wieder gesundet ist, und nicht schon, solange er noch heil ist und wundervoll funktioniert? Dieses erstaunliche Konzept reicht bis in die Medizin hinein, wo man eben erst dann auf Kur geschickt wird, wenn die Gelenke schon ruiniert sind. Obwohl sich theoretisch alle einig sind, daß Vorbeugung der bessere Weg ist, kann davon im praktischen Leben keine Rede sein. Vorbeugung ist aber immer eine Bewußtseinsangelegenheit, denn nur bewußte vorausschauende Menschen sind bereit, etwas zu unternehmen, was sich erst in der Zukunft bezahlt macht.

Es ist eigentlich einleuchtend, daß eine genußvolle Gymnastik, bei der man sich Ort, Zeit und vor allem die Art selbst und freiwillig aussuchen kann, jeder Krankengymnastik vorzuziehen ist. Anstatt gezwungenermaßen auf zumeist schmerzhafte Schadensbegrenzung angewiesen zu sein, läßt sich im freiwilligen Fall daraus ein beglückendes Spiel machen, das die Freude am eigenen Körper mit jedem Mal steigern kann.

Wo man seinen Körper allerdings immer nur bemerkt, wenn er Probleme macht, wird ihn das geradezu dazu zwingen, sich über Schmerzen und Funktionsstörungen Gehör zu verschaffen. Ähnliches kann man bei Kindern beobachten, die nur dann die Zuwendung ihrer Mutter bekommen, wenn sie krank sind. Dies fördert ihr Krankwerden auf eine ziemlich drastische Weise. Untersuchungen konnten zeigen, wie Kinder auf diesem Weg geradezu lernen, krank zu sein, und zum Beispiel asthmatisch atmen, wenn das der einzige Weg ist, ihre Mutter zu zwingen, bei ihnen zu Hause zu bleiben.

Fehlverhalten zu belohnen, ist von der Pädagogik längst als ausgesprochen ungeschickt durchschaut. Um so erstaunlicher, daß die meisten Menschen dieses Konzept bei ihrem Körper anwenden. Eine ungleich angenehmere Alternative ist es, über Belohnung zu lernen. Wer seinem Körper Zuwendung und Anerkennung gibt, wenn dieser optimal funktioniert und ihm dient, wird seine schon gute Leistungsfähigkeit sogar noch steigern und sich im besten Sinn auf ihn verlassen können. Gesundheit macht soviel mehr Spaß als Krankheitsbilder, und sie ist genauso ansteckend.

Empfehlungen

Wenn wir vor allem unsere eigenen Seminare, Programme und Bücher empfehlen, so mag das einerseits provozierend wirken, andererseits enthalten sie unsere Erfahrungen am detailliertesten. Würden wir bessere Möglichkeiten kennen, würden wir auch diese empfehlen. Ein Großteil unserer Aktivitäten ist genau zu diesen Themen entstanden – die »Säulen der Gesundheit« sind ja nicht der erste Versuch, in diese Richtung zu wirken. Jeder propagiert – im Idealfall – genau das, was er für das beste und wesentlichste hält. Wenn er etwas Besseres entdeckt, sollte er darauf umsteigen. Da wir Autoren das zu beherzigen versuchen, erscheint es nur logisch, unsere eigenen Programme und Veröffentlichungen zu empfehlen, denn sie vertiefen die hier dargestellten Themen in unserem Sinne am besten.

Für Ihre Anregungen als Leser und hoffentlich Benutzer sind wir offen, gerade weil wir schon einige Jahrzehnte in diesem Bereich unterwegs sind und miterleben konnten, wie sich das Gesundheitsbewußtsein durch die Erfahrungen einzelner mutiger Querdenker entwickelt hat. Wir haben viele Schulen, Richtungen und Trends kommen und gehen sehen und uns bemüht, das – in unseren Augen – Wesentliche davon zu bewahren. Ihnen wünschen wir, daß Sie aus all den Anregungen Ihre persönlichen Goldkörner herauspicken und Ihren ganz persönlichen Weg zu Gesundheit und Heil(ung) finden.

Anregungen zur Verbreitung ansteckender Gesundheit

Für den einzelnen:

- Urlaub als eine Zeit des Ausgleichs und der Erneuerung erkennen, die nächsten Ferien zu einem Gesundheitsereignis machen in eigener Regie oder in einer geeigneten Gruppe, vielleicht in einem entsprechenden Gesundheitsseminar oder -zentrum,
- Zeit für Erholung und Fitneß einplanen (eine halbe Stunde pro Tag, einen Tag pro Woche, ein Wochenende im Monat),
- den Jahresurlaub für die Gesundheit sinnvoll aufteilen, in jeder Jahreszeit eine Woche, einen Monat (oder soviel eben noch übrig ist) im Jahr,
- spezielle Urlaubsangebote mit Gesundheitsthemen verbinden, wie etwa Gesundheits-Kreuzfahrten oder Programm- und Cluburlaub.

Für Krankenkassen:

- Gesundheit statt Krankheit belohnen, den Versicherten entsprechende umsetzbare Informationen zukommen lassen (als Beispiel sei auf die Gesundheitsbibliothek von Denzel und Partner für die GEK (Gmünder Ersatzkasse) verwiesen);
- Gesundheitsplanung anbieten zu Fragen wie: Wie komme ich in Form? Wie bringe ich mein Herz-Kreislauf-System in Gang? Wie kann ich mich abhärten und mein Immunsystem stärken? Wie komme ich von den Zigaretten weg? Wie von meinem Übergewicht herunter? Was steht statt dessen an?
- Gesundheit zu einer Modewelle machen, tägliche Bewegung im Sauerstoffgleichgewicht (zum Beispiel Laufen) als neue Modedroge propagieren;
- Gesundheitsprämien in Form von Ermäßigungen bei Gesundheitstagen, -wochen, -büchern, -kassetten;
- Zuschüsse zu entsprechenden Eigenaktivitäten als Anreiz bieten, dabei zwischen herkömmlichen Kuren und effektiven Gesundheitsprogrammen unterscheiden (statt die Kuren generell zu boykottieren, lieber die sinnvollen Möglichkeiten aktiv fördern);
- statt herkömmlicher Kuren (die sich vielfach in Cafés abspielen) lieber Kneipp- oder Fastenkuren fördern, die wirklich ansteckende Gesundheit

vermitteln (einzelne Kassen wie etwa die GEK in Deutschland wagen bereits, Fastenkuren offensiver zu propagieren),
- Gesundheit fördern im Sinne von Vorbeugung (die GEK etwa empfiehlt ihren Mitgliedern immerhin entsprechende Vorträge und Seminare),
- statt Gesunde durch Prämienrückerstattung zu belohnen, sie mit Vorbeugungsangeboten beschenken!
- einschlägig Kranke auf Möglichkeiten der Selbsthilfe aufmerksam machen, gesunde artgerechte Ernährung unterstützt zum Beispiel so ziemlich jeden Heilungsprozeß.
- Die konkretesten Beispiele für das Funktionieren solcher Ansätze weit im Vorfeld von Krankheitsbildern bietet bisher die älteste Krankenkasse Österreichs, die Merkur. Sie praktiziert seit einigen Jahren immer mutiger Schritte in die von uns geschilderte Richtung – aus Einsicht und wohl auch aus Kosteneinsparungsgründen. Mut ist insofern nötig, als diese Schritte zuerst natürlich Kosten und erst später Einsparungen bringen. Nachdem Untersuchungen ergeben hatten, daß der Lebensstil den Gesundheitszustand zu 70 Prozent beeinflußt, begann man mit dem sogenannten *Vitalogramm,* einem Vorsorge-Programm, das auf Bewegungs- und Entspannungsmangel einging und Auswege aufzeigte. Der nächste Schritt lenkte über ein sogenanntes *Mentalogramm* die Aufmerksamkeit auf seelische Bereiche. Heute werden sogar schon Aufenthalte in sogenannten Gesundheitshotels bezahlt, wo entsprechende Vorsorge-Programme für Körper und Seele angeboten und von den Versicherten gern angenommen werden. Es versteht sich von selbst, daß Gesundheitshotels besser ankommen als Krankenhäuser. Wenn die Merkur-Krankenkasse sogar das Thema Radiästhesie in ihren Leistungskatalog aufgenommen hat, mag das zeigen, wie weit man auch heute schon auf einer institutionellen Ebene gehen könnte.

Für Firmen:

- ansteckende Gesundheit der Mitarbeiter als wichtiges Firmenkaital erkennen und fördern;
- nach amerikanischem Vorbild Möglichkeiten für Mittagsschlaf und Meditation in besonderen Räumen schaffen, diesbezüglich eine Bibliothek mit entsprechenden geführten Meditationen anschaffen;
- entsprechende Einführungen organisieren und fördern, Vorträge für die Mitarbeiter;
- kurze Regenerationszeiten im Sinne von Qi Gong, Taiji, Dehnungsübungen in den Arbeitsalltag einbauen;

- eine Gesundheitsbibliothek mit Büchern, Kassetten, Vorträgen aufbauen;
- statt Cola- und Limoautomaten für genug gutes Wasser (oder Kräutertees) sorgen; die Umstellung von Kaffee- auf Teekultur anregen und anbieten;
- eine gutes Klima schaffen:
  - auf der physischen Ebene: Ionengeräte installieren, die für ausreichend negative Ionen sorgen;
  - Sitzgelegenheiten anschaffen, die der Gesundheit angemessen sind;
  - für gutes (dem Sonnenlicht nachempfundenes) Licht sorgen;
  - im Sinne der Feng-Shui-Richtlinien für eine angenehme Atmosphäre sorgen (plätscherndes Wasser durch entsprechende Brunnen im Büro, Pflanzen, Kunstobjekte);
  - Schreibtische und feste Arbeitsplätze von Wasseradern wegrücken;
  - dezente Aromatherapie, etwa über entsprechende Duftlampen;
  - gemeinsame Gesundheitsaktivitäten wie entsprechende Trainings einplanen, die das Gesundheitsbewußtsein heben, ein Gruppengefühl aufbauen oder intensivieren und ansteckende Gesundheit verbreiten, da man sich gegenseitig (unter-)stützen kann;
  - Zusammengehörigkeitsgefühl und harmonische Atmosphäre von der Putzfrau bis zum Chef schaffen, entsprechende Trainings einführen, die allen helfen, ihren Platz zu finden und mit Hingabe auszufüllen;
  - die Erkenntnis fördern, daß Bewußtheit alle fördert und allen nützt, ein Feld aufbauen, in dem die Untergebenen es riskieren, daß auch die Firma profitiert, wenn sie selbst es sich durch wachsende Bewußtheit bessergehen lassen;
  - langsam einen Bewußtseinsraum aufbauen, in dem die Angestellten sich nicht mehr anstellen, sondern als Mitarbeiter mitarbeiten und darin wenigstens einen Teil ihrer Erfüllung finden.

Für den Gesetzgeber:

- die Eigenverantwortung aus der ideologisch verbrämten Ecke erlösen und wieder salonfähig machen; sie fördern und belohnen, wo es möglich ist;
- die weitverbreitete grundsätzliche Anspruchshaltung als krankmachend erkennen, darstellen und mit Sanktionen belegen;
- in Kindergärten und Schulen bereits die Weichen für Gesundheitsbewußtsein stellen, entsprechende Lehrerschulungen unterstützen;
- den Bürgern in aller Ehrlichkeit klarmachen, daß nur sie selbst sich helfen können, daß sie dabei aber Unterstützung bekommen, wenn sie sich darum bemühen;

- den Krankenkassen eine Grundlage schaffen, daß sie sich zu Gesundheitskassen entwickeln können; allerdings sollte die Eigenverantwortung nicht zu kurz kommen;
- die gesetzliche Diskriminierung der Naturheilkunde beenden und statt dessen lieber alternative Richtungen der Medizin, die das Gesundheitsbewußtsein in eigener Verantwortung fördern, als kostensparend erkennen und propagieren.

Anhang

Seminare

Seminare zum Thema »Säulen der Gesundheit«, aber auch Alternativseminare mit den Schwerpunkten Regeneration, Erfolg, Sport und Therapie, Radwandern veranstaltet Franz Mühlbauer, auch gemeinsam mit Ruediger Dahlke und Baldur Preiml, im Thermalzentrum Garden Terme in Montegrotto bei Padua in Oberitalien: I-35036 Montegrotto Terme, Tel.: (00 39) 049 - 8 91 16 99, Fax: - 8 91 01 82, e-mail Garden@Gardenterme.it, Internet: www.Gardenterme.it

Darüber hinaus gibt es:
Gesundheits- und Sportwochen mit Baldur Preiml im Hotel Kolbitsch am Weißensee in Kärnten: A-9762 Weißensee, Tel.: (0043)-4713-3111
Gesundheits- und Fitneß-Seminare mit Franz Mühlbauer und Ruediger Dahlke im Hotel Armentarola in Südtirol: I-39030 S. Cassiano/Alta Badia, Tel.: (0039)-0471-849522, Fax: -849389
Ferien-Wochenseminar mit Ruediger Dahlke im Hotel Alpenrose in Oberkärnten: A-9872 Obermillstadt 84, Tel.: (0043)-4766-2500, Fax: -3425

Informationen zu Ausbildungen, Seminaren, Therapien und Vorträgen von Ruediger Dahlke:
Heil-Kunde-Zentrum, D-84381 Johanniskirchen, Schornbach 22, Tel.: 08564-819, Fax: -1429, e-mail: hkz-dahlke@t-online.de, internet: www.dahlke.at

Ausbildungen im Bereich »Säulen der Gesundheit«:

Gesundheitsberater nach den »Säulen der Gesundheit«:
Ziel ist es, mit den Autoren des Buches und weiteren Fachreferenten auf einer soliden Grundlage aufbauend zu lernen, die Themen Bewegung, Ernährung, Entspannung, Raumgestaltung in der eigenen Familie, am Arbeitsplatz, im Freundeskreis so umzusetzen, daß daraus Gesundheit, Erfolg und vor allem Lebensfreude resultieren.

Weiterführende Ausbildung zum Gesundheitsmanager nach den »Säulen der Gesundheit«:
Ziel ist es, auf professioneller Ebene Unternehmen, Institutionen, Vereine und Gruppen in der Anwendung der »Säulen der Gesundheit« zu unterweisen und über längere Zeiträume unterstützend zu begleiten.

Nähere Informationen zur Ausbildung:
Win-form – Ausbildungen und Firmentrainings, A-8010 Graz, Postfach 158, Tel. und Fax: 0043-(0)-316-7198883, e-mail: info-SDG@eunet.at

Adressen und Bezugsquellen

Nahrungsergänzung:

Life-Light: A-7572 Deutsch-Kaltenbrunn, Rohrbrunn 53, Tel.: (0043)-3383/3310-0, Fax: -4, e-mail: office@lifelight.net
Vitatherm: K.J.G. Lohmann GmbH, Robert-Bosch-Str. 66, D-61184 Karben; Tel.: 06039-43014, Fax: -44723
Variotherm: Günseldorferstr. 3a, A-2544 Leobersdorf, Tel.: (0043)-2256-64870
Matricell-Bienenkur: Fa. St. Johanser, Postfach 1462, D-82119 Gauting, Tel.: 089-8508282, Fax: -0557
Viabol-Bienenkur: Vita Nova, Leutenhofen 19, D-87448 Waltenhofen, Tel. und Fax: 08303/7569
Sunrider: Bodybalance, Martin Steurer, Lochbachstr. 4, A-6971 Hard, Tel. und Fax: (0043)-5577/85778, e-mail: Martin.Steurer@vd.at

Fitneß:

Planung von Fitneßeinrichtungen: Andreas Neumann, Schwaigeröd 3, D-84381 Johanniskirchen, Tel. und Fax: 08564-9409852, e-mail: Fitconzeptan@aol.com

Wasserbelebung:

Grander-Wasserbelebung: Michael Triefenbach, Josefstr. 12, D-82041 Deisenhofen, Tel.: 089-6133802, Fax: 089-6131148
Rudolf Roither (UVO), Lichtenegg 17, A-4872 Neukirchen, Tel.: (0043)-7682-7663
Plocher-Wasserbelebung: Michael Stelzeneder, Stocka 10, D-84378 Dietersburg, Tel.: 08726-910075
TENAC, Box 19, A-6901 Bregenz, Tel: (0043)-5574-5308331
Roland Plocher, Postfach 1464, D-88704 Meersburg, Tel.: 07534-43330
Hans Ellmauer: Biophotonic- und Bioconsulting GmbH, Pittrolfstr. 120, A-3033 Altlengbach
Wasserfiltersystem: Sanacell-Gesundheits-Netzwerk GmbH, Eckart Pinnow, Sophie-Charlottenstr. 15, D-14059 Berlin, Tel.: 030-3211078, Fax: 3227030

Funktionskleidung:

Orthovox: Obere Klaus 176, A-8970 Schladming, Tel.: (0043)-3687-22551, Fax: -22088

Literatur

Veröffentlichungen von Ruediger Dahlke

Bücher

Arbeitsbuch zur Mandala-Therapie. Mit 166 Mandalas zum Ausmalen. München 1999
Bewußt fasten. Ein Wegweiser zu neuen Erfahrungen. München 1980
Das Senkrechte Weltbild. Symbolisches Denken in astrologischen Urprinzipien. (mit Nicolaus Klein), München 1986
Der Mensch und die Welt sind eins. Analogien zwischen Mikrokosmos und Makrokosmos. München 1987
Die Psychologie des blauen Dunstes. Be-Deutung und Chance des Rauchens. (mit Margit Dahlke), München 1989
Die spirituelle Herausforderung. Einführung in die zeitgenössische Esoterik. (mit Margit Dahlke), München 1994
Gewichtsprobleme. Be-Deutung und Chance von Über- und Untergewicht. München 1989
Habakuck und Hibbelig. Das Märchen von der Welt. München 1987
Herz(ens)probleme. Be-Deutung und Chance von Herz-Kreislauf-Problemen. München 1990
Mandalas der Welt. Ein Meditations- und Malbuch. München 1997
Reisen nach Innen. Geführte Meditationen auf dem Weg zu sich selbst (mit 2 Audiokassetten). München 1997
Frauen-Heil-Kunde. (mit Margit Dahlke und Volker Zahn), München 1999
Krankheit als Sprache der Seele. Be-Deutung und Chance der Krankheitsbilder. München 1992
Krankheit als Symbol. Handbuch der Psychosomatik. München 1996
Krankheit als Weg. Deutung und Bedeutung der Krankheitsbilder. (mit Thorwald Dethlefsen), München 1983
Lebenskrisen als Entwicklungschancen. Zeiten des Umbruchs und ihre Krankheitsbilder. München 1995
Spirituelles Lesebuch. (mit Margit Dahlke), München 1996
Verdauungsprobleme. Be-Deutung und Chance von Magen- und Darmproblemen. (mit R. Hößl), München 1990
Wege der Reinigung. Entgiften, Entschlacken, Loslassen. München 1999

Audiokassetten und CDs

Vorträge auf Audiokassetten
1. Der Mensch und die Welt sind eins, 2. Krankheit als Weg, 3. Krankheitsbilder unserer Zeit, 4. Sucht und Suche, 5. Fasten – Gesund durch Verzicht, 6. Krankheit als Sprache der Seele, 7. Heilung durch Meditation – Reisen nach Innen, 8. Gesunder Egoismus –

Gesunde Aggression, 9. Lebenskrisen – Lebenschancen, 10. Medizin der Zukunft, 11. Krankheit als Symbol, 12. Spirituelle Herausforderung
Zwölf Sternzeichen-Meditationen

CDs und Audiokassetten beim Bauer Verlag, Freiburg

Reihe »Heil-Meditationen«: Schlafprobleme, Wege des Weiblichen, Tiefenentspannung, Der innere Arzt, Leber, Verdauungsprobleme, Gewichtsprobleme, Hoher Blutdruck, Niedriger Blutdruck, Rauchen, Krebs, Allergie, Rückenprobleme, Angstfrei leben, Suchtprobleme, Kopfschmerzen, Lebenskrisen als Entwicklungschance, Entgiften-Entschlacken-Loslassen, Mandalas – Wege zur eigenen Mitte

CD zu »Säulen der Gesundheit«: Den Tag beginnen (Meditationen und Übungen)

Märchenland und Lieblingstier (Kindermeditationen)
Elemente-Rituale, Heilungs-Rituale

CDs beim Rhythmus-Verlag, 84381 Johanniskirchen, Hofmarktstr. 27,
Tel.: 08564-940747, Fax: -919145, e-mail: info@rhythmusverlag.de

Musik des Heil-Kunde-Zentrums Trommeln der Welt, Mantras der Welt I und II, Trance

Alle Meditationskassetten, CDs, Bücher und entsprechende Informationen sind erhältlich über die Firma: Carpe Diem, Brucker Allee 14, A-5700 Zell am See, Tel. und Fax 0043-(0)6542-55286

Weiterführende Literatur

Anderson, Bob: *Stretching*
Brucker, M.O.: *Unsere Nahrung – unser Schicksal?* Lahnstein, 1991
Budwig, Johanna: *Die Öl-Eiweiß-Kost.* Freiburg 1968
D'Adamo, Peter, Whitney, Catherine: *4 Blutgruppen. 4 Strategien für ein gesundes Leben.* München 1999
Fischer-Rizzi, Susanne: *Aromamassage.* München 1993
Fischer-Rizzi, Susanne: *Botschaft an den Himmel. Anwendung, Wirkung und Geschichten von duftendem Räucherwerk.* München 1999
Frohn, Birgit, Rhyner, Hans-Heinrich: Vastu. *Die indische Lehre vom gesunden Bauen und Wohnen.* München 1999
Halprin, Anna: *Bewegungsritual. Tänzerische Meditationsübungen.* München 1997
Honauer, Urs: *Wasser, die geheimnisvolle Energie für Gesundheit und Wohlbefinden.* München 1998

Johnson, Robert: *Bilder der Seele. Traumarbeit und Aktive Imagination.* München 1995
Klein, Nicolaus: *Auf den Schwingen des Drachen. Der sanfte Weg zu Gesundheit, Glück und Wohlbefinden.* München 1997
Lanz, Eduard: *D-K-B (Dehnung - Kräftigung - Bewegung), Video Fit-Form-System*
Meyer, Hermann, Sator, Günther: *Besser leben mit Feng Shui. Wohnen und Arbeiten in Harmonie.* München 1998
Michler Peter: *Mobilisieren, Dehnen, Kräftigen.* Hard 1996
Michler, Peter, Graß, Monika: *Gymnastik – aber richtig.* Hard 1996
Miller, William: *Der Goldene Schatten.* München 1994
Pohle, Rita: *Lebensräume gestalten mit Feng Shui.* München 1998
Possin, Roland: *Vom richtigen Essen. Ernährung im Einklang mit den vier Elementen.* München 1995
Temelie, Barbara: *Ernährung nach den fünf Elementen.* Sulzberg 1994
Trager, Milton, Hammond, Cathy: *Meditation und Bewegung.* München 1996
Wall, Kathleen, Ferguson, Gary: *Rituale für das Leben.* München 1996
Waring, Philippa: *Vom richtigen Wohnen. In Harmonie leben mit Feng Shui.* München 1996
Weise, Devanando: *Harmonische Ernährung.*
Weissman, Rosemary und Steve: *Der Weg der Achtsamkeit. Vipassana-Meditationen.* München 1994
Wendt, Lothar: *Krankheiten verminderter Kapillarmembranpermeabilität. Ernährung, Diät, Therapie.* Heidelberg (derzeit vergriffen)

Die Autoren

Prof. Baldur Preiml hat die internationale Sport- und Bewegungsszene vier Jahrzehnte erlebt und entscheidend mitgeprägt, zunächst als junger Sportler und Olympiateilnehmer, später als Trainer von Hochleistungssportlern und oberster österreichischer Sportbeamter. Heute ist er als Lehrer im allgemeinen Gesundheitsbereich tätig. Die Essenz seiner Erfahrungen gibt er in Seminaren und in diesem Buch weiter.

Dr. med. Ruediger Dahlke hat sich als Autor im Bereich der Psychosomatischen Medizin und Gesundheitsbewegung einen Namen gemacht. Das vorliegende Buch beruht auf seiner jahrzehntelangen Erfahrung mit Gesundheit und Medizin und auf der langjährigen Praxis in Gesundheitsseminaren zusammen mit den Co-Autoren. Ruediger Dahlke lebt und arbeitet im Heil-Kunde-Zentrum Johanniskirchen/Niederbayern.

Mag. phil. Franz Mühlbauer, Schüler von Baldur Preiml, hat als Sportwissenschaftler und Gesundheitstrainer im Kurzentrum Garden Terme in Montegrotto/Italien ein Feld geschaffen, in dem er Gesundheitsseminare und Sportwochen anbietet, aber auch Regenerationswochen und mentale Vorbereitung für Spitzensportler. Er ist als Firmen- und Managementtrainer im Bereich »Leistung ohne gesundheitlichen Schaden« international tätig.

Weitere Titel von Ruediger Dahlke
im IRISIANA-Programm

Ruediger Dahlke
Doris Ehrenberger

Wege der Reinigung

Entgiften, Entschlacken, Loslassen
Vom Apfelessig, Grapefruitkernextrakt, Schwarzkümmelöl
bis zum Fasten

216 Seiten, Festeinband

Dieses Buch zeigt anschaulich und kritisch die Möglichkeiten auf, mit gängigen Naturheilmitteln sinnvoll zu entgiften und zu entschlacken, wobei stets auch auf die psychische Komponente Bezug genommen wird.
Die Autoren verknüpfen alle Methoden in einzigartiger Weise mit der seelischen Dimension des Loslassens, zeigen deren körperliche und seelische Tragweite auf und erläutern die Chancen, die sich ergeben, wenn Körper und Seele dabei Hand in Hand arbeiten.